新文科·新传媒·新形态 精品系列教材

全媒体
营销与运营

微课版

余芳 戴冬秀 罗蓓蓓◎主编

李强 郑晓琳 陈思 范翔◎副主编

人民邮电出版社
北京

图书在版编目（CIP）数据

全媒体营销与运营 ：微课版 / 余芳，戴冬秀，罗蓓
蓓主编. -- 北京 ：人民邮电出版社，2024. --（新文
科·新传媒·新形态精品系列教材）. -- ISBN 978-7
-115-64844-0

Ⅰ. F713.365.2

中国国家版本馆 CIP 数据核字第 2024TU5190 号

内 容 提 要

全媒体营销与运营是一种全新的营销与运营模式，它涵盖了各种媒体形态，旨在利用各种媒体的优势，高效地传递品牌信息，提高营销与运营的效率。本书以数字经济时代为背景，从企业营销和媒体传播两个角度，深度诠释了全媒体营销与运营的策略与方法。本书共 8 章，分别是全媒体概述、全媒体定位与传播、全媒体用户与流量、全媒体营销理论与方法、全媒体营销与运营策划、短视频营销与运营、直播营销与运营、全媒体营销与运营案例分析。

本书既可作为高等院校新闻传播类、新媒体类、电子商务类等专业相关课程的教材，也可作为自媒体从业者，以及媒体营销、媒体运营等工作人员的参考用书。

- ◆ 主　　编　余　芳　戴冬秀　罗蓓蓓
　　副主编　李　强　郑晓琳　陈　思　范　翔
　　责任编辑　林明易
　　责任印制　胡　南
- ◆ 人民邮电出版社出版发行　　北京市丰台区成寿寺路 11 号
　　邮编　100164　电子邮件　315@ptpress.com.cn
　　网址　https://www.ptpress.com.cn
　　固安县铭成印刷有限公司印刷
- ◆ 开本：787×1092　1/16
　　印张：14　　　　　　　　2024 年 8 月第 1 版
　　字数：332 千字　　　　　2025 年 1 月河北第 2 次印刷

定价：49.80 元

读者服务热线：(010)81055256　印装质量热线：(010)81055316
反盗版热线：(010)81055315
广告经营许可证：京东市监广登字 20170147 号

前 言

随着移动互联网的普及，以及 5G、人工智能、虚拟现实等新一代信息技术的兴起和发展，人类社会已经步入数字化时代，并在技术推陈出新的过程中产生各种新的媒体。媒体的数字化浪潮不仅加速了媒体行业格局的深刻变革和传播方式、营销策略的更新迭代，更以其强渗透性和高时效性对社会生活的方方面面产生巨大的影响。

随着原有传播模式和经营模式逐步被新模式替代，人们开始迈向全媒体时代。在全媒体时代，运营者充分运用视觉、听觉等人们获取资讯的感官，针对受众的不同需求选择合适的媒体形式和渠道，实现对受众的全面覆盖及更佳的传播效果。

在这一时代背景下，全媒体运营师应运而生。2020 年 2 月 25 日，"全媒体运营师"这一新职业正式发布，全媒体运营师是指综合利用各种媒体技术和渠道，采用数据分析、创意策划等方式，从事对信息加工、匹配、分发、传播、反馈等工作的人员。创新的科技、普及的智能设备可以取代基础的运营工作，而对人的知觉、情绪、需求的捕捉及提出量身定制的服务解决方案，则是全媒体运营师的核心竞争力。

全媒体的发展在企业营销和媒体传播两个方面产生了深远的影响。

在企业营销领域，随着技术的不断发展和互联网的普及，传统的营销模式已经无法满足企业在当今市场竞争中的需求，全媒体作为一种新的市场营销手段，正在受到越来越多企业的重视和应用。

全媒体可以通过整合多种媒体平台的优势，更好地满足消费者的需求，提供更全面的产品信息和更贴近消费者兴趣的内容，同时提高产品或品牌的曝光度和影响力，提升企业的市场影响力。全媒体通过社交媒体、移动应用等新媒体平台，可以与消费者建立更加紧密的联系，进行更多元化和个性化的互动。消费者可以通过评论、分享、点赞等形式积极参与到产品或品牌的推广过程中，增强参与感和体验感，同时也能帮助企业更好地了解消费者需求，优化产品和服务。

在媒体传播领域，全媒体传播的典型现象是媒体融合。媒体融合是对整个社会传播环境的重构，也是我国重要的国家战略。党的二十大报告明确提出："加强全媒体传播体系建设，塑造主流舆论新格局。"在媒体融合时代，内容创新和营销策略是企业和媒体成功的两大关键。

为了让读者系统地了解全媒体营销与运营的相关知识并掌握相关技能，提升企业营销和媒体传播的效率与效果，我们精心策划并编写了本书。本书主要具有以下特色。

- **体系完善，知识新颖**：本书紧跟时代的发展潮流，对全媒体营销与运营的各种策略进行深度诠释，内容新颖，理论与实践并重，充分考虑课程要求与教学特点，以必需和实用为准则，着重培养读者的全媒体营销与运营能力，解决全媒体营销和运营中的痛点和难点。

- **案例丰富，融会贯通**：本书在理论和技能讲解的过程中穿插"案例在线"模块，通过案例深入解析全媒体营销与运营的策略。读者可以从案例中汲取成功经验，掌握全媒体营销与运营的精髓，达到融会贯通的学习目标。另外，本书还设有"知识链接""素养课堂"模块，帮助读者进行延伸学习，同时提升个人素养。

- **学用结合，注重实训**：本书在讲述理论与技能知识的同时，也非常注重实操训练，每章最后均设有"课堂实训"模块，包括"实训背景""实训要求""实训思路"等内容。该模块以案例引入，并以清晰的思路引导读者进行实训，最终完成实训要求，提升读者的综合素养。

- **资源丰富，拿来即用**：本书配有微课视频，读者使用手机扫描书中的二维码即可观看。除此之外，本书还提供了丰富的立体化教学资源，包括 PPT 课件、教学大纲、教案、课程标准等，用书老师可以登录人邮教育社区（www.ryjiaoyu.com）搜索本书书名或书号获取相关资源。

本书由余芳、戴冬秀、罗蓓蓓任主编，由李强、郑晓琳、陈思、范翔任副主编。在编写过程中，蕲艾集团的邢能和珍岛信息技术（上海）股份有限公司的谢倩倩，他们代表公司给编者提供了企业全媒体营销需求和数字营销技术发展等信息，编者在此一并表示诚挚感谢！尽管编者在编写过程中力求准确、完善，但书中可能还存在疏漏之处，恳请广大读者批评指正。

编　者
2024 年 5 月

目 录

第1章　全媒体概述

 知识目标

➤ 了解全媒体的特点和媒体工具。
➤ 了解全媒体视角下传统媒体与新媒体的互补性。
➤ 了解全媒体时代人们应具备的媒体素养。
➤ 了解全媒体的发展历程与未来。
➤ 了解全媒体从业岗位与素养、能力要求。

 能力目标

➤ 能够合理筛选和鉴别信息、使用社交媒体。
➤ 能够达到全媒体人才的素养与能力要求。

 素养目标

➤ 以价值引领为主线，培养媒体素养，宣传正能量。
➤ 坚持"以人为本"的核心理念，打造并传播精品内容。

全媒体也称全方位媒体，为多元化媒体营销的应用，是一种综合性的媒体资源整合和营销策略，其目的是通过整合多种媒体渠道和形式，为用户提供更全面、更丰富、更精准的内容服务。本章将重点阐述全媒体的基础知识、全媒体的发展历程和全媒体从业岗位与素养、能力要求。

1.1 认识全媒体

全媒体的概念并没有在学界被正式提出，它来自传媒界的应用层面。媒体形式的不断出现和变化，媒体内容、渠道、功能等层面的深度融合，使人们在使用媒体的概念时需要意义涵盖范围更广阔的词语，因此"全媒体"的概念开始被广泛使用。

1.1.1 全媒体的定义

有杂志对全媒体下过定义："全媒体"指信息传播采用文字、声音、影像、动画等多种媒体表现手段，利用广播、电视、电影、书籍、报纸、杂志、网站等不同媒体形态，通过融合的广电网络、电信网络及互联网络进行传播，最终实现用户以电视、计算机、手机等多种终端完成信息的融合接收，实现任何人、任何时间、任何地点，从任何终端获得任何想要的信息。

全媒体不局限于传统的纸质媒体和新媒体，而是包括了全程媒体（能够覆盖所有时间和空间的媒体）、全息媒体（通过数字技术连接现实与数字世界的媒体）、全员媒体（能够连接生产力要素的媒体），以及全效媒体（能够在各种场景下实现全覆盖并有效触达用户的媒体）等多个方面。

简单来说，全媒体就是指各种媒体的融合，它包括了新媒体、自媒体、多媒体等多元化的媒体形式。

新媒体以互联网为基础，包括所有在线的媒体内容，如网络新闻、博客、社交媒体、在线视频等。这些媒体内容的特点是具有高度的互动性和分发性，用户可以随时随地接收和分享信息。

自媒体更强调个体性，通常是个人或者小型团队创建和发布的媒体内容，其优点是创作自由度高，信息传播速度快，但缺点是质量参差不齐。

多媒体则是包含了文字、图片、音频、视频等多种形式的媒体内容，其最大的特点是能够同时传递多种信息，提供更丰富、更立体的信息体验。

全媒体则是以上 3 种媒体的融合和升级，它不仅具备新媒体的互动性和分发性、自媒体的个体性和快捷性，还具备多媒体的丰富性和立体性。

在全媒体环境下，每一个人都可以成为信息的生产者、传播者和接收者。全媒体的出现彻底改变了传统媒体的模式，让信息传播变得更高效、便捷。

 **知识链接**

关于全媒体的内涵，学界有以下 3 种学说。

（1）营运理念（模式）说

2009 年，彭兰在《媒介融合方向下的四个关键变革》中明确提出全媒体的概念。她认为全媒体化的含义应该体现在 4 个方面：一是在一个全媒体的市场格局中寻找自身新的定位，构建自己的产品体系；二是在全媒体的思维下重新思考媒体的业务模式；三是全媒体化不仅要为媒体自身的产品提供传播途径，也要为用户的参与提供空间；四是全媒体化不仅是传媒机构内部的流程再造，也是传媒机构重新定义自己在产业链中的位置、寻找合适的外部合作伙伴的过程。

（2）传播形态说

2009 年，周洋在《打造全媒体时代的核心竞争力——中央媒体新中国成立 60 周年报道思考》中，认为全媒体的概念来自传媒界的应用层面，是媒体走向融合后的产物。具体来说，全媒体是指综合运用各种表现形式，如文字、图片、音频、视频等，来全方位、立体地展示传播内容，同时通过网络、通信等传播手段来传输的一种新的传播形态。

（3）媒介营销说

媒介营销说认为，全媒体作为一种全新的媒介营销管理观念，是建立在媒介融合基础上的媒介营销策略，包括整合性的媒介内容生产平台的创建，以及相同媒介内容的不同呈现方式的组合性使用。

1.1.2 全媒体的特点

全媒体具有以下特点。

1. 融合性

全媒体将各种媒体形式融合在一起，形成了一个全方位的传媒平台。它不仅包括传统媒体，也涵盖新媒体，甚至还涉及虚拟现实、增强现实等新兴技术。这种融合性使全媒体能够更好地满足人们对多元化信息的需求。

2. 互动性

全媒体强调的是人机交互、人人交互，也就是互动性。在全媒体平台上，用户不再是被动地接收信息，而是可以通过多种渠道参与信息的生产和传播过程。这种互动性不仅提高了用户的参与度，也使信息的传播更加及时、准确和有效。

3. 个性化

全媒体具有个性化的特点，它可以根据用户的兴趣、需求和行为习惯等因素来推送个性化的信息和服务。这种个性化的信息和服务可以提高用户的满意度和忠诚度，同时也使全媒体更加具有针对性和有效性。

同时，全媒体时代的每个人都有可能是传播者，人们按照自己的价值判断选取传播内容，按照自己的表达方式传播信息，在满足人们不同需求的同时形成了富有个性的、丰富的传播主体。

4. 全场域覆盖

媒体的传播场域分为私人空间、家庭空间、休闲空间、移动空间和工作空间 5 种类型。传统媒体的重点覆盖场域是家庭空间和工作空间；随着"生活圈媒体"等媒体概念和形式的创新，私人空间、休闲空间和移动空间成为新兴媒体的重点覆盖场域。因此全媒体实现了全场域覆盖，甚至使私人空间、准公共空间和公共空间之间的界限逐渐消失。

5. 全时间传播

由于时间和空间对传统媒体的限制，并不是所有的信息都能在传统媒体上展现出来。数字技术和存储技术所带来的网络媒体存储空间的无限性、低成本拓展，使全媒体成为全时间媒体，形成了即时性传播、延时性传播和共时性传播"三位一体"的传播格局。

即时性传播体现媒体与用户交互的即时性，延时性传播体现用户选择内容的随意性，共时性传播体现媒体内容传播的实时性。即时性传播、延时性传播和共时性传播使用户由"不在场"向"在场"转变，这减少了媒体传播的环境信息损失，使媒体传播更具现场气氛。

1.1.3　全媒体的媒体工具

帮助全媒体实现实时更新的媒介平台，以及算法工具等统称为媒体工具。下面将从媒介载体、技术支持及终端载体3个方面来分析全媒体营销与运营所依托的媒体工具。

1．媒介载体

全媒体是采用多种媒体表现手段，综合利用多种媒介形态，针对不同用户的不同需求，通过多种传播渠道、平台或载体，进行全方位、多层次、融合型的信息生产、信息传播、信息消费的当代媒体。

全媒体采用的媒介载体主要包括以下几类。

（1）门户网站

门户网站是指提供某类综合性互联网信息资源，并提供有关信息服务的应用系统。在门户网站发展之初，按照网站内容定位来划分，门户网站可以分为导航式门户网站、综合性门户网站、地方生活门户网站、垂直行业门户网站和企业/组织的门户网站。

在门户网站发展之初，功能局限于为各种垂直类网站提供归类和搜索服务；在后来的深入发展中，迅速布局了新的业务板块，如新闻业务、博客论坛等。这些业务功能的迭代更新让门户网站的功能日渐全面，架构也更为复杂。而到了全媒体时代，很多门户网站顺势而为，网站首页全新改版，美工、标题、文案等方面与当年相比都发生了巨大的变化，让信息接收更快，让视觉感受更好，全面适应移动互联网时代的全媒体表达。

（2）电子邮件

电子邮件是一种用电子手段实现信息交换的通信方式。通过网络的电子邮件系统，用户可以低成本、低时延地与其他网络用户联系。

随着电子邮件的普及和发展，其自带的附件容量也越来越大，因各平台服务工具的竞争加剧，电子邮件的新媒体属性愈发凸显，还产生了一种新的营销方式——邮件营销。商家或机构推出可以免费或付费订阅的新闻邮件、专题邮件、广告邮件，加上邮件信息搜索，这一系列营销操作成为互联网广告的早期形式。

在全媒体时代，要想使邮件营销得到较好的营销效果，营销人员应充分利用大数据技术进行精准营销，确保邮件内容具有针对性和个性化的特征，以满足目标用户的需求和兴趣。

（3）网络论坛

网络论坛又称公告板系统（Bulletin Board System，BBS），是互联网上的一种电子信息服务讨论交流系统。用户在论坛内可以自由地发布主题帖子，并回复别人的帖子，具有很强的交互性。目前，国内的代表性论坛有百度贴吧、天涯社区、知乎等综合类论坛，以及各种专题类论坛，如计算机爱好者论坛、情感倾诉类论坛、动漫论坛等。

（4）社交软件

社交软件是指通过网络实现社会交往目的的应用，目前国内的常用社交软件主要有微信、QQ、微博等。

微信是国内用户量最多的社交软件之一，用户可以跨通信运营商、跨操作系统平台，通过网络快速发送免费的语音、视频、图片和文字消息，同时也可以在朋友圈发布各种动态。腾讯 2023 年第三季度财报数据显示，微信及 WeChat 的合并月活跃用户数已达 13.36 亿，同比增长 2%，环比增长 0.7%。

QQ 是腾讯公司推出的一款基于互联网的即时通信软件，支持在线聊天、视频通话、点对点断点续传文件、共享文件、QQ 邮箱等多种功能。腾讯 2023 年第三季度财报数据显示，QQ 的移动终端月活跃用户数为 5.58 亿，同比下降 3%，环比下降 2%。

微博是基于用户关系的，通过关注机制分享简短实时信息的广播式社交媒体。用户可以通过计算机、手机等多种终端使用微博，以文字、图片、视频等多媒体形式实现信息的即时分享与传播互动。

（5）短视频

短视频是指在各种新媒体平台上播放的、适合在移动状态和短时休闲状态下观看的、被高频推送的视频内容，时长在几秒到几分钟。短视频内容融合了各类主题，由于其时长较短，可以单独成片，也可以成为系列栏目。目前，主流的短视频平台有抖音、快手、微信视频号、哔哩哔哩等。

（6）网络直播

网络直播利用视听方式进行网上现场直播，可以将各类主题内容现场发布到互联网上，具有内容丰富、交互性强、地域不受限制、用户可划分等特点，传播效果与营销效果较好。目前主流的网络直播平台有抖音直播、淘宝直播、快手直播、虎牙直播等。

 案例在线

《千里江山》，以融媒视角讲述中国文物故事

《千里江山》由中央广播电视总台影视翻译制作中心策划出品，是中国国际电视台（China Global Television Network，CGTN）英语主持人加盟演播的总台第一部跨语种、融合创新的微广播剧。

《千里江山》一经上线，不仅受到海内外用户的追捧，还获得行业内外的高度肯定，热度居高不下，表现十分抢眼。2022 年，《千里江山》上线，使"#沉浸式体验千里江山#""#以微广播剧的方式打开千里江山图#""#听见千里江山#"等话题在社交媒体上持续发酵，相关话题全网总阅览量突破 2.5 亿次。

在坚持以内容和故事为核心的原则下，《千里江山》从作品的主题、质量、传播渠道等方面找到有效的"筑圈"和"破圈"方法。同时，这部作品也以全新的融媒视角讲述中国文物背后的历史故事，在深层次上增进文化认同，凝聚广泛共

识，同时满足用户对个性化、差异化、精品化文化产品的需求，树立起裂变传播的新标杆。

具体来说，这部微广播剧体现了以下 3 个维度上的融合。

（1）媒介内容融合

《千里江山》利用多种元素，创造了一个沉浸式的声音世界，能让用户感受到千年前的历史氛围和画家的情感，且提供了中英文两个版本，扩大了用户范围和影响力。

（2）媒介平台融合

《千里江山》在央视频、央广网、央视网、云听等总台自有平台上发布，同时也在快手、抖音、哔哩哔哩等主流新媒体平台上推广，形成了多渠道、多形式的传播网络。

（3）媒介技术融合

《千里江山》采用了先进的技术手段，提升了作品的制作质量和观看体验，结合声音交互 H5、创意海报等融创产品，增强了用户的参与性和互动性。

2．技术支持

信息技术为媒体传播带来了难得的机遇，媒体行业要紧跟信息革命最新成果，瞄准先进技术，强化新技术研发和应用，加快构建"融为一体、合而为一"的全媒体传播格局，增强整体传播力和复合影响力。

媒体行业应用的新技术主要包括以下几类。

（1）大数据技术

大数据技术是指用于分析、处理和解释大量无法手动或以传统方式处理的结构化和非结构化数据的软件技术。大数据技术能够让营销主体通过数据分析形成对营销结果的预测，从而避免许多未知风险。

大数据技术带给全媒体最直观的变化表现在信息产业发展的两大趋势上：一是个人数据成为资产，二是行业处在动态的垂直整合中。从前端开发到数据分析岗位，再到产品及运营等部门，全媒体环境下，营销主体对用户数据的收集和处理涉及多部门、多工种。通过收集、存储、脱敏、分析等数据处理环节，营销主体利用大数据技术生成用户标签和用户画像，并以此来推荐产品，提供个性化服务。

（2）5G

5G 是指第五代移动通信技术，它被视为新一代信息技术和数字经济的发展基础，使人类进入"万物皆媒"的时代。5G 的突出特点是高速率、低时延和超大规模连接。作为高等级网络设施和信息传播的智能手段，5G 可以为媒体内容生产提供技术保障，极大地提升信息传播的效率和便捷性，还能有效地实现万物互联，适应丰富、多元的应用场景，为现代传媒业带来更多的可能性和更大的想象空间。

（3）云计算

云计算是指通过网络将巨大的数据计算处理程序分解成无数个小程序，然后通过多个服务器组成的系统处理和分析这些小程序，得到结果后返回给用户的方法和过程。在全媒体时代，云计算和云存储技术可以实现资源共享及快速扩容，从而应对海量的视频内容，避免重复存储。云计算还可以用于媒体数据的快速处理，通过并行计算能力完成媒体的编辑处理、广告清除、格式转换等，实现专业内容在供应商之间的共用。

（4）人工智能

目前社会正处于人工智能蓬勃发展的阶段，人工智能正在不断赋能各个行业。在传媒行业的人工智能应用场景中，机器学习技术被应用到信息传播的各个环节，应用形式包括数据采集机器人、机器人写作、虚拟主播、智能采编、算法分发、智能舆情监测、版权保护等。

（5）LBS

LBS（Location Based Service）是指基于位置的服务，是利用各类型的定位技术来获取定位设备当前所在位置，通过移动互联网向定位设备提供信息资源和基础服务。LBS在企业营销中主要有以下几种应用场景：店面对附近用户的实时引流、基于地理位置的信息推送、定位用户画像等。

3．终端载体

全媒体传播的信息有文字、声音、图片、视频、动画、网页等形式，但用户接收这些信息都要通过终端载体。在全媒体时代，终端载体可以分为以下类型。

（1）户外媒体

户外媒体主要有电梯间液晶屏新媒体、交通工具相关媒体，以及商业中心LED电子外墙等。

电梯间液晶屏新媒体的画面清晰、美观，内容展现效果良好。作为全媒体营销与运营工具，电梯间液晶屏新媒体可以实现精准投放，把产品推广给特定的用户群体，避免媒体资源的浪费。同时，用户只要乘坐电梯就可以接收清晰的广告画面传递的信息，使广告想要传达的信息烙印在用户的脑海中。除了商业应用，电梯间液晶屏新媒体还承担着安全教育、公益宣传等责任。

交通工具相关媒体包括站台灯箱媒体、车厢媒体、车身媒体、车站冠名媒体、列车冠名媒体、车票媒体、地铁语音媒体等，这些媒体很容易引起乘客的关注，且有效集合了广告的视觉效果和听觉效果，以多感官刺激充分激发乘客的兴趣。

商业中心LED电子外墙在计算机智能控制系统的操作下，可以呈现出画面和动态的数据，其画面不但细腻、逼真，而且在夜晚也能成为城市的一道风景线，吸引户外人群的注意力。

（2）便携式智能终端

便携式智能终端最大的特点是其自身小巧所带来的可手持、可移动性，主要包括智能手机、平板电脑、智能手表、无人机、VR设备等。除此之外，在各垂直行业也有便携式智能终端，如工厂生产环节中供员工使用的红外扫码智能终端等。

（3）家用智能终端

家用智能终端主要有个人计算机、智能电视。

个人计算机依赖网络与数据传输，可以实现内容营销效果的实时反馈，获得用户的订阅、评论、留言等信息，极大地拓展了沟通渠道。很多自媒体通过一台个人计算机就能实现视频剪辑、配音、上传和发布，个人计算机丰富了自媒体时代的内容量。

智能电视是网络集成模块与网上浏览模式的结合，是"网络+电视"的形态。智能电视相较于普通电视的转变主要体现在两个方面：一是由单向传播转变为双向互动传播，增加了观众与节目的互动；二是让观众有了收视的选择权，观众不仅可以自由选择节目套餐，还可以在任何时间收看自己想看的节目，观看次数也不受限制，更不用受插播广告的打扰。

1.1.4 全媒体视角下的传统媒体和新媒体

随着全媒体时代的到来，传统媒体和新媒体的融合已经成为一个趋势，传统媒体的转型升级和新媒体的快速发展都离不开这个重要趋势，而且传统媒体和新媒体的融合成为各大媒体企业和品牌的重要策略之一。

传统媒体和新媒体的融合是基于其互补性的，双方的互补主要体现在以下几个方面。

1. 传播主体互补

在传统媒体中，传播的主体主要是编辑和记者，他们往往具有较高的专业素质，而新媒体的传播主体大多是普通民众，他们大多缺乏专业知识和专业素养，但相对传统媒体来说，新媒体的传播主体数量比较多。

因此，传统媒体和新媒体首先在传播主体上要做到互补，让专业编辑、记者与普通民众合作，这样可以将很多隐蔽的新闻信息通过普通民众发布出来。传播主体的多元化可以促进媒体行业的快速发展。

2. 传播内容互补

传统媒体中的新闻信息主要表达的是官方意见，所以信息更具宏观性，更有深度。新媒体的很多信息是由非专业人士制作的，在信息中会包含制作者的个人主观看法，相对传统媒体来说比较片面。传统媒体和新媒体的传播内容互补，可以让人们更加全面地了解新闻事件的真相。

另外，传统媒体可以将自己的内容进行线上化和多媒体处理，以适应用户多样化的需求，而新媒体可以通过与传统媒体合作，获取传统媒体的原创资源和内容，提升自己的内容质量和影响力。

3. 用户群体互补

用户群体的年龄和受教育水平都会影响到他们对信息的偏好。年龄较大的人群由于对某些电子产品比较陌生，无法灵活使用，所以在获取信息的时候更愿意采用比较传统的方式；而年轻人易于接受新鲜事物，热衷于了解流行的电子产品，所以他们获取信息的途径主要是社交媒体和短视频。传统媒体和新媒体的用户群体互补，有利于扩大媒体的用户群体范围，让更多的人获取信息。

4. 传播效果互补

传统媒体的内容具有一定权威性，由于其内容都是经过专业团队编辑而发布出来的，在舆论引导方面起到很大的积极作用，但是单向性的特点导致传统媒体不能很好地与用户群体进行交流沟通，用户群体无法有效地向传统媒体反馈自己的观点；而新媒体所具有的互动性很好地解决了这个问题，每个人都可以在网络平台上发表自己的观点，这也有利于更好地发挥用户的舆论监督作用。

5. 传播技术互补

传统媒体需要借助新科技手段来增强自己的技术能力和创新能力，以满足用户对个性化、互动化和多媒体化的需求；而新媒体也需要关注传统媒体的技术优势和资源，以提升自己的实力和用户体验。

6．营销方式互补

传统媒体通过与新媒体合作，可以对广告资源和营销策略进行整合，实现跨平台、全方位的广告投放和品牌推广；而新媒体也可以通过传统媒体的渠道和资源，实现线下营销和实体店铺的拓展，从而提升自己的商业价值。

1.1.5 媒体素养

全媒体时代已然到来，信息的快速传播和大量的网络内容给人们的生活和学习方式带来了巨大的变化，同时也带来了很多问题和挑战，如信息过载、不实信息泛滥等，为了更好地适应这个时代，人们应提升媒体素养。

媒体素养又称媒介素养、传媒素养、媒体素质，指人们面对媒体各种信息时的选择、理解、质疑、评估能力，以及生产内容的能力。它包括对媒体形式和媒体语言的理解能力，对信息质量的判断能力，在网络安全和隐私保护方面的知识，以及在数字内容交流和创作等方面的技能。

媒体素养涉及 5 个核心概念和 5 个关键问题。

5 个核心概念包括：所有的媒体信息都是人为构建的；媒体信息是由创造性的语言按照它自身的规则构建起来的；不同的人对相同的信息有不同的体验；媒体中渗透着价值观和立场；媒体被有组织地用于获取利益或权力。

5 个关键问题是：谁构建了这些信息？媒体使用了哪些技术来获得关注，这些技术是如何整合的？不同的人如何以不同的方式理解媒体传达的信息？信息呈现或隐含了什么样的生活方式、价值观和视角？发布信息的目的是什么？

在全媒体时代，人们应具备以下媒体素养。

1．筛选和鉴别信息的能力

网络上的信息丰富且瞬息万变，人们要学会从大量的信息中筛选出有用信息，而非被信息淹没；要学会如何辨别虚假和不实信息，如何借助搜索引擎和数据验证工具来核实信息的真实性。只有拥有这样的能力，人们才能获取真实、准确的信息。

2．合理使用社交媒体

互联网已成为人们获取和交流信息的重要渠道之一，而社交媒体则是人们展示自我、发表意见和参与社交的平台。然而，互联网和社交媒体也存在诸多风险，如网络欺凌和信息泄露等。人们要学会保护个人隐私，防范网络安全风险，合理使用社交媒体。

3．培养数字内容创作技能

在全媒体时代，数字内容创作和共享成为常态。人们应具备基本的数字内容创作技能，如图像和视频编辑，音频制作、编码等，以便有效地表达自己的想法和创意。

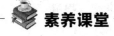 **素养课堂**

新媒体快速发展，不断塑造着网络舆论场。同时，不可忽视的是网络谣言滋生及网络暴力的发生会破坏舆论生态环境。党的二十大报告鲜明地指出："健全网络

综合治理体系，推动形成良好网络生态。"网络空间不是"法外之地"，是亿万民众共同的精神家园，需要牢牢守住网络舆论场的"边界线"，扎紧网络法治的"安全网"，促进多元主体协同参与，共同营造清朗的网络空间。

1.2 全媒体的发展历程

我国的媒体融合和全媒体发展经历了从技术融合和数字化转型发展到组织架构和功能形态的全方面融合。随着全媒体发展的深入，媒体形态从以报纸、杂志和广播电台为主的传统媒体，扩张到互联网平台、融媒体等多种媒体形态，因其各自依托的媒体特点、组织模式、定位和受众群体不尽相同，它们各自的转型战略与发展路径也不同，但整体来看依旧呈现出了一些共同的趋势，共同描绘出我国的全媒体发展图景。

1.2.1 全媒体的发展阶段

在我国，全媒体一词首先出现在家电行业。随着时代的发展，全媒体一词相继出现在房地产行业、广告行业、传媒行业、互联网行业等。

随着数字技术的日新月异，基于行业的大势所趋，全媒体从一个家电行业的小众词汇逐渐发展成为新闻与传播学界的热门关键词，其内涵与外延也发生了翻天覆地的变化。

全媒体主要经历以下发展阶段。

1. 雏形阶段

家电行业是国内最早涉及全媒体应用的行业。全媒体最初特指家电行业的彩色电视机接收终端媒体形式的多样化，这一概念更多的是基于市场发展趋势和概念营销的需要，与当前全媒体的媒体融合发展概念相去甚远。

房地产行业和广告行业最早打造了全媒体应用的雏形。专注于房地产行业的新锐媒体联盟可以充分运用媒体平台的内容信息和渠道资源进行全方位的立体传播，更能深耕于当时蓬勃发展的房地产市场，服务各个媒体层面的受众，促进房地产行业的快速发展。而广告行业对全媒体一词还没有形成行业共识，仅是个别使用。

这一阶段媒体整合的程度相对较低，只是相同内容的宣传稿在不同媒体渠道的投放，全媒体的内涵更多指向词汇的表面意义——全部媒体或所有媒体形式。

2. 数字化转型阶段

2005 年，无论是报业内部还是整个媒体行业的竞争都十分激烈，报业被迫进入转型整合时代，使其不得不开启全媒体的实践探索。报业开始利用数字化技术实现信息数字化和传播网络化，在信息的传播渠道上实现了内容呈现的多屏化和终端的多元化。这一时期的报业集团转型，很大程度上强调在生产上内容集约，降低成本，增加产品种类；在分发上信息分散传播，利用信息的多形态和多渠道终端，提升受众的覆盖率。

与此同时，广电媒体开启"台网融合"之路。2005 年，中央人民广播电视总台就提出了"举全台之力办网，占领新媒体制高点"，开通中国广播网银河台。中国之声等270个重点栏目实现在线点播。同时，中国广播网还对广播节目进行图文补充，填补音频媒体缺失的信息，便于网上传播。2006年，央视网开通手机电视服务，探索传播新模式。

尽管这一时期互联网开始进入广电媒体的生产与传播渠道，但更多遵循"网为台服务，台为网铺路"的原则。随着互联网技术的发展和博客、SNS的出现与普及，互联网在公众生活中占据的比重逐步增大，广电媒体也同时将"网"变为"台"的合作者，强调内容的分离、生产的合作和网络品牌的创建。

2010年被称为中国"三网融合"的元年。"三网融合"是指电信网、广播电视网、互联网在向宽带通信网、数字电视网、下一代互联网演进过程中，其技术功能趋于一致，业务范围趋于相同，网络互联互通、资源共享，能为用户提供语音、数据和广播电视等多种服务。"三网融合"有利于打破市场垄断，丰富内容和降低成本。"三网融合"的推广为互联网的全面发展带来了前所未有的机遇，互联网媒体在相关政策的支持下开始迅猛发展。

3."互联网+"阶段

2014年，中央全面深化改革领导小组（2018年3月改为中央全面深化改革委员会）第四次会议审议通过了《关于推动传统媒体和新兴媒体融合发展的指导意见》，指出推动传统媒体和新兴媒体融合发展要强化互联网思维，推动传统媒体和新兴媒体在内容、渠道、平台、经营、管理等方面的深度融合。这标志着媒体融合被提升至国家战略层面，传媒业进入"互联网+"时代。

这一时期，互联网不再只作为一种数字化的工具和渠道存在，而是一种改变社会资源配置、重构传播逻辑的社会基础设施，全媒体的发展历程也由此迎来了三大趋势。

（1）互联网深度嵌合：传统媒体重心转向，主动拥抱互联网；传媒集团开展多元合作，改变传统的媒体产业格局；互联网企业开始进军和深耕媒体产业。

（2）平台型媒体渐成规模：解决了传播上的信息聚合、渠道覆盖问题，实现了商业上的赢利增收。

（3）用户驱动发展：这一时期的媒体转型彻底突破了对信息生产端或传播端的单一创新，不再局限于信息技术的浅层接入和渠道的表层多样，而是追求深度融合，媒体成为互联网的一环。资金的支持、用户的参与本质上改变了信息的生产逻辑。

4.智能媒体阶段

媒体平台技术、数字化传输技术、高新视频技术等传播科技的井喷式发展驱动了媒体的结构性变革，我国全媒体转型从数字化走向智能化，从技术融合走向产业融合。

2019年为我国5G商用元年。这一通信技术的普及给新闻信息产业的传受主体都带来了便利、流畅的传播体验。5G的出现支撑了虚拟现实技术在新闻报道中的落地，让沉浸式新闻成为现实。同时，它进一步加速了短视频这一媒体形态在互联网上的扩散，提升其在用户日常生活获取信息中的比重。5G的出现还促进了物联网产业的发展，无人机、可穿戴设备、传感器等进入新闻采集、接收的渠道中，扩展传播介质和传播空间，呈现了万物互联的传播景象。

在新媒体技术的支持下，各类媒体平台都大力深化技术在传播形式上的应用。2018

年，新华社推出了全球首个 AI（Artificial Intelligence，人工智能）合成新闻主播，实现了 AI 与新闻产业的深度融合。2019 年，多家媒体采用 5G、AI、VR 等新技术手段对两会进行创新报道。机器人写作也成了报业集团提升采编效率的选择。

在这一阶段，除了进行生产结构转型的传统媒体，互联网自媒体、县级融媒体、国企自媒体等都纷纷进入媒体领域，媒体的定义被泛化。

总的来说，我国的全媒体发展呈现出了以专业技术为支撑、以服务功能为核心、以传受互动为联结的形态。真正实现组织架构的优化和新型专业人才的培养，在技术赋能和功能泛化的同时坚守新闻专业主义的核心，履行媒体社会职能，主动适应新的技术环境、媒体环境和社会环境，将使各媒体组织真正把握未来的发展趋势。

1.2.2 全媒体的未来

得益于全媒体技术在工业化和信息化进程中的发挥，以及其对宣传、新闻出版等领域的重要意义，全媒体行业未来还将随着全媒体技术的发展而不断发展，具有较大的发展空间和潜力。近几年，政府给予了大量的支持，这也为全媒体行业的发展提供了良好的环境，行业未来还将迎来更多发展机遇。

1．全媒体技术开发企业竞争日益激烈

随着新技术的应用、装备与系统的改进、专业软件的不断完善，全媒体行业发展势头良好。近年来，全媒体技术的普及应用已经为全媒体行业带来了良好的增长空间，其作用也更加凸显。但随着新的全媒体技术的出现，国内众多全媒体技术开发企业纷纷投身于此，竞争也变得越来越激烈。这就要求全媒体技术开发企业不断汲取前沿的理论知识，不断更新自己的发展思路，提高技术水平，为用户提供优质的服务，以赢取更多的市场份额。

2．视频新媒体发展前景广阔

视频新媒体拥有广阔的发展前景和空间。传统媒体向新媒体拓展的一个重要方向就是包括网络视频、数字电视、手机电视、户外显示屏在内的各种视频新媒体。未来，视频新媒体的发展将催生更多的内容提供方式和信息服务形式，推动整个传媒业的全媒体发展进程。

3．媒体融合由浅入深

注重多种传播手段并列应用的全媒体新闻将发展为多种媒体有机结合的融合新闻；各种媒体机构的简单叠加、组合将发展为真正有利于融合媒体运作的新型机构；全媒体记者将与细分专业记者分工合作；媒体机构将在新的市场格局中寻找自身新的定位和业务模式，搭建适应全媒体需要的产品体系和传播平台。

4．媒体形态、终端及其生产更加专业和细分

随着全媒体发展进程的不断深化，在融合的同时，各种媒体形态、终端及其生产也更加专业和细分。我国从政策层面已经明确，要建立以内容建设为根本、先进技术为支撑、创新管理为保障的全媒体传播体系。当前，从中央到地方都在推动加快媒体融合发展，构建全媒体传播格局，我国各级传媒集中化与融合规模化趋向十分明显。

在全媒体时代，媒体向智能化、社交化、视频化、移动化方向发展已是鲜明的趋势。越是积极拥抱新技术、运用新技术，媒体就越能在全媒体格局的激烈演变中占据先机。"5G+人工智能"将成为社会信息系统的新基础设施，媒体行业的发展将在这一新背景下展开。

1.3　全媒体从业岗位与素养、能力要求

全媒体运营是新媒体运营的"全面升级版"，在全媒体时代，企业需要聘请全媒体运营师为其产品进行内容、传播、运营流程设计和执行。如果想从事这一岗位，就要了解全媒体运营师的主要工作，明确自己是否具备相应的素养和能力。

1.3.1　全媒体运营师的主要工作

2020 年年初，全媒体运营师这一新职业正式发布。全媒体运营师是指综合利用各种媒体技术和渠道，采用数据分析、创意策划等方式，从事信息加工、匹配、分发、传播、反馈等工作的人员。

具体来说，全媒体运营师负责的工作主要包括以下几个方面。

1．媒体策划

媒体策划是全媒体运营师的核心工作之一。全媒体运营师要对各种媒体形式进行深入了解和分析，建立全媒体传播矩阵，构建多维度、立体化的信息出入口。这些工作需要全媒体运营师具备一定的市场洞察力和创新思维，能够根据不同的情况和需求来制订具体的策划方案。

2．内容创作

全媒体运营师要生产各种形式的内容，包括文字、图片、视频、音频等。这就要求全媒体运营师具备一定的文学功底，能够根据不同的平台和受众来创作高质量的内容。

3．社交媒体运营

社交媒体运营是全媒体运营中不可或缺的一部分，如微博运营、微信运营等。这些工作需要全媒体运营师具备一定的社交媒体管理和营销能力，能够根据不同的平台和受众来制订相应的运营策略和管理方案。

4．网络推广

网络推广是全媒体运营的重要手段之一，如搜索引擎优化（Search Engine Optimization，SEO）、搜索引擎营销（Search Engine Marketing，SEM）等。这些工作需要全媒体运营师具备一定的网络推广技能和经验，能够根据不同的产品和服务来制订相应的推广方案和优化策略。

5．数据分析和优化

全媒体运营师要不断地对数据进行分析和优化，采集相关数据，根据数据分析、监控情况来调整媒体分发的渠道和策略，以提高运营效果，降低成本，实现媒体运营和信息传播的匹配性。

1.3.2　全媒体人才的素质培养

全媒体人才是指具有互联网思维，具备全媒体创意、生产、传播、运营、管理等相

关能力，符合全媒体流程与平台建设、全媒体业态与生态发展要求的专门人才。一般来说，全媒体人才的来源是多元的。

培养全媒体人才时，需要根据全媒体不同类型的能力模型，确定相适应的培养模式和培养路径，这样才能有效地快速弥补全媒体人才的短缺。

全媒体人才的素质培养模式有以下两种。

1．在职培训与实践

首先，主流媒体管理部门和主流媒体自身特别需要重视在职员工的培训与提升，明确制订适应媒体融合发展、建设全媒体的人才培训规划与计划，其内容包括培训目标、培训方式与方法、培训对象类别、实践项目、内外部实训及效果评估等。

这种培训应是全员、全类型、全层次的，这样才能够达到效果。如果仅进行业务一线人员的培训，就只能解决细枝末节的问题，无法改变资源配置方式和决策层面的落后，更无法落实"要深化体制机制改革"这一基础性的要求。

其次，主流媒体在实践中，以项目制方式对所有人员进行全媒体实战训练。媒体融合发展与建设全媒体不是坐而论道，而是需要在实战、实训中积累经验与教训，探索和尝试媒体融合发展模式与路径。主流媒体可以集中骨干人力资源于媒体融合重点项目的研发、生产、制作、传播、营销与管理上，通过项目来磨砺人才。

最后，新兴媒体、企业、高等院校等相关机构应协同、开放地联合培养全媒体人才。

2．通过高校培养全媒体人才

高等院校应分层次、分类型培养媒体融合与建设全媒体所需的各种不同的人才。

培养全媒体人才的学科与专业可以是各个学科与专业。全媒体需要各个领域、各个学科与专业背景的人才，以及复合型人才加入全媒体建设中。

1.3.3　全媒体人才的素养与能力要求

进入全媒体时代，媒体从单一的信息传递者转变为信息的生产、整合、传递和应用的全链条参与者，全媒体人才不仅要掌握传统的媒体传播业务知识和技能，还要具备跨领域的综合素养和创新能力，以适应新的媒体生态。

1．技术素养

全媒体人才不仅要掌握基础的知识和技能，还要具备技术思维，从而适应数字化、网络化的媒体环境，创造和传播更优质的内容。

一方面，全媒体人才需要具备全面的技术素养，了解传媒技术的最新发展趋势和应用前景，熟练掌握各种数字化工具、软件和设备，提升内容产品质量，从而保持技术上的领先优势，以更好地应对挑战。

另一方面，全媒体人才需要具备理解技术逻辑的能力，即了解和熟悉技术背后的原理和架构，能够运用技术理性地分析和解决问题。全媒体人才应理解传媒技术的基本原理和工作流程；将技术与传媒内容相结合，创造出新的传媒产品和服务；通过技术手段提升传媒工作的效率和品质；对技术的使用进行评估和优化，从而实现最佳效果等。

2．人文素养

人文素养是一种"以人为本"的价值观念，在媒体行业中，人文素养可以影响到人们对媒介、信息、受众的认知和态度。

全媒体人才的人文素养主要体现在以下几个方面。

（1）知识融合中的综合应用能力和批判思维。在面对信息超载和虚假信息的挑战时，获取真正有价值的内容并进行整合和加工，创造性地运用全媒体技术和传播形式讲好中国故事。

（2）审美能力。全媒体人才要提高自己的审美能力，以艺术的观念、视角和知识体系来看待自己领域的专业知识，收获全新的认识，从而能够更好地在自己的专业领域进行创新性的工作。

（3）职业道德素养。让自己的理想抱负建立在对国家、社会负责的基础上，树立起坚定反映社情民意、勇当时代先锋的社会责任感。在全球化背景下，媒体行业已经成为连接不同文化的桥梁，全媒体人才在实践中要以价值引领为主线，培养社会责任感。

> **📚 素养课堂**
>
> 媒体行业作为信息传播的重要渠道，担负着将新闻、娱乐和文化等内容传递给大众的重要职责。在这个信息爆炸的时代，媒体行业的社会责任显得尤为重要。
>
> 媒体机构应履行以下职责。首先，媒体机构应坚持客观、公正的原则，提供真实、准确的信息。其次，媒体机构要注重道德和伦理规范，确保内容合法合规，坚守道德底线，不侵害他人隐私，不传播低俗、恶俗的内容。最后，媒体机构应注重社会效益，积极宣传正能量，关注社会公益事业，推动社会进步。

3. 跨界能力

全媒体在信息技术的加持下完成了对传统媒体形式的扬弃，媒体之间的边界变得愈发开放和弱化，由此直接导致了媒体业务边界的模糊。从传统的新闻采编到广告营销、公关策划、数字化媒体产品设计、数据分析，全媒体人才需要将各个领域的技能和知识进行跨界整合和应用，才能更好地适应和引领行业发展的变革及创新。

课堂实训："橙柿互动"主流都市融媒体传播体系分析

1. 实训背景

杭州日报报业集团在杭州市委宣传部的指导下，正全力推进"橙柿互动"主流都市融媒体传播体系的创新和探索。

在城市大数据、电商技术驱动下，"橙柿互动"以同城社交为用户基础，用优质新闻引导舆论，参与社会治理，凝聚城市向心力，构建了"优质新闻+同城社交+新消费"的都市融媒体创新模式。它既是杭州市探索媒体深度融合的实践范本，也是杭州市宣传报道、对外发声的主要媒体渠道。

"橙柿互动"主流都市融媒体传播体系主要包括纸媒入户平台、国际传播平台、垂直新媒体矩阵、官方发布矩阵、线下活动平台、电商服务平台、社会责任平台等，精准服务 1000 万同城用户，每天有效触达用户 1.5 亿人次，在用心服务用户的同时，进一步巩固和壮大了主流舆论阵地。

2．实训要求

请同学们分析案例中"橙柿互动"与全媒体传播的关联，从而深化对全媒体的认识。

3．实训思路

（1）讨论案例

请同学们分析案例中"橙柿互动"与全媒体传播的关联，包括使用了哪些媒体工具、如何与传统媒体融合，并深度讨论"橙柿互动"的工作人员需要具备什么素养和能力。

（2）充分感受"橙柿互动"的全媒体传播

同学们可以下载并登录"橙柿互动"App，浏览 App 内的内容布局，谈一谈该 App 在"橙柿互动"全媒体传播中的作用；同时在网络上搜索"橙柿互动"发布的新闻资讯，结合本章学到的全媒体知识，探讨杭州日报报业集团在全媒体传播中做出的创新与探索。

课后思考

1. 简述人们在全媒体时代应具备的媒体素养。
2. 简述全媒体人才的素养与能力要求。

第 2 章　全媒体定位与传播

知识目标

- ➤ 了解全媒体定位的意义与原则。
- ➤ 掌握建立全媒体定位的方法。
- ➤ 了解全媒体的实现方式。
- ➤ 了解传播的定义及其要素。
- ➤ 掌握全媒体的传播方式。

能力目标

- ➤ 能够通过设置账号名称、口号、视觉锤和建立媒体矩阵来进行全媒体定位。
- ➤ 能够合理选择不同的媒体形式和传播方式来实现全媒体运营。

素养目标

- ➤ 在传播中坚守中华文化立场，讲好中国故事，传播好中国声音。
- ➤ 提高对舆论工作重要性的认识，积极参与奋进新时代的主流思想文化宣传工作。

定位对全媒体运营工作的影响深远，它不仅决定了全媒体运营师需要关注的重点和方向，还直接关系到整体营销效果和传播效果的实现。因此，全媒体运营师要精确定位全媒体，以合理的媒体形式和传播方式向用户传播信息。

2.1 全媒体定位概述

在当今互联网信息爆炸、用户需求多元的环境下，全媒体运营师要充分理解定位对其工作的影响，并灵活应用到实际工作中。

2.1.1 定位的意义

定位理论应用在全媒体运营上，本质是通过不断提升全媒体账号的某一特质，增强其在普通用户与粉丝心中某一部分的影响力，从而占据普通用户与粉丝的这一部分心智，让越来越多的人在提到某一关键词或类型时第一时间就想到该账号。

从全媒体运营管理的角度来看，全媒体账号的建立流程大致可分为以下几步：找到并不断优化定位，通过数据分析找到内容优化方向，确定用户画像，确定全媒体账号的基本属性。由此可以看出，定位是建立全媒体账号的第一步，其重要性不言而喻。

全媒体运营周期如下。

- 导入期。寻找种子用户，做定位、内容等方面的测试和优化，粉丝增长缓慢，参考粉丝数在 1 万以下。

- 成长期。关注粉丝增长的渠道和效率，粉丝增长快速，参考粉丝数在 1 万～50 万。

- 成熟期。账号基本定型，更关注品牌和变现，粉丝增长缓慢，参考粉丝数在 50 万以上到 100 万。

- 瓶颈期。重新关注定位，寻找新的增长引擎，参考粉丝数在 100 万以上。

从全媒体运营周期来看，定位的工作核心呈现在导入期和瓶颈期，两者都是增长工作的破局点。定位是引发一系列用户行为的关键要素，在不同时期扮演着关键的角色，起到承前启后的作用：前期作为"定海神针"，决定着全媒体账号的整体方向；后期作为破局点，用于重新调整运营的方向。

定位对全媒体运营工作的影响主要体现在以下几个方面。

1．决定核心内容

定位在很大程度上决定了全媒体运营师需要关注的核心内容，通过明确定位不同用户群体的特点和需求，全媒体运营师可以有针对性地制定内容策略，从而更好地吸引目标用户的注意力。例如，如果目标用户更偏向于年轻群体，那么全媒体运营师可以侧重于短视频、直播等年轻化的内容形式，以满足用户喜好，提升内容传播效果。

2．影响在不同平台的运营策略

不同平台的用户属性和行为习惯各异，所以全媒体运营师要根据不同平台的特点来调整内容呈现方式和传播策略。例如，在短视频平台上，全媒体运营师可以采用轻松、幽默的方式展示产品或服务的优势，而在专业领域平台上，则需要更加注重内容的深度和专业性，以增强用户的信任和黏性。

3．对数据分析能力有所要求

基于定位所确定的目标用户和传播渠道，全媒体运营师需要利用数据分析工具对内容传播效果进行监测和评估，以便及时调整运营策略，并优化内容呈现形式。只有通过数据分析来了解用户的喜好和行为特点，全媒体运营师才能更加精准地进行内容创作和传播，从而提升营销效果。

4．影响部门协作

根据定位确定的目标用户和传播渠道，全媒体运营师需要与品牌策划、市场推广、产品研发等部门进行密切的协作，共同制定整体营销方案，并确保在不同媒体上内容的一致性和连贯性。这就要求全媒体运营师具备良好的沟通能力和团队协作意识，与各个部门紧密合作，共同推动营销目标的实现。

综上所述，定位对全媒体运营工作产生了重要影响。从核心内容的策划到平台运营策略的选择，再到数据分析和部门协作，都需要全媒体运营师结合定位不断完善自身的工作方式和方法。全媒体运营师只有充分理解定位的意义，并将其灵活运用到实际工作中，才能更好地开展工作，实现营销效果的最大化。

2.1.2　定位的原则

全媒体定位可以帮助全媒体运营师确定运营方向，而在定位时全媒体账号要遵循以下原则。

1．内容风格统一

内容定位要与企业的产品或品牌定位相符，保持内容风格的统一，以提升内容的专业性和用户的阅读感受。

2．内容高频输出

内容高频输出反映内容的持续生产能力强。一篇优质内容从撰写到发布要花费很多的时间和精力，所以需要想清楚是否可以支持内容以某种频率、在某个时间段内持续展现给用户。内容输出的频率非常重要，如果自己推出内容的时间间隔比竞争对手更长，内容更新频率更低，竞争优势就更小。

3．定位要满足用户需求

定位要从用户需求的角度进行考虑，从用户的需求中挖掘痛点，再以内容的形式展现出来打动用户。

4．定位要符合营销目的

营销的目的不同，定位的方向就不同，所需要呈现给用户的内容侧重点也就不同。如果是以销售产品为目的的，就要注重引流和转化，要选择能够将用户直接引导到产品页面的营销平台，并且要在内容中突出目标用户的痛点或可以获得的利益。

5．定位要符合个人能力

全媒体的内容不是随便写出来的，与全媒体运营师的能力密切相关，如果没有内容策划、写作和整合能力，即使有好的构思也没办法呈现出来。

因此，全媒体运营师在一开始建立账号时就要通过询问自己几个问题来明确定位的切入点：自己擅长什么领域的内容？在擅长的领域中自己是否有过令人信服的成绩？自己擅长的领域目前是蓝海市场，还是红海市场？该领域下的细分垂类是否有尚未开发的蓝海市场？如果该领域已经处于红海市场，自己能否做出差异化？

6．内容要差异化

做全媒体要做出差异化，没有差异化就没有竞争力。全媒体账号之所以能在用户的心中留下印象，能够占领相应的那一部分用户心智，归根结底在于账号的内容及其形式、节奏、风格，以及表达方式等诸多细节上的不同。

2.2 建立全媒体定位

全媒体营销在现代营销中具有重要的作用，可以通过精准定位、整合多媒体渠道、优化内容创造、数据分析和建立品牌影响力等环节有效提升品牌形象和市场竞争力。全媒体的精准定位可以通过设置账号名称、口号、视觉锤和建立媒体矩阵来完成。

2.2.1 账号名称

为账号设置一个合理的名称，可以让账号的流量吸引能力更强。一个响亮的账号名称相当于企业的品牌标志，可以在用户心中留下深刻印象。账号名称的标准可以用 3 个词语来形容，即"好记、好理解、好传播"。达到这一标准的账号名称可以让用户一看就知道账号是做什么的，脑海里会出现相关的文字，因此更容易被记住。

具体来说，在建立全媒体定位时，账号的名称要符合以下要求。

1．体现所在领域

体现所在领域，就是指让用户一眼就能看出账号运营的垂直领域，如"老王说电影""老马说车"等。

2．避免生僻字

很多运营人员在为账号起名时，为了避免与其他账号重复，会起一个含生僻字的名称。这种账号名称尽管与众不同、新颖独特，但用户无法理解，就难以产生深刻的印象，用户后续想搜索时，可能发现无法输入账号名称，自然无法找到账号，就会放弃关注账号。因此，一个通俗易懂的账号名称更容易被用户接受并记住。

3．营销成本要低

账号的名称可以和人们脑海中的一些记忆联系在一起，如"小米""猎豹"等，这些名称之所以非常容易被大家记住，是因为这些词语已经存在于人们的脑海中，记忆成本和营销成本比较低。

4．体现身份和价值

账号名称可以采用"身份+价值"的结构，如"凯叔讲故事"，身份是凯叔，价值是为用户讲故事；"小葵花妈妈课堂"，身份是小葵花药业，价值是提供育儿经验。

总之，账号名称要立意新颖，从自身特质、意向方面挖掘灵感，创造新颖的短语组合；要简短，采用直白的语言；应清晰明确，注重可读性。可以多搜集一些潮流热词，以此为灵感，灵活运用到名称中。

2.2.2 口号

口号，也称 Slogan、标语，主要在营销、推广时使用，通常由一个短语或几个词组构成。简而言之，口号类似于一句话介绍，可以让用户记住账号，甚至引起用户共鸣，进而引发关注、合作等行动。

成功的口号往往具备以下特点。

1．简短

在互联网时代，用户在看到作品的 2 秒内就会决定要不要继续看下去。因此，口号要简短，应在一句话以内。冗长的介绍会分散用户的注意力，使口号丧失记忆点，用户也会失去看下去的兴趣。

2．定位准确

口号要准确表达账号的定位，要让用户看到这一句话就在脑海中建立起"这个账号是做什么的、能给我提供什么"这样清晰的认知。

3．有强烈的记忆点

如果账号的内容定位与其他账号的区别不大，就需要有独特的口号来制造记忆点。口号表达的内容应与目标用户的喜好相结合，能让他们印象深刻。

4．趣味性强

用户使用网络的目的以娱乐为主，没有人喜欢死板、严肃的说教，所以口号要有较强的趣味性，这样才能让人愿意记住账号名称。

2.2.3　视觉锤

视觉锤的概念最初是由美国营销战略专家劳拉·里斯提出的。视觉锤是品牌占据用户心智的一个独特的视觉概念，可用于识别品牌的视觉信息，帮助品牌建立视觉竞争优势。

视觉锤的形式十分广泛，几乎所有视觉元素都能成为视觉锤，但一个品牌的视觉锤必须表达出语言钉。语言钉是用语言的方式表达出的品牌定位，是品牌的战略方向。语言钉的弱点在于语言表达难以调动用户情绪，很难被记住，除非长期投入大量广告不断对其进行重复，因此就需要通过视觉锤将语言定位"钉"进用户的内心。

1．视觉锤的作用

视觉锤的作用体现在以下几个方面。

（1）抢占用户的注意力

美国语言学家艾伯塔·梅瑞宾提出，沟通总效果等于 7% 的语言加 38% 的音调，再加上 55% 的视觉信息。这说明视觉锤可以高效地抢占用户的注意力，用户的注意力决定了品牌的生死存亡，用户没有对品牌的注意，也就没有对品牌的记忆。

（2）快速建立品牌联想

视觉锤往往是根据品牌理念、产品、服务等设计的，能帮助品牌快速建立专属的品牌联想，占领用户心智。

（3）降低传播成本

冲击力强的视觉锤会大幅刺激用户的感官，让用户形成深刻的记忆，从而降低品牌传播成本和用户辨识成本。

2．视觉锤的常用元素

视觉锤的常用元素包括以下几种。

（1）形状。简单的形状往往会有较高的辨识度，对品牌的传播有奇效；同时形状要与品牌产生正向关联。

（2）颜色。单一的颜色通常比多个颜色的效果好。使用颜色不仅是为了好看，对用户而言，在一定程度上，选择颜色等于选择品牌。

（3）包装。包装本身的形状和构成可以成为有力的视觉锤。

（4）画面。将画面与产品特征深度绑定，可以成为吸引用户观看的视觉锤。

（5）创始人。创始人本身有着强烈的品牌属性，其自带流量，还能带动用户对品牌文化和品牌理念产生深度认同。

（6）符号。符号主要是指品牌标志。符号传达的信息要具体实用、清晰易辨。复杂的品牌标志容易被模仿，模糊用户记忆，降低视觉锤效果。

（7）动物。大卫·奥格威曾提出创意的 3B 原则，3B 指婴儿（Baby）、美丽的女性（Beauty）、动物（Beast）。婴儿和美丽的女性形象的使用受限于肖像权，而动物是视觉锤极好的选择，如京东的狗、天猫的猫、闲鱼的鱼、飞猪的猪等。

（8）产品。无形的产品通常使用商标来建立视觉锤，而有形的产品则可以利用自身特点直接形成视觉锤。

以上提到的是品牌在创建全媒体账号时可以使用的视觉锤元素。如果是一个自媒体创建媒体矩阵，可以从自身特质找到视觉锤元素，并通过内容放大自身特质，使用户对此形成深刻印象。

当然，保持视觉锤的稳定性也非常重要。如果视觉锤总是更换，用户就无法通过品牌视觉形象来快速识别品牌。因此，一旦确定了独特的颜色、包装之后，就不要轻易地改变，而是让用户在看到这个颜色、包装后立刻联想到品牌。

 知识链接

视觉锤的设计策划包含 4 个核心问题：创意发想、设计符号、营销应用和测试评估。

（1）创意发想

创意发想是一种非常实用的发散思维、思考创意的方法，主要是根据几个核心元素大胆开展关联性想象，把所有能想象到的内容都记录下来，从中挖掘创意灵感。

（2）设计符号

在正式设计符号之前，设计人员应先做减法缩小范围，将视觉锤符号框定在可落地的几个类型中，避免做无用功。在视觉锤符号的设计环节，可以在之前想到的关键词和关键元素中进行筛选，筛选时要遵从"跟品牌强关联、符号有积极寓意、视觉美观且有辨识度、能够在营销传播场景应用"4 个原则。

（3）营销应用

视觉锤的营销应用场景非常宽泛，常见的有品牌视觉识别系统（Visual Identity System，VIS）、营销活动、线下门店、产品包装等，具体应用场景一般要根据企业有哪些营销资源来决定。

（4）测试评估

在推出视觉锤之后，测试评估视觉锤的效果也是一项不可或缺的工作，这决定了品牌是否应该在这方面持续投入。品牌可以通过回忆测试、品牌识别测试，对视觉锤的效果进行综合评估。

2.2.4 媒体矩阵

企业媒体矩阵搭建是一种渐进式运营过程，是针对不同平台的特点、不同用户属性做符合平台的营销和服务，长期与用户形成紧密关系，提升用户对品牌的认知度和好感度，提升品牌力，实现商业转化。简单来说，企业需要在各个平台创建账号形成矩阵，让用户不管在哪个平台搜索都能看到自己的账号。

虽然有很多媒体平台，但每个平台的用户量都是有限的，很少有用户会同时使用多个平台来接收信息，因此用户比较分散。企业搭建媒体矩阵，在多个媒体平台进行运营，就可以在多个平台收获自己的粉丝，拓宽宣传渠道。

在了解如何搭建媒体矩阵之前，先要了解运营媒体矩阵的 3 个核心能力。

第一，对平台的理解力。只有对运营的平台有深刻的理解，才能更好地利用其优势完成商业活动。对平台的理解力体现在对平台运作机制的了解（如小红书有推荐机制和权重机制）、对平台用户的研究（平台用户是否符合目标用户定位以及匹配程度）和对平台发展趋势的理解（有什么最新的流量扶持政策）等方面。

第二，跨平台整合力。媒体矩阵能够发挥协同效应，如果具备跨平台整合力，就可以利用各个平台的特点发挥 "1+1>2" 的效果。跨平台整合分为联动内部资源和联动外部资源两个方面。联动内部资源是指媒体矩阵内在所有的媒体平台同步发布消息，以最大限度利用自有资源；联动外部资源是指召开发布会、让外部知名专家写稿推荐等。

第三，平台数据化驱动力。未来，精细化运营是关键。多平台运营除了需要将某个平台的运营经验运用到另一个平台，也需要用数据驱动运营。数据分析不仅能够呈现结果，帮助总结分析，还有助于优化前期经验、准确预判等，无论是对内容运营、用户运营还是对活动运营，都大有裨益。

媒体矩阵的搭建步骤如下。

1．确定媒体矩阵类型

搭建媒体矩阵之前，企业要先确定媒体矩阵类型，媒体矩阵可以分为横向矩阵和纵向矩阵。横向矩阵是指企业在多个媒体平台的布局，包括网站、各类自媒体平台等，也称外矩阵；纵向矩阵是指企业在某个平台内的生态布局，是其各个产品线的纵向布局，也称内矩阵。

2．选择合适的平台

不同的平台具有不同的用户和特点，因此企业需要根据自己的定位和目标用户来选择相应的平台。

（1）社交媒体平台

社交媒体平台具有交互性强、用户活跃度高、创作自由等属性，适合推广社交属性较强的产品或服务。企业可以在其上建立官方账号，与用户积极互动，还可以与平台内博主进行合作推广，扩大用户范围。

（2）垂直媒体平台

垂直媒体平台具有专业性强的特点，适用于垂直领域的企业或个人，如汽车、金融、健康等领域。企业在垂直媒体平台发布的文案可以是干货知识、产品信息等，要能够带给用户价值感，树立品牌专业形象。

3．建立矩阵账号

在选择了合适的平台后，企业要建立矩阵账号。矩阵账号的建立需要考虑多个因素，如账号名称、头像、简介、标签等。一个响亮的账号名称能够吸引用户的注意力，头像、简介和标签则可以更好地描述账号内容和定位。

4．发布多样化的高质量内容

建立矩阵账号后，企业要发布多样化的高质量内容，不能只做内容的"搬运工"，要增强原创意识，并根据潜在用户的需求及平台的特点创作内容，同时保持一定的更新频率，从而维持用户黏性。例如，企业为了宣传促销活动，可以在微信公众号发布文章介绍促销激励政策，在微博和抖音上发布相关视频，展示促销新品，从而实现多平台覆盖。

2.3 全媒体的实现方式

随着互联网的不断发展和普及，媒体行业也发生了翻天覆地的变化，从传统的报刊、电视、广播等单一媒体形式，逐渐演变为多种媒体形式共同发展的全媒体形式。全媒体运营成为企业进行品牌宣传、产品推广的重要手段。全媒体的实现方式主要包括社交媒体、图文媒体、音频媒体、短视频与直播。

2.3.1 社交媒体

社交媒体是指互联网上基于用户关系的内容生产与交换平台，也是人们彼此分享意见、见解、经验和观点的工具和平台，代表性平台为微博。

微博有低门槛、实时性、高聚合、强裂变的信息传播特点，是当下非常重要的新媒体社交平台之一。作为"超级流量池"的微博平台，也成为个人或企业打造品牌影响力、实现商业价值的重要渠道。作为中国头部的社交媒体平台，微博覆盖全行业领域的多维用户群体，是洞察品牌经营与用户动向的"风向标"。

微博加大了对热点营销的资源投入，探索出适合各个行业、不同阶段的品牌在微博上的热点营销玩法。从场景上，热点营销分为造势和借势。造势是指为品牌上新、艺人官宣、品牌联名、发布会等品牌大事件，匹配微博的热点玩法和资源，提升事件的传播度和影响力；借势更多借助的是发生在微博上的各种各样的热点，有社会热点、体育热点、娱乐热点等，这些热点代表着用户的关注和讨论，能帮助品牌找到热点机会，借助热点与用户共振。

因此，在企业构建的媒体矩阵中，微博承担着热点营销的作用。企业通过建立官方微博账号，建造自己的营销大本营，通过运营用户沉淀优质内容和粉丝资产。在借势热点时，企业要利用好"注意力经济"，结合自身的特点，抓住热点机遇。

在借势热点时，企业的微博账号也要做好内容和创意设计，重视互动与连接，不能只把微博当成信息发布平台，而忽略与用户的情感交流和互动。企业要把用户当成一个个真实的人，而不是数据来对待，通过微博与他们进行真实的交流和沟通。

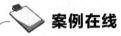 **案例在线**

蕉下在惊蛰节气推广新鞋，以"踏歌而行"的创意提升品牌形象

　　户外生活方式品牌蕉下推出一款新鞋，在微博推广时贴合惊蛰节气的特性，通过建立"在惊蛰，应该出去走走"的认知，引发用户对户外的关注，进而创意地展现新品的科技力和踏遍地形的多样性，推动"天地间肩并肩"的精神主张，让微博用户产生共鸣。

　　在整个推广营销过程中，蕉下发布了很多颇具趣味性的文案并加强传播，建立从节气到节日的场景，以"踏歌而行"的创意激发用户的历史传承精神和集体仪式感，最终实现话题总阅读量超 3.2 亿次，蕉下与春天、大自然、露营、骑行、户外运动、踏青等场景建立了强关联。

2.3.2　图文媒体

　　在全媒体传播中，比较有代表性的图文媒体有微信公众号、小红书等。

1．微信公众号

　　微信公众号，简称公众号，于 2012 年 8 月 23 日上线，是为个人、企业和组织提供业务服务与用户管理功能的服务平台。公众号是自媒体时代的代表性平台，很多创作者通过公众号发布原创图文作品形成了自己的品牌，成为微信中的创业者，这也验证了公众号的口号"再小的个体，也要有自己的品牌"。

　　对企业来说，公众号是私域流量转化的重要手段之一，可以帮助企业获得较大的精准流量。公众号这个载体还可以链接整个微信生态"公众号+视频号+社群+小程序商城"，甚至还可以打通微博、小红书等外部渠道。

　　对媒体机构来说，从短期来看，公众号依然是国内新媒体传播渠道的领头羊。对大部分传统媒体来说，在深耕多年后，其公众号已经积累了一定量的粉丝，并通过持续的内容输出塑造了品牌影响力，是需要巩固与发展的传播阵地。

　　尽管短视频、直播等内容越来越多地挤压图文内容的生存空间，但用户对独家报道、热点内容、深度解读等图文内容需求不减，优质图文内容依然会成为在朋友圈刷屏的"爆款"。在微信公众号上，有深度、有思想的干货文章依然有市场，这也给予了专业媒体机构生存和发展空间。

　　媒体机构除了要关注流量，还要关注打开率，单篇文章的打开率反映了标题、内容的吸引力，公众号整体的打开率则反映了粉丝的活跃度。要想提高打开率，媒体机构在选择内容时应考虑是否是最近的热点新闻、是否具有话题性、是否具有实用性等，有趣、有用的内容才是内容市场的"硬通货"。

　　另外，媒体机构要特别注意互动，互动可以成为内容的一部分，这是提升公众号活跃度的抓手。目前，新华社等主流媒体都在强化公众号推文后的留言互动，拉近与用户的距离，打破主流媒体"高冷"的刻板印象。

2．小红书

　　在小红书平台上，企业可以发布图文笔记，以精美的图片和详略得当的文字描述来"种草"产品。企业在小红书发布内容时，要重视封面图，因为封面图直接决定了用户是否愿意查看笔记的详细内容，一个赏心悦目、清晰明了的封面图可以迅速抓住用户的心。

另外，用户在小红书中的搜索行为体现出其真实的需求。如今，小红书已经成为大众日常生活中重要的"搜索引擎"，70%的小红书用户有搜索行为，88%的搜索行为由用户主动发起，42%的新用户第一天使用小红书时就会使用搜索功能。因此，小红书笔记的标题中要带上关键词，这样可以捕获一部分搜索流量，从而增强笔记的长尾效应。

企业要发挥小红书搜索营销的价值，首先要选择合适的关键词。企业可以在小红书站内挖掘关键词。

（1）猜你想搜+小红书热点

猜你想搜主要根据用户的日常搜索习惯提供关键词参考。小红书热点是平台的一些热点话题，企业可以适当搜集与品牌关联性比较强的话题，植入笔记内容。当然，不要刻意追热点，还是要考虑到关键词跟品牌的关联性，如图 2-1 所示。

（2）搜索列表

以搜索"美食教程"为例，搜索列表中有很多与"美食教程"相关的关键词，如"美食教程家常菜""美食教程视频""美食教程图文"等（见图 2-2），企业可以选择想优化的关键词植入笔记内容。

（3）大家都在搜

在小红书的瀑布流内容中会出现"大家都在搜"板块，呈现的是用户经常搜索的相关关键词，也可以作为参考的方向，如图 2-3 所示。

图 2-1　猜你想搜+小红书热点　　图 2-2　搜索列表　　图 2-3　大家都在搜

（4）借鉴别人的账号

企业可以借鉴别人的小红书账号，如别人的笔记标题、账号名称及评论区，这些都有与自身所处领域相关的内容，可以作为挖掘关键词的参考。

2.3.3 音频媒体

随着用户驾驶、健身等各种生活场景的日益丰富，以声音为中心的各类音频媒体的平台化、智能化产品在不断推陈出新，广播成为更贴近生活、服务性更强的"伴随收听"。多元化的伴随式传播重构了广播场景化传播的时空意义，尤其在一些视频类媒体难以触达或不便接收视觉信息的场景下，广播作为专注于听觉感知的媒体特性和优势更加凸显，直击心灵的声音所产生的独有而强大的传播注意力极大地为听众赋能，给其提供了色彩斑斓、场景广阔的想象空间。

国内音频媒体平台有综合性音频平台喜马拉雅、行业内首次提出专业用户生成内容（Professional User Generated Content，PUGC）战略的蜻蜓 FM、以用户生成内容（User Generated Content，UGC）模式为主的荔枝 FM、中央广播电视总台音频移动端产品"云听"。其他互联网公司也纷纷跻身音频媒体市场，例如，公众号的文章可以搭配音频，用户点击播放按钮，可以收听公众号文章的内容，微博全面上线"听见微博"微博音频合作计划，鼓励用户发布音频内容。

音频媒体面对的是个体，其并不是像对待传统广播一样被动接收信息，而是对音频产品有着特定的需求，通过能动地对音频产品和内容进行选择、接触和理解，使这些需求得到满足。音频媒体提供了大量垂直内容供用户选择，包含健康、教育、相声、有声书等多个模块，而这些内容也可根据用户的浏览习惯进行算法推荐。

音频媒体对传统广播进行了"再媒介化"重塑，即从传统广播中获取内容和形式进行重新组合，从而生产出既有传统广播的内容形式又具备数字媒介特性的内容。音频媒体还对电视节目进行了再媒介化尝试，再媒介化后的电视内容具备超媒介性，在不同媒介中得到多元呈现和传播。

 案例在线

云听 App 推出"听电视"板块，对电视节目进行音频化重构

云听 App 推出"听电视"板块，对总台广受好评的电视节目进行音频化重构，并进行内容切分，满足了用户碎片化的收听方式，实现了由"看电视"向"听电视"的转变，成为音频移动端的有力竞争点。

云听 App 的"听电视"板块以总台的台播节目为本，电视内容通过音频化改写进入声音融媒体，这就是一种再媒介化改写。在这个过程中，电视内容通过再媒介化便具备了超媒介性，变得碎片化且更易进行网络分发，交互性也得到了增强。

"听电视"板块中高播放量内容的主要特点如下。

（1）文化、教育类内容消费占比大。《百家讲坛》这类内容与云听 App 聚焦"泛文艺、泛知识、泛娱乐"的内容品类定位相符合。

（2）音频仍可进行较为清晰、完整和准确的叙事表达。在视频向音频再媒介化的过程中，随着影像的消解，其叙事功能并没有减少许多。例如，《百家讲坛》以口播讲述为主，音频表达可以整体、全面地表现出内容；《经典咏流传》以歌曲演唱为主，对画面的依赖程度同样较低，靠主播的解说就可以较好地保持原电视

节目的叙事完整性。

（3）热播节目具有单元性与独立性，每集节目之间内容关联度不高，听众可以从任意的某集节目开始收听，大部分内容也不受时效性限制。

"听电视"板块进行从视频到音频的再媒介化改写，提升了优质内容资源的利用率，同时在渠道、呈现方式、传播效果和影响力方面进行了拓展；音频化为用户提供了听觉感官维度的选择，满足了用户对不同媒介消费偏好的需求。通过以上操作，不仅云听 App 拓展了内容来源渠道，同时总台电视节目在声音领域也得到了拓展和延伸。

素养课堂

音频媒体在媒体融合时代要更加注重思想内核和价值内核的构建，特别是在做声音知识加工时，重视价值性与知识性相结合。企业在音频新媒体平台进行营销并追求商业价值的同时，还要注重人文关怀和社会价值，这既是弘扬社会主义核心价值观的必要之举，也是实现音频媒体可持续发展的应有措施。

2.3.4 短视频与直播

随着互联网的快速发展，短视频和直播迅速发展，成为人们日常生活中不可或缺的一部分。短视频和直播的优点在于它们可以提供多样化的内容和互动方式：短视频可以通过不同的主题和风格来吸引不同的用户，如娱乐、音乐、旅游、美食等；直播可以让主播分享自己的生活、见闻和感受，用户可以与主播实时互动。

除了娱乐和信息传递，短视频和直播还可以成为商业营销的利器。很多企业通过短视频和直播来宣传产品和服务，提高曝光度和销售额。目前主要的"短视频+直播"平台有抖音、快手、微信视频号等。

"短视频+直播"是指将短视频和直播融合，充分利用两者的优势，为用户提供更好的观看体验和更强的参与感。"短视频+直播"具有重要意义，主要体现在以下几个方面。

- 提供多元化和丰富的内容形式。短视频和直播的融合可以将现场直播和录播的优势结合起来。直播可以实时呈现各种事件、活动等的内容，而短视频可以进行编辑，提供更加精彩和有趣的内容。这种融合为用户提供了多元化和丰富的内容形式，能够满足不同用户的需求。

- 增强互动性和参与感。直播可以实现与用户的实时互动，用户可以通过弹幕、评论等方式与主播或其他用户进行互动交流。而短视频可以通过点赞、分享、评论等功能引发用户的参与和互动。融合后的媒体形式可以在直播过程中采集用户的实时反馈，同时通过短视频的分享传播扩大影响范围，增强用户在内容创作中的参与感。

- 提升内容传播力和影响力。短视频和直播融合后的内容可以更好地吸引用户的注意力，形成更具吸引力和震撼力的视觉表现形式。直播的实时性和真实性，以及短视频的节奏紧凑和创意表达，使内容更易于传播和分享。同时，融合后的媒体形式也更容易在社交媒体等平台上引发用户的关注和讨论，提升内容的传播效果和影响力。

● 适应用户需求和消费习惯的变化。越来越多的用户倾向于在短时间内获取信息和进行娱乐，而短视频和直播正好满足了这种需求。两者的融合可以更好地结合信息的即时性和碎片化特点，为用户提供使他们可以快速浏览的内容形式。

短视频和直播融合的途径主要有以下几种。

1．直播转录短视频

直播转录短视频是指通过对直播活动的录像素材进行后期剪辑和处理，制作成精彩的短视频，以吸引更多用户关注和传播。对直播录像素材进行后期处理，包括剪辑、调整画面质量、增加背景音乐等，可以通过剪辑选择精彩的片段，删除冗长、无聊的部分，提升整体观看体验。

2．短视频引导直播

短视频引导直播是指通过在短视频中预告即将进行的直播活动，以文字说明、片段预览、主题标签等方式引发用户的兴趣和期待，提前形成话题热点，同时提高直播的用户参与度。短视频引导直播可以很好地利用短视频快速触达用户和广泛传播的能力，为直播活动带来更多的关注和参与。

3．直播中穿插短视频

直播中穿插短视频是指通过在直播过程中播放一些制作好的短视频来丰富直播内容，提升用户的观看体验。短视频的内容要与直播内容相关，确保短视频能够与直播主题产生关联，这样可以提高用户对短视频的兴趣，并帮助他们更好地理解直播中的讲解或展示。短视频的时长不宜太长，以免影响直播进程和用户体验。

4．短视频与直播的跨平台互动

在短视频平台和直播平台之间建立关联和互动，可以使两者互相吸引流量和增加留存量。

● 引导用户关注直播账号或频道。在短视频中引导用户关注直播平台上的频道，以便他们获取最新的直播信息和内容。

● 直播互动引导用户观看短视频。在直播中引导用户观看制作好的短视频，这样可以提升短视频的曝光率和观看量。

● 在直播过程中设置特定的互动环节，并跨平台进行互动。例如，通过短视频平台的评论区回答直播中的问题，这样可以增强用户的参与感和互动性。

● 直播和短视频内容关联。通过在直播中提到短视频的内容、预告或者片段，引发用户的兴趣，并引导他们到短视频平台观看完整的内容；也可以在短视频中提到直播的互动环节或有关内容，鼓励用户到直播平台实时互动。这种方式可以充分利用短视频和直播平台各自的特点形成优势互补，提升整体内容的传播效果和用户参与度。

2.4　传播概述

随着全媒体的不断发展，信息变得无处不在、无所不及、无人不用，导致舆论生态、媒体格局、传播方式发生深刻变化。主流媒体要因势而谋、应势而动、顺势而为，加快推动媒体融合发展，增强自身的传播力、引导力、影响力和公信力。而要做到这一点，需要先了解传播的定义和要素，透彻理解传播的本质。

2.4.1　传播的定义

郭庆光在《传播学教程》中将传播定义为"社会信息的传递或社会信息系统的运行"。然而，传播不只有这一种定义，学者们曾对传播做过很多定义，大致分为以下几个方向。

1．共享说

美国学者戈德认为传播就是"变独有为共有的过程"，信息有一个非常重要的性质，就是共享性。

2．互动关系说

美国学者格伯纳将传播定义为"通过讯息进行的社会相互作用"，其不仅强调传播活动本身，还把它置于一种社会关系和社会交往的过程当中，强调传播对于构成人类社会，以及人类在社会当中互相交往所具有的重要意义。

3．符号说

美国学者贝雷尔森和塞纳认为"传播就是运用词语、图片、数字、图标等符号来传递信息、思想、感情、技术的行为和过程"，强调传播活动中所使用的符号。

4．目的、影响和反映说

美国学者霍夫兰认为"传播就是某个人传递刺激以影响另一些人的行为的过程"，这个定义强调的是传播带来的影响。

总之，传播是指两个相互独立的系统之间，利用一定的媒介和途径所进行的有目的的信息传递活动。从企业的角度来看，传播就是企业正确地使用各种传播媒介，及时地向公众传递有关企业的各种信息，及时、有效地收集公众对企业的各种意见，了解他们的态度的过程。

传播过程是一种信息分享过程，传播双方都能在传递、交流、反馈等一系列活动中分享信息，双方在信息沟通的基础上相互取得理解，达成共识。

2.4.2　传播的要素

传播的要素是传播学的基础。传播的要素包括以下几点。

1．信源

信源又称传播者，指的是信息传播的发起者，也就是以发布信息的方式主动作用于他人的人。在社会传播中，信源既可以是个人，也可以是群体或组织。

在全媒体时代，每个人都可以是信源，通过互联网、社交媒体等工具，个人、企业、机构等都可以轻松发布信息，提升自己的曝光率和影响力。

2．信宿

信宿又称受传者，也就是信息的接收者和反应者，传播者的作用对象。"作用对象"一词并不意味着信宿是一种完全被动的存在，相反，信宿可以通过反馈活动来影响传播者。信宿同样既可以是个人，也可以是群体或组织。信宿和信源并不是固定不变的角色，在一般传播过程中，这两者能够发生角色的转换或交替。

在全媒体时代，信宿更加活跃和自主，可以通过搜索、订阅、过滤等方式筛选自己感兴趣的信息，并对其进行评价。同时，信宿也可以通过互动来实现信息的分享与传播。

3．讯息

讯息是指由一组相互关联的有意义的符号组成的，能够表达某种完整意义的信息。讯息是信源和信宿之间社会互动的介质，通过讯息，两者发生意义的交换，达到互动的目的。

在全媒体时代，讯息爆炸式增长，内容更加多元化和个性化，用户可以通过搜索引擎、社交媒体等自主获取感兴趣的内容，并实现在线分享与交流。

4．媒介

媒介又称传播渠道、信道、手段或工具。媒介是讯息的搬运者，也是将传播过程中的各种因素相互连接起来的纽带。

在全媒体时代，传统媒体与新媒体逐渐融合，报纸、广播、电视逐渐网络化和数字化，与社交媒体、移动互联网紧密相连，具有传播速度快、互动性强、信息量大、覆盖面广等优点，改变了以往单向传播的模式。

5．反馈

反馈指受传者对接收到的讯息的反应或回应，也是受传者对传播者的反作用。获得反馈讯息是传播者的意图和目的，给出反馈讯息是受传者主观能动性的体现。反馈是体现社会传播的双向性和互动性的重要机制，其速度和质量因媒介的性质而有不同，但其是传播过程中不可或缺的要素。

2.5 全媒体传播方式

随着手机和移动互联网的普及，信息可以通过多种途径传播，全媒体时代下的信息传播方式已经从单一的方式向多元化的方式发展，而在多元化的方式中，人际传播和大众传播互相交织，推动着宣传和新闻舆论工作的开展。

2.5.1 人际传播

人际传播是在人与人之间进行的信息交流活动，是两个个体系统相互连接组成的新的信息传播系统。人际传播作为一种典型的社会传播活动，也是人与人社会关系的直接体现。

对人类而言，人际传播是最原始、最基本也是最重要的交往形式之一，是支撑社会成型的基石。随着时代的发展变化，现代的政治、经济、科技和社会结构等传播环境有着与以往大不相同的独特性，这种独特性从方式、功能、内容和模式等方面对当代人际传播造成了极大的影响，所以许多新的定义被增加到当代人际传播中。

当今的人们普遍生活在一个由各种符号组建的虚拟环境中。在新媒体从诞生到被应用，再到被迅速广泛传播的这个过程中，人们的人际关系、人际交往形态及语言生态也在无形中被改变，这是因为在新媒体的发展过程中人们的生存方式和思维方式受到了极大的影响。

在新媒体时代，人际传播手段得到最大限度的拓展，即时通信、网络通话、视频聊天等新媒体工具活跃在人们的生活中，人们在进行人际传播时有了更多的选择。

1. 新媒体时代人际传播的动机

人们喜爱甚至依赖使用新媒体来进行人际传播，其动机往往包含以下方面。

（1）自我表露

为了防止他人对自己形成消极印象，人们往往会塑造美好的社会形象。人们在传播过程中越主动，互动性越强，就越关注自己的社会形象。

霍曼斯在分析人类行为时指出，适度或充分的自我表露可以得到他人的好感，并促使对方也进行自我表露。

阿特曼和泰勒在社会渗透论中认为，自我表露的过程如洋葱结构一般，人们的"外壳"随着人际关系的深入和推进而层层剥离。无论是聊天时的交流谈心，还是朋友圈的照片状态，都能很好地辅助人们完成自我表露，人们可以同时使用文本、图片及视频等方式塑造自己的社会形象，这便是新媒体语境所带来的便利。但是，人们采用自我表露的方式获得他人好感需要承担暴露隐私的风险，随着"外壳"层层剥离，暴露的个人隐私无疑会越来越多。

（2）自我满足

人们在进行自我表露时，满足了自己对群体的联系和归属感的需要，这是一种内在的满足。人际传播的一个重要功能便是满足情感的需要。通过人际传播，人们得到情感上的满足，形成的积极心态更有利于自我发展。

新媒体的使用有助于人们实现人际交往的目的，如娱乐、消磨时间和信息收集等。媒介为了满足人们的需要而不断发展，人们为了满足自我需要而使用媒介，一旦某种媒介能够满足并超前满足需要，人们便会对这种媒介产生依赖心理，直到更优的媒介出现。

（3）自我实现

新媒体具有的隐匿性使新媒体网络环境抹去了个人之间的差异，如社会角色、地位等的差异，使每个人在新媒体传播中都是平等的。在这种环境下，人们可以自由地塑造自我形象，并大胆表现，不必过多接受外界的评价和议论，这样有助于充分实现自我，从而增加自我认同。

2. 新媒体时代人际传播的发展趋势

新媒体时代人际传播的发展趋势如下。

（1）与大众传播融合

大众传播在传播信息的数量、质量等方面有得天独厚的优势，但它是一种点对多的单向传播和下行传播。大众传播所关注的是大众，而忽略大众中的个人，人们很难通过大众媒体将自己的意愿诉求传播出去。而人际传播是一种平行传播、双向传播，是点对点、多对多、点对多的传播，互动性更强。

人际传播弥补了大众传播忽略个人的缺陷。例如，许多政府部门、权威机构组织纷纷开设微博和公众号，这正是大众传播向人际传播靠拢的现象。大众媒体纷纷开始使用人际传播，如通过微博发布消息与用户互动，以及通过微博获取热点新闻。新媒体时代，人际传播与大众传播相互融合、相互协作是一种必然的趋势。

（2）内容娱乐化

媒介能产生效果是因为它在某些时候正好满足了用户需求。因此，媒介效果取决于用户，用户对媒介的使用决定了媒介的影响力。

随着物质生活水平的提高，人们的需求也在不断变化，如今人们进行人际传播时不再只是为了获取信息和交流沟通。人们会通过人际传播的方式聊天、分享有趣的新闻或视频，通过社会化网络与亲友互动来娱乐放松。无论人们是为了消磨时间，还是想将自己从现实生活中短暂地解放出来，都使新媒体时代人际传播的内容有了娱乐化的倾向。

（3）向微时代发展

近些年科学技术发展迅猛，人们的生活节奏越来越快，人们想要在这个信息大爆炸的社会中挑选自己需要的内容，需要花费很多的时间，这便要求信息生产者能够提供高密度、消化快且吸引人的内容，这也代表着微时代已悄然到来。

在微时代，以微博、微信、短视频为代表的应用提供了一种全新的社交方式，人们被各种"微"平台连接起来，使人际传播的表达渠道更加多元化和微型化。

而"微"这个特征在人际关系上主要体现为很多人际关系是一种短暂、碎片化的情感交流。例如，微博、短视频平台中的评论功能为用户提供了互相交流的机会，也提供了建立人际关系的机会，一个人可能只是想暂时倾诉自己的情感从而与他人交流，此时会存在一个短暂的人际关系，倾诉结束后双方仍互为陌生人。

2.5.2　大众传播

大众传播是指专业化的媒介组织运用先进的传播技术和产业化手段，以社会上的一般大众为对象进行大规模的信息生产、复制和传播活动。

1. 大众传播的特征

大众传播的特征包括以下几点。

- 大众传播中的传播者是从事信息生产、复制和传播的专业化媒介组织。
- 大众传播是运用先进的传播技术和产业化手段大量生产、复制和传播信息的活动。
- 大众传播的对象是社会上的一般大众。
- 大众传播的信息既具有商品属性，又具有文化属性。
- 大众传播属于单向性很强的传播活动。
- 大众传播是一种制度化的社会传播。

随着传播科技飞速发展，大众传播呈现出融媒体化、双向性、分众化等新特征，因此以前的定义已经不适合多样化的大众传播。目前，大众传播逐渐完成媒介融合和融媒体改革，具有以下特征。

- 融媒体化。传播者是专业化的智能融媒体。
- 强把关。融媒体在采访、编辑、播发等环节都具有较强的把关能力。
- 多渠道。积极采用多渠道传播信息，形成智能融媒体传播矩阵，通过微博、公众号、短视频等平台对用户进行一对多传播，起到宣传和舆论引导作用。

- 智能化。利用大数据抓取、用户画像、精准推送技术，为用户精准推送其感兴趣的信息。
- 场景化。利用基于位置的服务（Location Based Service，LBS）、大数据等技术为不同时间、不同地点的用户提供其当下需要的信息与服务。
- 碎片化。移动互联网切割了完整的时间段，使用户进行碎片化阅读。
- 全时化。媒体逐步改变，经历了"定时→及时→实时→全时"的过程，如今成为全时媒体。

2. 大众传播的功能

大众传播作为一种重要的文化传播和信息交流方式，具有以下功能。

（1）环境监视功能

通过特定的信息收集和传达活动，大众传播能够帮助个体和社会及时了解外部的变化（如外来威胁），或满足常规活动的信息需求，特别是在政治、经济和生活等方面的新闻报道中起到关键作用。

（2）社会协调功能

大众传播有助于实现社会各组成部分之间的协调和统一，让其适应环境的快速变化，从而保持社会系统的有效运作。

（3）文化传递功能

大众传播能够将人类的文化遗产一代又一代地传承下去，确保文化的连续性和发展性。

（4）解释和规定功能

大众传播不仅包括信息的传递，还包括解读事件和引导人们对事件的反应，这涉及对行为的解释和规定的建立。

（5）社会化功能

在传播知识和价值观、行为规范方面，大众传播扮演着重要的角色，特别是在教育领域，可以帮助个人形成社会化的身份认同。

（6）经济发展功能

大众传播还被认为是推动经济发展的一个因素，因为它能促进信息的流通和市场的拓展。

（7）娱乐功能

大众传播也提供了娱乐内容，满足了人们的休闲需求。

 知识链接

美国传播学者梅尔文·德福勒在其《大众传播理论》一书中归纳和总结了 4种受众研究的理论成果，分别是个人差异论、社会分化论、社会关系论和文化规范论。

（1）个人差异论

个人差异论以普通心理学，尤其是"刺激—反应"模式为基础阐述信息传播对象。经过大量科学实验和理论探讨发现，人们对信息的不同反应来源于个人性格和态度的差别。该理论强调人们的性格是在后天环境中形成的，其结论是受众对来自信息的刺激会有不同的反应，统一的大众传播对象是不存在的。

（2）社会分化论

社会分化论以社会学为基础，将人口特征作为解释社会现象的重要维度进行研究。其结论是大众传播的对象因年龄、性别、文化程度、职业、经济收入和居住地区等人口特征，形成了各自不同的社会集合体，其中的个体具有相似的个性，有较为一致的社会观念和思想意识，所以在获得媒介传播的信息时会产生大致相近的反应。

（3）社会关系论

社会关系论从社会关系交织的社会网络出发进行研究，认为受众处于人际交往和媒介信息交流相互作用的某一特定社会关系中，其结论是受众所归属的团体出于自身利益的考虑，可以通过压力或助力抵制或强化媒介的力量。因此，受众所处的人际网络和团体压力对大众传播的作用和效果干扰强烈，受众固有的信仰和态度是非常难改变的。

（4）文化规范论

文化规范论认为大众传播的内容会促使传播对象发生种种变化。个人是传播工具的广大受传者中的一员，每个受传者对传播的内容信息的反应不同。人们作为受传者，必然会受到传播经验的影响。也就是说，传播媒介本身形成了一种文化，并对每一个人产生影响。而且每个人由于其所处社会的文化、历史等不同，会产生不同的个人经验，这些经验也会对其所处社会的文化、历史等产生影响。

2.5.3　新闻、宣传与舆论

新闻是对新近发生事实的报道；宣传是有目的地传播某种事理以影响他人意识和行为的一种社会活动；舆论是在特定的时间和空间，公众对特定的社会公共事务所持有的公开的、基本一致的意见或态度。

1. 新闻、宣传与舆论三者之间的异同

新闻、宣传与舆论三者既相互区别，又相互联系。

（1）新闻与宣传的异同

① 相同点。新闻事业脱胎于宣传活动，与宣传同属于大众传播，都属于传播的范畴，都离不开广泛的受众，而且现代宣传工作要通过新闻媒体来进行。

② 不同点。新闻是传播关于新近发生事实的信息的一种手段，它重信息，而信息又是客观存在的，所以新闻具有客观性；宣传是传播思想观念的一种手段，它重外在的形式符号，某种仪式、某种标志往往被赋予比较重大的意义。新闻的出发点是出于受众的需要，而宣传的出发点是出于宣传自身的需要，把一定的观念传播出去，让受众了解、理解、接受，从而争取受众的信任和支持。

（2）新闻与舆论的异同

① 相同点。新闻反映并代表舆论，舆论多是人们对社会上一些有争议的现实问题的议论，有较高的新闻价值，因此常常成为新闻媒体报道的对象。新闻引发舆论，

报道和反映现实生活中各种情况和问题，是人们了解情况、认识问题，进而对其做出准确判断和客观评价，最终促使舆论形成和发展的基础和依据，许多舆论是借助于新闻传播创造的意见交流环境而形成的。另外，新闻可以通过有倾向性、有选择的舆论传播来影响舆论，任何新闻媒体都不会将自己的工作目标仅仅停留在单纯地反映和表达舆论上。

② 不同点。新闻的本质是事实，是客观的；而舆论的本质是公众的意见，是主观的。新闻由新闻媒体机构采集并发布，其传播是有组织性的；而舆论是观点的集合，舆论的聚合与传播是无组织性的。

（3）宣传与舆论的异同

① 相同点。宣传与舆论的内容都包含一定的观点，宣传内容容易引发舆论。

② 不同点。宣传的主体比较广泛，宣传者可以是官方，也可以是普通公众；而舆论的主体就是普通公众。宣传是一种信息传播活动，舆论是意见和态度的集合。宣传有较强的组织性，舆论则无组织性。

 素养课堂

党的二十大报告提出，"加强全媒体传播体系建设，塑造主流舆论新格局"，同时要求"全面落实意识形态工作责任制"，积极做好舆情管理，宣传网络正能量，营造良好舆论氛围，讲好兴业故事，发出兴业声音，守好意识形态责任田。

2．网络舆情管理

舆情是一个中性词汇，分为正面舆情和负面舆情。正面舆情是指带来积极效果的舆情，它们表达了舆情主体对舆情客体的信任与支持，可以提升舆情客体的正面形象，符合社会主义核心价值观的要求。正面舆情在应对突发事件上起到积极的引导作用。负面舆情常伴随不良信息的扩散，会让民众产生疑惑、担忧、焦虑、恐慌等心理，激发不理智的行为。负面舆情的触发因素较多且会产生不良影响，需要重点关注。

网络舆情是公众以网络为事件演化的载体，针对某社会事件的发生、发展和变化，在互联网空间环境中形成的网民态度、情绪、价值观和倾向的总和。网络舆情的特点主要表现为较强的突发性、集聚性，明显的叠加性，极大的盲从性，以及一定的阶段性。在突发事件爆发后，为化解矛盾冲突，避免事态扩大，相关部门要针对网络舆情采取一系列措施。

（1）加强舆情监测预警

首先，要保持舆情敏感。热点事件频发是当前舆论环境的一个显著特征，要把开展热点引导作为一项常态化工作去做。要对热点事件保持较高敏锐度，时刻防范舆情的发生，并做好不同热点事件舆情应对的准备工作。

其次，要积极主动引导舆情。高度重视议题设置，将相关部门的主张、媒体的关注点和公众关心的话题巧妙结合，精准有效引导社会舆论。积极邀请主管部门和权威专家发表意见和观点，增强与受众的互动交流，引导人们看本质、看趋势、看主流，在多样中谋共识，在多元中立主导。

再次，要加强舆情监测。建立健全舆情监测预警体系和舆情收集体系，实时追踪国内国外、线上线下舆情走势，及时掌握热点舆情动向和社会心态变化，保持对形势的清晰认识。

最后，要加强舆情分析与研判，建立健全舆情会商机制，搞清楚热点舆情的影响范围、传播路径和发展趋势，有针对性地引导和处理。

对企业来说，为了及时掌握网络舆情，准确把握公众反应和市场需求，企业应加强舆情监测工作，通过与舆情监测机构合作或自建舆情监测平台，实时监测网络平台上的相关话题、事件和言论，及时获取舆论动态。

（2）强化权威信息发布

信息发布在处理重大突发事件网络舆情中起着关键作用。信息发布的核心是"快"，第一时间发出权威的声音，先声夺人，首发定调；同时，根据事件处置进展及时更新发布的信息，充分、全面展示相关部门的立场。相关部门要持续跟进事件处置的措施和进展，做到"快讲事实、重讲态度、慎讲原因、多讲措施"，避免出现"信息真空"导致的舆情发酵升级。

对于涉及特别重大、重大突发事件的政务舆情，相关部门要快速反应，要在 5 小时内发布权威信息，在 24 小时内举行新闻发布会。通过提供新闻稿、召开新闻发布会、组织现场采访活动、接受媒体采访、组织专家解读、用好官方各类信息平台等方式，及时传递相关信息。

企业也要通过正式渠道发布信息，让公众及时获取真实、准确、权威的信息，避免个别人员发布错误、不当言论，以致产生负面舆情。

（3）加强舆论素养培育

对于突发事件舆情处理，应加强应急新闻业务培训，通过专家授课、交流研讨、模拟演练等方式，提高新闻从业人员和领导干部的应急新闻工作水平。

对新闻从业人员的专业素养培育，一是通过举办全国性或区域性的新闻舆论工作座谈会，加强对新闻从业人员的政治意识引导；二是规范新闻报道尤其是舆情事件报道，为我国新闻从业人员树立良好的纪律规范。对领导干部的媒体素养和舆情应变能力的培养，可以通过定期组织开展舆情培训来进行。近年来，各行政机关、事业单位纷纷在社交媒体平台开设政务账号，加强与群众的沟通交流，增强各级行政部门的服务能力。

（4）抓好典型事迹宣传

典型事迹宣传是对具有普遍意义的显著事件或个人的强调报道，用于反映社会现实。在进行典型事迹宣传时，要总结好典型事迹，提炼典型经验，形成高质量、有特色的事迹材料，做到每个典型都要有完整的事迹材料，坚决杜绝"假大空""高大全"的现象。

拓展宣传载体，可充分利用活动日、重大节日前或组织重大活动时，召开先进典型座谈会或报告会；充分利用内部网站、工作动态、宣传栏，不定期地刊登先进典型的事迹；充分利用各类社交媒体，广泛宣传各类典型，扩大典型事迹的宣传范围，展示他们的风采，增强典型事迹的社会影响力。

（5）制定危机公关预案

政府应制定详细的危机公关预案，以应对各种可能出现的问题，并明确每个危机公关预案的负责人和处理流程。政府还应定期对预案进行演练和修订，以保证其有效性和灵活性。政府应成立专门的危机公关小组，负责处理各种危机公关事件，这个小组应由各个部门的代表组成，包括公关、媒体、政府律师等。这样各个部门之间就可以共同协作，制定出最有效的危机公关策略。

企业也是如此，面对负面网络舆情，企业应建立危机公关预案，制定相应的应对措施。通过积极沟通和协调，主动应对负面网络舆情，维护企业形象和品牌声誉。

课堂实训：小米公司的微博矩阵式运营分析

1．实训背景

小米的微博运营为矩阵式运营，"小米公司""小米手机""小米""小米之家"等账号都在制造话题。以小米手机为例，该账号每天发微博的数量在 4～6 条，微博内容主要为热点和抽奖。热点是为了制造话题，引发粉丝互动，因为互动本身就是一种参与；抽奖是为了激励用户完成粉丝转化。

2．实训要求

请同学们分析小米公司的微博运营方式，深化对全媒体定位与传播的认识。

3．实训思路

（1）讨论案例

请同学们分析小米公司的微博运营方式，并探讨其中涉及的知识点。例如，同学们可以登录微博查看小米公司的各个微博账号，了解小米公司账号的定位、微博内容的特征、运营人员与用户的互动方式。

（2）深层次探讨小米公司微博运营当中蕴含的传播学知识

同学们可以查找小米公司的微博运营相关案例，根据案例探讨其中蕴含的传播学知识，例如，在微博运营过程中，传播的要素和传播方式如何体现。

课后思考

1．简述运营媒体矩阵的 3 个核心能力。

2．简述传播的 5 个要素。

3．简述网络舆情管理的措施。

第3章　全媒体用户与流量

知识目标

➤ 了解全媒体时代的用户特征、用户类型及用户标签与画像。
➤ 掌握用户调研目标、调研方式和调研维度。
➤ 了解用户体验的定义、提升措施、要素和用户思维。
➤ 了解流量、公域流量、私域流量，以及流量转化。
➤ 掌握用户分层的方法、会员体系的元素和提高用户活跃度的方法。

能力目标

➤ 能够基于用户数据和行为构建用户画像。
➤ 能够根据不同的调研维度设计调研问卷。
➤ 能够采用不同的方法对用户进行分层。
➤ 能够采用不同的方法提高用户活跃度。

素养目标

➤ 弘扬新时代精神，以正能量实现大流量。
➤ 从服务用户向经营用户转变，以高质量服务助力高质量发展。

　　在全媒体运营中，流量代表的是浅层关系，用户代表的是深层关系，流量和用户在理论上可以持续转化。流量平台是不断变化的，全媒体运营人员要关注信息传播方式和分发渠道的变化，以及获客成本的变化，实现低成本精准获客，然后通过增加需求频次、业务频次和传播价值观，将流量价值转化为用户价值，实现从流量到留量的良性循环。

3.1 用户概述

用户指的是全媒体产品的使用者和内容的消费者，这与传统媒体时代的传播对象有着本质的不同。在传统媒体语境下，传播的对象是受众，受众被动接受内容，传播对象是群体化的；而在全媒体时代，用户是根据自己的需求主动寻找内容的行动者，具有鲜活的个性，需求具有差异性。因此，全媒体运营人员在运营之前要深刻了解目标用户，在内容竞争中洞察用户需求，满足个性化内容消费趋势。

3.1.1 从受众到用户

移动通信技术和互联网技术的快速发展使传媒业经历了数次变革，受众作为传播学科构建的核心概念，其特点、权利和地位都有了新内涵。新媒体的快速发展推动了受众中心地位的确立，受众的主体性得到了极大的提升，完成了从受众到用户的转变，传媒业态中形成了"用户至上"的发展理念，出现了从大众传播到细分受众甚至私人订阅的模式。

在这场巨大的转变中，传统媒体、媒体从业人员都会经历不同的挑战，在发挥自身公信力的同时也要满足用户需求，从而在全社会范围内树立正确的新闻传播责任伦理。

1．从以受众为中心到唯用户的新传播方式

突飞猛进的现代信息技术改变了人们的工作、学习和娱乐方式，新的媒体形式随之产生了一系列连锁效应，传统媒体（如报纸、广播、电视）的传播效率和大众化的传播内容已经不能满足现在细分的用户市场需求了，许多时候用户通过使用新媒体技术成为新闻事件的第一报道者，公民新闻逐渐发展了起来。因此，传媒业重新审视发展态势，实施了传播从理念到实践层面的变革，开创了一个新的传播时代。

美国计算机科学家尼古拉斯·内格罗蓬特认为，未来的信息服务是个人化的、专门定制的，兴趣在信息分发的过程中将扮演重要的角色。

在我国，媒体的盈利模式从最初的拨款经营转换到市场化改革下的自负盈亏，为了更好地经营并获得利润，媒体只能更大程度地满足用户，让用户在软件界面上选择感兴趣的内容类型，然后进行精准的个性化推送，期望吸引用户的注意力。这种做法无疑体现了用户的重要性，这使得传统媒体需要在新环境下审视自身的职责，引导其他媒体共同在凝聚社会共识的同时为用户提供有价值的信息内容。

2．媒体在用户思维环境下进行创新

媒体在用户思维环境下进行创新，主要体现在以下方面。

（1）媒体与用户形成协同共建的关系

社会中媒体与医疗、民生、政务等方面的融合逐渐向纵深方向推进，意味着现实生活中各个部分的连接日益密切，媒体能够为用户提供更为全面、多样的服务，用户变成媒体的协同共建者后，需要在融合连接中参与产品的功能、体验方面的创造，并提出建设性的意见。在这种方式下，传者与受者的概念已没有明确的分界线，媒体与用户都是获益方。

（2）媒体应为用户提供专业的服务

随着科技的进步，大众接触媒体的门槛变低，传播主体的数量变多，传播的内容也变得鱼龙混杂。大众处于一个信息爆炸的环境中，想要获得真实新闻，最快捷的方法之一就是关注传统媒体。

传统媒体应制作严谨性、权威性高的新闻，积极响应政策号召，做好顶层设计，推动媒体融合发展，打造新型媒体。媒体的竞争策略总是以发挥自身资源优势为明智之选。对传统媒体来说，显著的优势是其专业化的新闻生产能力。

这就要求媒体从业人员拥有过硬的专业能力。媒体从业人员要重视传播过程中的用户体验，跟上媒体发展潮流，提升自己的专业综合能力，成为响应时代号召的全媒体从业人员。新局面下，面对新的服务对象——用户，媒体从业人员要培养统筹全局、规划媒体发展、资源合理配置的能力，不断充实更新专业知识，扩展眼界，根据发展情况完善全媒体中心建设。

3. 国家层面上引导传媒行业的发展路径

在国家层面上，政府机构可从以下 3 个方面引导传媒行业的发展路径。

（1）引导媒体从自身优势出发积极创新

在数字时代背景下，无论是传统媒体还是新媒体，都渴求用户的注意力，而且彼此有不同的优势与劣势。因此，媒体应以自身的优势作为切入点，探寻吸引用户的方法，抓住社会发生的热点和用户身上的痛点制造有讨论度的、有深度的话题，为用户提供具有思辨性的内容。

媒体应把优势转化为独特的亮点，以此培养一批忠诚用户，再借助技术创新为用户创造独树一帜的体验。例如，社交媒体要深挖内容，敢于发声，利用年轻、有活力的组织队伍对用户生成内容大胆创新，敢为人先，引领新用户文化范式潮流。

（2）引导用户树立正确的内容生产观

用户要在法律允许的范围内行使权利，不能为了追求流量效益生产危害国家利益的内容。用户生成内容的形式符合传播学理论中"使用与满足"的概念，但用户创造的媒介产品不同于一般的产品，在日积月累的生产中用户容易根据自己的喜好创造流水式的产品，推动大众沉浸在"信息茧房"中。用户要想获得长久发展，生产的内容要与时俱进、集人所长，不能只有"满足"，没有"创新价值"，应在正确的内容生产观下为大众提供别具一格的媒介产品。

（3）引导学者深入研究理论发展，为实践效力

传媒行业的发展需在正确的理论指导下进行，相关学者应深入研究受众观的发展变迁，研究媒介融合、全媒体、沉浸式新闻等理论创新，从而给媒体的融合发展提供切实有效的建议。

除此之外，国家应加大对媒体行业的扶持力度，对学者的研究加以援助，让媒体行业的传播力、引导力、影响力、公信力的建设不断向前推进。

3.1.2　全媒体时代的用户特征

全媒体时代的用户基本具备以下特征。

1. 使用多个平台

全媒体时代的用户通常在多个平台上活跃，如社交媒体平台（如微博、微信）、短视频平台（如抖音、快手）、音频平台（如喜马拉雅、荔枝 FM）等。他们善于利用不

同平台的特点和功能来获取信息、分享内容，与他人互动。

2．多样化的内容需求

全媒体时代的用户对内容的需求非常多样化，他们希望获取各种类型的信息，包括新闻、娱乐信息、教育信息、生活技巧等；对内容的要求也更高，希望内容有趣、有深度、有实用性，并能满足他们的个性化需求。

3．社交互动性强

全媒体时代的用户喜欢与他人互动，通过评论、转发、点赞等方式表达自己的观点和情感。他们更倾向于参与社交话题，与他人分享自己的经验、观点和感受，并与他人进行交流和讨论。

4．积极参与创作

全媒体时代的用户不仅是信息的接收者，也是内容的创造者。他们通过发布文字、图片、视频等形式的内容展示自己的才华，发表自己的观点。他们乐于分享自己的生活、经验和知识，与他人共同创造和分享内容。

5．频繁使用移动端

全媒体时代的用户更倾向于使用移动设备（如智能手机、平板电脑）来访问和使用平台。因为想随时随地获取信息和参与互动，所以他们对移动端的便捷性和灵活性有较高的要求。

 素养课堂

新一轮信息革命的深入发展改变着受众获取和表达信息的方式，也重塑着媒体的产业形态和内容生态。广大媒体需要适应舆论生态、媒体格局、传播方式发生的深刻变化，坚持正确的政治方向、舆论导向和价值取向，努力在信息生产领域进行供给侧结构性改革，通过理念、内容、形式、方法和手段等创新，巩固与壮大正向思想舆论。

3.1.3 全媒体时代的用户类型

在信息快速传播和社交媒体迅速发展的情况下，全媒体运营的重要性愈发凸显。了解全媒体时代不同类型的用户，对全媒体运营人员来说至关重要。

1．普通用户

普通用户是全媒体运营中规模最大的用户类型。他们通常通过网络搜索或朋友推荐等方式进入平台、浏览内容、进行互动。针对普通用户，全媒体运营人员需要关注以下方面。

（1）提供有吸引力的内容

普通用户对内容的质量和吸引力非常敏感。全媒体运营人员要深入了解目标用户的需求和兴趣，通过精心策划和创作内容，满足他们的需求并引发共鸣。

（2）互动与沟通

与普通用户进行有效的互动和沟通是建立良好用户关系的关键。全媒体运营人员可以通过回复评论、参与用户讨论和举办互动活动等方式与用户互动，提升用户忠诚度，增强用户黏性。

2．专业用户

专业用户是指在特定领域有专业知识和技能的用户，通常是行业内的从业人员、专家学者等，对于深入和专业的信息需求度较高。全媒体运营人员需要针对专业用户的需求提供以下服务。

（1）撰写专业领域有深度的文章

专业用户对权威、有深度的文章更感兴趣，因此全媒体运营人员可以邀请行业内的专家撰写文章，或者对热门话题进行深入解析，以满足专业用户获取专业知识的需求。

（2）组织专业讨论和交流

专业用户更愿意与同行进行经验的交流、分享，因此全媒体运营人员可以通过组织线上线下的专业讨论和交流活动，促进专业用户之间的互动和交流，从而提升用户体验。

3．潜在用户

潜在用户是指对全媒体平台感兴趣但尚未成为用户的人群，他们可能通过搜索引擎、社交媒体等途径了解到某一平台，但尚未进行注册和使用。针对潜在用户，全媒体运营人员可以采取以下措施。

（1）提供有吸引力的注册和试用活动

潜在用户常常需要一定的诱因来激发他们成为用户。全媒体运营人员可以通过提供优惠活动、免费试用等方式，吸引潜在用户注册和试用。

（2）定期推送订阅内容

潜在用户通常对平台的内容感兴趣，但存在观望心态。全媒体运营人员可以通过定期推送订阅内容等方式，让潜在用户持续接收到平台的优质内容，逐渐建立起用户信任。

针对不同类型的用户，全媒体运营人员需要制定相应的策略，提供吸引人的内容，建立良好的用户关系。只有深入了解用户需求，并为他们提供有价值的信息和服务，才能更好地实现全媒体运营目标。

3.1.4　用户标签与画像

近些年来，市场竞争不断加剧，获客成本也在持续上升，互联网进入存量时代。对品牌来说，营销目标从一味追求用户数量的增加转换为追求用户质量的提升，实现精细化运营。

精细化运营是指在大数据的支撑下，围绕用户的基本属性、消费行为、个人特征等建立用户画像，对用户群体进行划分，并根据不同的群体采取定制化的营销策略。

1．用户标签

用户标签是精细化运营的基础，能够有效提高流量的分发效率和转化效率，节约运营成本。通过标签体系，品牌可以个性化地、精确有效地连接用户和内容、用户和场景、用户和产品，从而吸引潜在用户，提高用户活跃度，提升营销触达效率、提升用户体验、降低营销成本，最终实现用户价值最大化。

用户标签可以有很多种存在形式，可以是用户的自然属性，对用户交易、资产数据的统计指标，也可以是基于某些规则预测的标签或生命周期标签、用户价值标签、用户偏好标签等。品牌可以基于业务目标和策略逐步完善标签库。

（1）用户标签的分类

从给用户打标签的方式来看，用户标签可以分为 4 类，如表 3-1 所示。

表 3-1　用户标签的分类

分类	说明
静态标签	静态标签是最基础、最常用的标签类型之一，是传达个人属性类信息的标签，如用户的姓名、性别、年龄、身高、体重、学历、职业等。这类标签虽然有可能发生变化，但整体是比较稳定的，这类标签构成了用户画像的基础
动态标签	动态标签基于用户行为及确定的规则产生，是经常发生变动、不稳定的。例如，7 天内关注公众号的粉丝、15 天内注册的用户、30 天内活跃的用户等
计算标签	计算标签是基于用户的有关数据计算得出的，如用户访问时长、购买的商品品类数量、消费金额、会员等级、消费频次等
算法标签	算法标签通过算法挖掘产生，用于对用户的某些属性或某些行为进行预测判断。例如，情感标签可用于判断用户对某商品的反馈，如反馈积极、负面或中立。使用这类标签时，需要通过结果反馈调整算法模型，以提高预测的精准度

（2）用户标签的应用场景

用户标签的应用场景包括以下几种。

① 构建标签体系，深度洞察用户

用户标签能够助力全媒体运营人员根据全景数据搭建用户标签体系，深层次洞察用户，收集不同的用户群体特征，创造更多的业务机会。

② 智能圈选用户，赋能精细化运营

通过用户标签，全媒体运营人员能够从各个维度划分用户群体，针对不同类型的用户群体制定合适的营销策略，推送更加个性化的内容，配合丰富的营销活动，对部分用户进行二次激活，让运营工作更具针对性。

③ 优化销售渠道，提升品牌业绩表现

大多数品牌会在多个渠道布局私域，如线上平台、线下实体店等，通常情况下每个渠道的用户特征和消费习惯截然不同。全媒体运营人员通过对不同的标签进行全方位分析，能够挑选出最优的渠道来推广合适的产品，助力品牌不断提升销售业绩。

④ 丰富数据分析维度，深度了解用户需求

用户标签能够显著拓展数据分析的广度与深度。全媒体运营人员全面利用不同标签维度深入分析与对比用户和业务，可以从时间、地区、行为习惯等多个维度深入了解用户需求，从而创造更好的用户体验。

（3）用户标签的设置

设置用户标签的方法有两种，一种是自动设置标签，另一种是手动设置标签。

自动设置标签是指通过设计好关键词（标签的分类及标签库），实现标签的自动提取、筛选和自动打标签，如只要抓取用户在平台的消费数据，就能识别出这个用户的消费频次。使用这种方法需要运营、产品及技术等部门协同沟通，建立自动化、标准化的用户数据模型，实现交易平台与私域体系的双向打通。目前，已经有很多基于企业微信的社会化客户关系管理（Social Customer Relationship Management，SCRM）工具可以根据电商行为、社群行为、聊天行为来自动为用户打标签。

手动设置标签是指全媒体运营人员通过与用户沟通交流，有意识地引导、记录，进而获得所需的标签信息，这在私域运营中十分常见。例如，在社群运营过程中，全媒体运营人员会基于用户在群内的活跃程度给用户打标签，优先转化群内的高活跃用户；也会通过问卷调研、测试等运营手段实现打标签的半自动化。

2. 用户画像

用户画像是基于用户数据和行为的综合描述，包括用户的年龄、性别、受教育程度、职业、兴趣爱好、购买历史等信息。通过这些数据，全媒体运营人员可以更好地理解用户的需求和购买行为，并提供更加精准的产品和服务。

用户画像可以通过各种方式进行收集。全媒体运营人员可以通过调研问卷、社交媒体和第三方数据平台等收集数据，然后对这些数据进行整理、分析和建模，以生成用户画像。

（1）用户画像的内容

用户画像的内容视具体业务需求可以细分出多个类别，大致包括人口属性、空间/时间属性、社交属性、消费属性、行为属性、金融属性等，如表3-2所示。

表3-2 用户画像的内容

类别	说明
人口属性	涉及基础属性（年龄、性别、出生日期、学历、职业、行业、婚育情况等）、位置属性（国家、省份、城市、区县、街道等）、通信属性（邮箱、手机号、单位座机等）和资产属性（房产状况、居住年限、负债状态等）
空间/时间属性	空间属性主要与地理位置和使用场景有关，包括上班场所、通勤工具、休闲场所、用餐场所等；而时间属性则主要关注用户行为在不同时段的差异
社交属性	如用户的通讯录、朋友圈好友、微博好友等，反映用户所处的圈层，以及具体的社会影响力等
消费属性	主要关注用户的网购兴趣（品类）和消费能力
行为属性	包括用户在使用产品的过程中，通过自己的各种行为累积的用户信息，如点击、分享、收藏、评论等数据，以及与用户活跃度、忠诚度有关的指标等
金融属性	主要是与金融风险相关的内容，包括征信情况、违约情况、还款能力等

表3-2所示的是用户画像的通用内容，在实际应用层面，还要看具体的行业、产品及业务需求。同时，从用户角度来看，用户画像的具体内容处于动态变化之中，而一些关键信息的变动可能会引发用户画像的本质变化。

（2）用户画像的构建

用户画像的构建分为以下3步。

① 数据采集

用户画像所需的数据可以分为静态数据和动态数据两大类。

静态数据通常涉及用户的人口属性、空间/时间属性、社交属性、消费属性和金融属性等维度。这些数据可以通过定性的开放式问题来获取，也可以通过定量的问卷调研来获取，主要用于了解用户的真实需求，进而具象用户特征。

动态数据主要涉及用户不断变化的行为属性。这些数据通常会被相应的互联网产品或平台记录下来，获取难度相对较低。

② 数据标签化

构建用户画像的目的之一是通过分析用户数据为每个用户打上相应的标签，并为标签赋予不同的权重，所以需要将用户数据映射到构建的标签体系中，并将用户的多种特征组合到一起。

标签的选择会直接影响到最终用户画像内容的丰富度与准确度，因而数据标签化时需要与产品自身的功能与特点相结合。例如，电子商务平台需要对价格敏感度相关标签进行细化，而短视频平台则需要尽可能多视角地用标签来描述视频内容的特征。

③ 生成画像

把用户数据标签化之后，通过相应的模型或工具即可生成相应的用户画像，用户画像可以是包括了各种标签的 Excel 表格，也可以是一张可视化的图像。用户画像并非一成不变，所以相应的模型和工具也要具备一定的灵活性，能够根据用户的动态行为修正与调整用户画像。

 案例在线

小熊电器建立用户画像标签分类，持续深化用户运营

小家电企业小熊电器擅长流量经营，在激烈的小家电市场竞争中，小熊电器以满足年轻人的外观设计为主线进行突围，实现对市场的精准洞察与运作。挑战当前，企业必须更加深入地了解用户需求。小熊电器为了持之以恒地获得目标用户的认可，选择用数字化工具为用户画像。

依托互联网和大数据技术，小熊电器在研发上的抓手最终形成一个个用户画像标签：首先从一个百万级人群体量开始，精准细分至 20 万人左右，其次将数据传回大数据库内进行人群思路验证，重新打造百万级人群体量市场，最后帮助企业快速找到市场。

据悉，小熊电器目前已有多个用户画像标签分类，未来将持续深化用户运营。小熊电器数字营销部营销总监说："我们会根据用户的年龄增长和社会的变化，不断丰富和拓展用户画像。"这也是小熊电器自成立以来一以贯之的经营理念。

3.2 用户调研

通过调研和分析，企业可以深入了解用户的需求和偏好，包括他们关注的内容类型、喜欢的社交媒体平台、使用全媒体的时间和频率等。这些信息可以帮助企业更好地定位自己的产品或服务，满足目标用户的需求。

根据调研和分析结果，企业可以制定相应的策略。例如，如何优化产品或服务以满足用户需求、如何运用全媒体平台进行品牌推广、如何增强用户黏性和提升活跃度等，从而帮助企业更好地应对市场变化，提升品牌的影响力和竞争力。

3.2.1 确定调研目标

在确定目标用户后，企业要利用多种方式进行调研，以了解其需求和兴趣。调研目标通常包括以下几个方面。

1．了解用户基本信息

用户的基本信息包括性别、年龄、职业、所处地区、学历等。了解用户的基本信息，可以帮助企业了解用户的人群构成和特征，从而为定位用户和优化内容提供依据。

2．了解用户的需求和兴趣

用户的需求和兴趣包括喜欢的内容类型、话题，以及对全媒体的看法、意见和建议等。通过用户调研获得这些信息，可以帮助企业更好地把握用户的关注点和需求痛点，从而提供更加优质、个性化和有针对性的内容。

3．了解用户的行为和反馈

用户的行为和反馈包括浏览时长、转发、评论、点赞、付费情况，以及对竞品的使用和评价等。了解这些信息可以帮助企业了解自己在竞争市场中的优劣势，从而及时调整和优化内容与经营策略。

3.2.2　常见的调研方式

常见的调研方式包括一对一调研、调研问卷和数据分析。

1．一对一调研

一对一调研用户适用于挖掘和探讨一些问题的场景，其耗时相对更长，一般为20～30 分钟/人。一对一调研的提问更加开放，并非只是固定的几个问题，全媒体运营人员可以和用户发散思维讨论问题，且沟通更感性，更有人情味。

例如，全媒体运营人员在运营一个公众号时，在公众号里留下个人的联系方式，当和用户取得联系时，可以与用户讨论，询问其想看什么样的内容，这其实就是在收集用户反馈，以利于更新更符合用户需求的内容。

在进行一对一调研之前，全媒体运营人员首先要联系目标用户，并预约具体的调研时间。如果是面对面访谈，全媒体运营人员要记得带好录音笔；如果是电话访谈，要找信号比较好的地方。

如果在一对一调研时没有获得新的信息，就要排查一下是否有以下原因：受访者不是目标用户、话题不合理、调研方法不合适等。

2．调研问卷

标准化的问题更适合采用调研问卷的方式调研，其耗时相对较短。调研问卷的问题是固定的，全媒体运营人员不会获得额外的信息。调研问卷比较适合样本数量较多的调研，但不能第一时间问用户更多的问题。与聊天式的一对一调研相比，调研问卷的形式显得更直接，适合在收集信息的情况下使用。

例如，全媒体运营人员可以通过设置调研问卷的标准化选项，给用户一些选择题，以此来了解用户平时如何找到某内容、浏览哪些平台，还可以了解用户对产品或服务的满意度、对竞争品牌的感知等信息。

在全媒体平台上，全媒体运营人员可以通过公众号、微博等渠道发布调研问卷的链接，并鼓励用户参与调研。调研问卷具有成本低、覆盖面广的特点，但需要注意问题的准确性和问卷长度的合理性。

3．数据分析

全媒体运营人员可以通过分析用户在全媒体平台上的行为数据，如点击量、评论数，以及转化率、留存率等关键指标，获取用户的偏好和反馈，掌握用户的行为特征和趋势，但这要求全媒体运营人员具备一定的数据分析能力。通过掌握这些数据，企业可以调整社交媒体营销策略，更好地满足用户需求。

3.2.3　调研维度与问卷设计

通过确定调研维度，设计有效的调研问卷，企业可以有效地了解用户和用户需求，这样才能写出高热度文案，策划出优质活动，开发出真正满足用户需求的产品。

1．调研维度

调研维度可以分为个人基本信息维度、行为数据维度、社交网络维度、消费习惯维度、心理特征维度等。

（1）个人基本信息维度

个人基本信息维度包括性别、年龄、地理位置、职业、受教育程度等信息。这些信息可以帮助企业初步了解用户的人口统计学特征和一般偏好。

（2）行为数据维度

行为数据维度包括用户在使用产品或服务时的行为轨迹和操作记录等，如点击、浏览、购买、搜索等行为数据。通过调研用户的行为数据，企业可以了解用户对产品的兴趣点、偏好及使用习惯。

（3）社交网络维度

社交网络维度包括用户在社交媒体平台上的社交关系和社交影响力等。通过调研用户在社交网络上的活动，企业可以了解用户的社交圈子、社交影响力大小，以及与他人的关联程度。

（4）消费习惯维度

消费习惯维度包括用户在购买产品或服务时的偏好、购买频次、购买渠道等。通过调研并分析用户的消费习惯，企业可以了解用户的消费动机、购买能力和购物偏好。

（5）心理特征维度

心理特征维度包括用户的态度、价值观、情绪和人格特征等。通过调研用户的心理特征，企业可以深入了解用户的内在需求、情感诉求和决策方式。

2．问卷设计

有效的调研问卷通常由3部分组成，分别是问卷的开场、排假题目和问卷主体。

（1）问卷的开场

问卷的开场往往包括两个部分，第一部分是这份问卷的调研目标和调研发起者，这一点要十分明确地告知接受调研的用户。如果没有这一部分，那么十分不利于问卷传播，因为用户不知道问卷用于什么目的，就会很抵触填写问卷。

第二部分是信息收集的部分，即收集接受调研的用户的具体信息，如用户的性别、年龄、职业等，要根据需求来进行设置。

（2）排假题目

排假题目主要针对只为获取福利的用户。由于找用户做调研越来越困难，因此一般会给接受调研的用户发一些小福利，如优惠券等。但有一些用户本来不想接受调研，而只是为了获取福利才假装填写问卷，尽管没有办法阻止人们获取福利，但可以设置排假题目来提高问卷的有效性。

例如，在调研奶粉需求时，想让妈妈群体来填写问卷，就可以在问卷中设置以下排假题目。第 1 道题是："请问您的孩子几岁了？"然后在第 6 道题问："请问您是在几年前生的孩子？"

需要注意的是，排假题目要在第 1 道题的 5 道题之后，以防用户意识到这是排假题目。有的用户可能会在第 1 道题回答"我的孩子 3 岁"，在第 6 道题却回答"在 4 年前生的孩子"，前后矛盾，这份问卷就是无效的，将其排除就可以提高问卷调研整体的准确性。

（3）问卷主体

问卷主体的设计要遵循以下原则。

① 内容通俗易懂。在设计问卷主体时，不要把专业词汇放在问题内，这样会延长用户的反应时间。例如，调研用户的上网时间时，不要问"您的浏览时间大概有多久？"而是把"浏览"换成"看"，使用户可以第一时间理解问题想要表达的意思，也可以增加用户回答问题的耐心。

② 问题要有优先级。问卷主体的题目是有限的，一般在 10 道题以内，以防用户失去耐心。在这 10 道题中，最重要的题目应往前排，第 1 道题是最重要的，第 2 道题是重要性次一级的问题，依次类推。这是因为用户在填写问卷的过程中会逐步失去耐心，在填写到后面的时候很可能不再认真地完成任务。

③ 问题易被接受。提出的问题不要使用户产生抵触心理，例如，"请说说您有多少钱？"收入是比较敏感的话题，直接提出这样的问题会引起用户的戒心，可以改成"您每月在自己的兴趣爱好上投入多少钱？"这样用户就不会太反感，而且不会直接联系到自己的财产问题。总之，关于用户的隐私、财产的部分，不能问得太直接。

④ 遵循 MECE 原则。MECE 是 Mutually Exclusive Collectively Exhaustive 的简称，意思是"相互独立，完全穷尽"，指对一个重要的议题做到不重叠、不遗漏地分类，借此有效把握问题的核心。例如，题目让用户在"已婚男性""已婚女性"中进行选择，没有结婚的用户就不知道如何做出选择，这道题就是有问题的，遗漏了"未婚男性""未婚女性"的选项；而如果让用户在"男性"和"已婚男性"中进行选择，用户也可能会纠结，因为这两个选项存在重叠部分。因此，遵循 MECE 原则可以保证用问卷收集到的用户信息更加准确。

⑤ 避免诱导。问卷主体不要给用户非常绝对的选项，可以提供阶梯式选项，如"很喜欢、一般、不喜欢"。

 知识链接

常用的问卷设计平台有以下几个。

（1）问卷星

问卷星是一个专业的在线问卷调研、考试、测评、投票平台，专注于为用户提供功能强大、人性化的问卷在线设计、数据采集、报表自定义、调研结果分析等系列服务。与传统调研方式和其他调研网站或调研系统相比，问卷星具有快捷、易用、低成本的明显优势，已经被大量企业和个人广泛使用。

（2）调研家

调研家是一站式调研服务平台，可满足专业级问卷设计需求，是一款面向专业市场研究、学术研究、社会调研人士和机构的专业调研产品。调研家可以实现复杂的逻辑跳转、随机试验、质量控制、追踪访问等专业级问卷设计功能和多渠道发送方式。同时，调研家还提供样本服务，能够帮助用户精准定位目标人群，快速完成数据回收，并严格把控数据质量。

（3）问卷网

问卷网是一个免费网络调研平台，能够为企业提供问卷创建、发布、管理、收集及分析服务。问卷网具有以下特点：用户可在线设计调研问卷，并可自定义主题；拥有多种调研问卷模板，用户简单修改即能制作一份调研问卷；支持 10 余种常见题型，专业逻辑跳转功能可以保证用户快速完成网络调研流程；提供图形分析界面，并支持将调研数据导出为 Excel 表格。

3.3 用户体验

在数字化时代，用户体验的品质和便捷性对全媒体来说至关重要。良好的用户体验可以提升全媒体运营的效果，从而吸引更多广告商和用户。

3.3.1 用户体验的定义及提升用户体验的措施

用户体验（User Experience，UE）是用户在使用产品过程中建立起来的一种主观感受。用户体验通常被定义为"人们对于正在使用或期望使用的产品、系统或者服务的认知印象和回应"，简单来说，就是"这个东西好不好用，用起来方不方便"。因此，用户体验是主观的，且其注重实际应用时产生的效果。

该标准的补充说明有着如下解释：用户体验是用户在使用一个产品或系统之前、使用期间和使用之后的全部感受，包括情感、信仰、喜好、认知印象、生理和心理反应、行为和成就等方面。该标准还列出了 3 个影响用户体验的因素，即系统、用户和使用环境。

用户体验会直接影响用户满意度和忠诚度，用户体验好的产品或服务可以获得用户的推荐，进而吸引更多用户使用。用户体验是品牌形象的重要组成部分，良好的用户体验可以提升品牌形象，增加品牌价值，进而提升用户的留存率，减少用户流失。

为了提升用户体验，企业或品牌可以采取以下措施。

1．研究用户

企业或品牌可以通过用户调研、用户访谈、用户观察等方法研究用户需求与行为习惯，为产品或服务的设计提供参考。

2．设计界面

合理的界面设计可以提高用户的使用效率和满意度，包括界面布局、颜色搭配、交互设计等方面。

3．优化内容

企业或品牌要提供有价值、有趣味性、通俗易懂的内容，满足用户的信息需求，增加用户的阅读和分享欲望。

4．完善功能

企业或品牌要根据用户需求和反馈不断完善产品或服务的功能，提供更好的使用体验。

5．用户服务

企业或品牌要提供及时、专业的服务，解决用户的困惑和问题，提升用户的满意度和忠诚度。

在全媒体时代，用户体验的重要性不可忽视，企业或品牌只有不断改进和创新，才能满足用户需求，赢得用户的青睐。

3.3.2　用户体验的要素

随着互联网的快速发展，全媒体已经成为人们获取信息和交流的重要渠道，而用户体验作为评价产品或服务的重要指标，对全媒体来说也是至关重要的。用户体验包括 5 个要素：可用性、可访问性、情感设计、信息架构和性能优化。

1．可用性

可用性是用户体验的基本要素，意味着用户能够通过使用产品而使用全媒体的诸多功能。

从结构视角看，其约定了产品架构的一般要素及其组织逻辑，包括了语/图（影）关系、界面分区、功能导航、交互操作等，核心在于处理好内容界面与其他功能性界面之间的兼容关系。

从功能视角看，其搭建了一整套围绕信息接收的体验流程，既包括从文本出发供用户进行阅读或体验等的核心功能，也涵盖其他支撑性功能（如社交、个人主页、设置等）的设计，核心在于为用户构造完整、流畅的信息接收环境，提供支持并引导用户开展相关产品操作的总体规范。

2．可访问性

可访问性是指产品或服务是否对所有用户可用，良好的产品或服务要能包容不同的用户群体。以 App 为例，为了提高可访问性，企业要关注 App 的兼容性、导航、颜色对比度、文本大小，以及多语言支持等方面。通过确保产品或服务具备可访问性，企业可以拓宽用户群体。

3．情感设计

情感设计是用户体验的重要组成部分，它关注的是用户与产品或服务互动时所产生的情感体验。成功的情感设计可以建立积极的情感连接，使用户感到愉悦、满足或兴奋。情感设计包括诸多因素，如品牌形象、界面美学、声音效果、交互动画等。通过运用情感设计，企业可以塑造出独特的品牌个性，引发用户的情感共鸣，并提升用户的忠诚度。

4．信息架构

信息架构是用户体验的基础性要素之一，它涉及如何组织和呈现信息，以使用户轻松地找到需要的内容。有效的信息架构应清晰地定义网站或应用程序的层次结构，并提供直观的导航路径。

以 App 为例，为了创建出有效的信息架构，企业要进行用户研究，理解用户的需求和行为模式，然后根据这些信息来设计界面布局、菜单结构和导航元素。有效的信息架构有助于减少用户的迷失感，提高用户满意度。

5．性能优化

性能优化关注的是产品或服务的性能表现。用户不喜欢等待，他们期望快速加载网页，应用程序迅速响应，动画效果流畅、不卡顿。性能问题可能会导致用户流失，降低用户满意度。

以 App 为例，企业要关注 App 的加载速度、响应时间、资源管理及跨平台兼容性，通过优化性能提供更顺畅、更高效的用户体验。

在实际应用中，企业需要在这 5 个要素上不断努力，以创造出卓越的用户体验。只有深刻理解和综合考虑这 5 个要素，企业才能确保用户愉快地使用产品或服务，建立积极的用户关系，提高用户忠诚度，促进口碑传播，最终实现商业成功。

3.3.3　用户思维

用户思维是指从用户的角度考虑问题，以了解用户的需求，并基于此来设计产品和服务，解决用户遇到的问题。

不管是活动策划、内容策划，还是投放广告，本质都是为了吸引用户关注，进而提高转化率。要想达到这一目的，全媒体运营人员就要站在用户的角度去想问题、做事情。

1．做到用户体验至上

在移动互联网时代做运营工作，第一个要义就是"以用户为中心"，"以用户为中心"的第一个原则就是用户体验至上。用户体验至上要求做到沉浸式体验，这既包括人的感官体验，又包括人的认知体验。

两款产品解决同一个需求，一款产品不管从界面设计、动画效果还是其他视觉方面都做得顺畅无比，而另外一款产品的设计则比较混乱，登录界面的清晰度也不高，用户的选择不言自明。

2．给用户参与的机会

要给用户参与的机会，提升用户的参与感。对企业来说，企业可以把产品设计、服务、销售过程开放，让用户通过全媒体平台参与进来，建立一个可触碰、可拥有、和用户共同成长的品牌。

对产品设计来说，给用户参与的机会，意味着让用户介入更多的研发环节。在产品研发流程中，接触用户最多的环节集中在用户研究与测试上，通常可以让用户参与的场景包括：进入新的产品领域、开发复杂的功能、产品重大升级改版、设计方案有争议等。

对全媒体内容创作来说，用户的参与感大多体现在选题征集、用户互动、激发用户转发分享等方面。

案例在线

"认养一头牛"实行差异化营销，与消费者共创产品

国内知名的乳制品品牌有光明、蒙牛、伊利等，在巨头林立的大环境下，"认养一头牛"是如何迎头赶上的呢？"认养一头牛"CEO 孙仕军的答案是："新的营销模式和新的消费阶层的兴起，开辟了乳制品线上销售的新渠道，让我们可以弯道超车，取得后发优势。"

"认养一头牛"在乳制品行业市场与众不同的切入点是在"牛"上下功夫，通过全力投入"养牛"，从而打造一杯好牛奶。"认养一头牛"的定位是"我们是一家为消费者养牛的公司"，目前已形成"液态奶+奶粉+奶酪棒+定制奶卡"的产品品类矩阵。在产品同质化日趋严重的当下，"认养一头牛"找准品牌定位，更好地塑造自身产品和品牌形象，在消费者心中形成了差异化认知。

"认养一头牛"聚焦于线上营销渠道，与消费者共创产品。这种创新营销方式使消费者可在线上"认养一头牛"，有云认养、联名认养、实名认养三种方式，这些互动方式不仅加强了消费者的参与感，展示了透明的产业链，同时也增强了消费者的黏性。

"认养一头牛"打造了一个"透明化"牧场。消费者可以 24 小时看到牧场的现场直播，还可以直接到牧场进行认养奶牛、亲子游等活动，甚至可以通过数字化、智能化的技术手段，真正享受看得见的饲养、看得见的生产、看得见的配送等，这提高了消费者对产品的信任度。

3.4 流量概述

在全媒体运营过程中，全媒体运营人员需围绕流量和转化这两个方面，全面参与推广、获客、交易等流程。在互联网时代，人们以流量为核心，流量意味着产品或服务获得的关注度。因此，很多企业或自媒体人都在积极探索吸引流量的有效方法，并提高转化率，最终提升变现能力。

3.4.1 流量的定义

流量本是一个物理学名词，指的是单位时间内流经封闭管道或明渠有效截面的流体量，又称瞬时流量。

在互联网时代，流量是指通过互联网传输的数据总量，分为上行流量和下行流量。上行流量是指用户发送到互联网的数据量，如上传文件、发送电子邮件等。下行流量是指从互联网传输到用户设备的数据量，如下载文件、浏览网页等。

流量的计算公式是：流量=传输速率×传输时间。其中，传输速率是指网络的带宽，即单位时间内能够传输的数据量，通常单位为比特每秒或兆比特每秒；传输时间是指数据传输的持续时间，通常单位为秒或者小时。

　　互联网时代的流量类型包括网络流量、网站流量、应用程序流量、视频流量、短信流量、数据中心流量等。例如，网站流量是指用户访问网站的数据量，它可以通过不同的指标进行衡量，如访问次数、页面浏览量、独立访客数等。应用程序流量是指在使用移动设备或计算机上的应用程序时产生的数据量，这种流量通常与移动应用或网页应用有关。视频流量是指流媒体服务中传输的视频数据量，这种流量通常由视频播放、在线直播或视频会议等产生。

　　网络流量可以使用网络监控软件、网络服务提供商的查询服务、网络流量计算器等计算。例如，使用网络监控软件可以实时监测和统计网络流量，帮助用户了解网络的使用情况和性能。

　　在互联网时代，流量的重要性在于它从多个层面促进了信息的流动、经济增长和社会进步，同时成为互联网商业模式的核心要素和技术创新的动力源泉。流量的重要性主要体现在以下几个方面。

　　1．提升传播效果

　　流量背后的有效用户数是衡量传播效果的直接指标。有效用户数是媒介影响力的重要标志。提高流量能提升传播效果。

　　2．提高曝光率

　　流量不仅关系到企业的曝光率，还直接影响企业的盈利能力。高流量能使企业在网络上拥有较高的曝光率，从而吸引更多的用户，这对企业来说是至关重要的。

　　3．与内容创作收益相关

　　流量的大小直接影响内容创作者的影响力和收入。如果一个内容创作者的文章或视频能够获得大量的流量，那么他就能获得更多的关注、粉丝和收入。

　　4．影响社会舆论

　　在信息爆炸的互联网时代，传播效果和社会舆论通常与流量直接相关。流量能在一定程度上影响社会舆论。

　　5．支撑技术创新和应用

　　技术创新和应用，如云计算平台、物联网平台和人工智能平台的开发与应用，需要大量的流量支撑，以便进行资源的整合和行业的重塑。

> **素养课堂**
>
> 　　为了加快构建新发展格局，着力推动高质量发展，我们需要加快建设网络强国、数字中国。流量是影响数字中国建设的重要因素，它是数据产生、流动和变现的过程，被广泛应用于各个领域：技术上的引流助推数字治理，舆论中的流量聚集产生热搜话题，市场上的流量涨落决定消费热度……由此，流量成为一种新的微观控制力量，影响了数字社会的运作逻辑，呈现出流量社会的新景象。

3.4.2　公域流量与私域流量

　　公域流量和私域流量是互联网营销领域中常用的概念，代表了不同的流量来源和管理方式，对企业的市场推广和品牌建设有重要影响。

1．公域流量

公域流量是指通过第三方平台或渠道获得的流量，如从搜索引擎、社交媒体、新闻网站等获得的流量。公域平台有大量的用户群体和访问量，可以为企业带来大量的潜在用户和曝光机会。公域流量的特点是广泛、多样化和易于获取。企业可以通过投放广告、优化搜索引擎等手段来吸引公域流量，提高品牌知名度和产品曝光度。但是，公域流量也有一些劣势，如竞争激烈、成本较高、难以掌控等。

2．私域流量

私域流量是指企业自己拥有和掌控的流量，包括官方网站、官方社交媒体账号等私域的流量，其特点是精准、稳定和可控。企业可以通过建设自己的品牌平台和社群来吸引并留存用户，进行精准的营销和定向推广。与公域流量相比，私域流量的价值更高，因为私域中的用户已经对企业和品牌产生了一定的认知和信任；此外，企业还能通过私域与用户建立更深入的关系，提供个性化的服务和内容。

企业要搭建私域流量池，就要做好引流工作，这也是私域运营最核心的工作之一。企业不仅要在开始搭建时引流，还要设置好持续引流机制，保证新用户不断地流向私域流量池。例如，可以从一些热门平台的公域流量入手，如知乎、豆瓣、头条号、百家号、抖音、快手、微博等平台，发布相关的内容吸引流量。

 知识链接

常见的将公域流量引到私域的方式如下。

● 电商平台：通过包裹卡引导用户添加个人微信或者企业微信，提供一定的优惠；或者通过电话售后、扫码领红包的方式把流量导入微信做复购。

● 知乎：知乎平台上允许添加微信公众号，全媒体运营人员可以在文章、个性签名等地留下微信公众号的账号名称，并在知乎主页放上个人微信号。

● 抖音：全媒体运营人员可以在抖音主页的简介中添加微信等联系方式，但不能直接用"微信"二字，可用其他容易理解的词语或图形表示；或者将抖音的账号名称设置成与微信同名，并用小号在评论区引导，以让用户添加微信。

● 直播平台：引导用户关注账号成为粉丝，然后加入粉丝群，并在群内积极参与讨论，为用户提供有用的信息和帮助，与用户保持紧密联系，从而形成私域流量。

● 线下活动：通过公域流量的渠道，组织线下活动并邀请用户参加，加深与用户的交流和互动，同时留下他们的联系方式，便于后续私域流量的转化。

3.4.3　常见的公域流量平台与私域流量平台

随着新媒体和社交电商的发展，人们越发关注公域流量和私域流量。无论是大型电商平台还是个体经营者，都非常重视将公域流量转化为私域流量，这是因为私域流量的转化率要高得多，用户黏性也更强。

要想提升公域流量与私域流量的运营效果，企业首先要了解和熟悉常见的公域流量平台和私域流量平台。

1. 公域流量平台

根据平台的业务模式和功能，公域流量平台可以分为以下几类。

（1）社交媒体平台，如微信、微博、抖音、快手等。用户在这些平台上浏览、点赞、评论，平台通过数据分析向用户推荐相关内容，吸引用户停留更长时间。

（2）内容平台，如知乎、哔哩哔哩、今日头条等。这些平台提供各种类型的内容，如问答、新闻、视频等，满足用户的各种信息需求。

（3）电商平台，如淘宝、京东、拼多多等。用户在这些平台上浏览商品、下单购买，平台通过个性化推荐和优惠活动吸引用户消费。

（4）直播平台，如抖音直播、快手直播等。用户观看主播直播，参与互动，平台通过推送更多类似内容吸引用户观看。

以上是公域流量平台的一些典型代表，实际上还有很多其他类型的平台（如论坛）。这些平台共同构成了一个庞大的流量池，为各类企业和个体提供了大量的商业机会。

总的来说，公域流量平台在现代商业中扮演着重要角色，是企业不容忽视的重要渠道。面对众多不同类型的公域流量平台，企业可以采用以下措施进行选择。

首先，企业应根据自身的业务模式和目标用户群体，选择与自身相匹配的平台。例如，如果企业主要面向年轻用户，可以选择微博、抖音等社交媒体平台；如果企业以知识服务为主，可以选择知乎、今日头条等内容平台。其次，企业应关注平台的流量和质量。流量是吸引用户的关键，而质量是保证用户留存和转化的基础。最后，企业应制定合理的营销策略，包括内容策略、推广策略等，以提高品牌的曝光度，增加商业机会。

2. 私域流量平台

目前，常见的私域流量平台主要有以下几种。

（1）微信个人号

微信个人号是企业私域流量的重要来源，也是目前私域流量渠道中最直接、最有效触达用户的渠道之一。通过深入运营微信个人号，企业可以快速提高私域流量转化率，增强用户黏性，促进业绩增长。

（2）微信群

微信群的运营效果可控、转化率高、沟通氛围和效果较好，可用于发送社群活动、折扣券等营销活动信息，高效触达用户，帮助企业运营私域流量。

微信群大致可以分为以下 3 类。

① 内容分享社群。如求职交流群、资料交流群等，这类社群主要用于长期输出某些系统性、有意义的内容，以增强用户黏性，维持群成员的活跃度和交互性，进一步寻求营销转化。这类社群通常是品牌内容营销的主阵地。

② 营销型社群。其是营销推广频率高，以营销活动策划和优惠分享、营销转化为直接任务的社群类型，又可分为折扣型、裂变型、通知型。

③ 服务型社群。其是以咨询为出发点提供售前服务、售后服务的社群模式，用于完成售前服务以提高交易量，以及在订单完成后保证售后服务和重复购买。

（3）微信公众号

微信公众号是一个非常重要的私域流量平台，企业或个人可以在微信公众号上分享文章、发布活动、推广产品等，实现对流量的获取、运营、变现等方面的管理。

（4）微信小程序

微信小程序是微信生态中的重要组成部分，具有强大的功能和便捷的操作体验。企业可以通过微信小程序搭建商城、提供预约服务等，增强用户黏性。此外，微信小程序还支持与微信公众号、企业微信等无缝对接，实现多渠道的营销推广。

（5）企业自有 App

企业自有 App 是指企业通过把用户引流到自有 App 中进行留存，从而实现后续转化、传播等。但这样留存的流量具有黏性不足的特点，而且相较于成熟的社交媒体平台，企业自有 App 往往具有打开率低、留存困难等问题。

3.4.4　流量转化

流量转化是指将企业吸引的潜在用户转化为实现商品交易的真正用户的过程。在电子商务领域，用户通过浏览商品信息，最终通过比较、研究选出最能满足自己需求的商品，从而实现效益最大化。新零售依赖于互联网、大数据和人工智能等信息技术，使销售全过程可以数据化呈现，可提高转化率。

新零售下用户流量转化的主要方式分为直接引流和间接引流两种。直接引流是指企业自己通过各种广告渠道将用户吸引到自己的店铺，并通过有吸引力的文案将用户转化成功的方式。间接引流的方式较多，企业主要通过第三方引流公司将自己的商品发布到平台上，如微信公众号、微博等，这种引流方式的特点就是用户量大，并且省去了企业自身的部分广告成本。

在全媒体运营过程中，影响流量转化的因素主要有广告投放、落地页设计、转化分析、流量承接方式等。

1．广告投放

在流量的转化环节，全媒体运营人员首先要考虑的是广告投放，因为广告投放直接影响转化的结果。在广告投放环节，全媒体运营人员必须考虑 3 个因素：一是精确性，即投放广告的目标用户是否为需要的用户；二是可追溯性，广告投放要有广告曝光数、点击数、落地页浏览数、用户停留时间等数据，只有具备每个环节的数据，才能分析具体哪个环节影响转化；三是竞争程度，竞争越激烈，用户对广告的点击概率就越低，进入较晚的企业要考虑之前竞品企业投放广告的目标用户，尽量做到差异化。

2．落地页设计

落地页是指用户看到广告后，打开链接时出现的第一个页面。在移动端，信息流广告是常见的广告呈现方式，而落地页在其中起到承接流量、转化用户的重要作用。

落地页基本的要素包括品牌标志、品牌文案、引导文案、产品卖点、产品案例等。企业还可以在落地页添加以下信息：用户的使用评价、已有的销量、常见问题解答。

落地页的开发和设计需要产品、用户体验设计、技术、运营、商业智能等部门协作，同时对不同版本的落地页进行测试，以此来确定转化效果最好的落地页版本。

3．转化分析

从落地页到用户最终行为数据的落地，需要一套全链路的数据分析框架，其中十分重要的就是漏斗分析。全媒体运营人员需要整合多个数据源，数据源包括广告平台的数据（常用的是广告位数量、广告曝光量、广告点击量）、落地页的数据（主要有落地页独立访客（Unique Visitor，UV）、落地页申请注册数、落地页验证码点击数、落地页填单数）、业务相关数据（以电商数据为例，包括商品浏览数、订单创建数、订单支付数、订单退款数等）。

全媒体运营人员需要创建一个完整的漏斗模型（如广告曝光量—广告点击量—落地页 UV—落地页填单数—订单创建数—订单支付数），通过对这些数据的分析和计算，可以衡量广告效果、落地页效果，以及业务效果。

4．流量承接方式

流量承接方式是指承接广告投放吸引用户的流量载体。目前，常用的承接方式包括 App、微信小程序、微信公众号、微信个人号、微信群、企业微信等。流量的承接方式对最终的转化率有非常大的影响，全媒体运营人员需要根据企业的业务特性、广告平台、转化率等进行综合考虑。一般来说，用户的操作越便捷，心理负担越低，转化效果就越好。

3.5　从流量到留量

随着流量红利越来越少，企业在重视广告宣传的同时也要重视用户服务，否则通过广告吸引来的用户最终没有产生实际订单，反而增加了企业的投入成本，导致企业负担加重。当前线上线下的流量都来之不易，且用户黏性不强，因此全媒体运营人员应从"寻找流量"转变为"提升留量"，提高复购率，用有限的流量创造更多的价值。

3.5.1　用户分层

当用户量比较大时，大部分互联网产品会进行用户分层。由于用户量激增，因此"千人千面"的个性化需求和普适的运营策略的矛盾就会成为当前产品的主要矛盾。用户特征的差异导致了用户的个性化诉求，也催生了精细化运营的需求。

用户分层的本质是一种以用户特征、用户行为等为中心的对用户进行细分的精细化运营的手段。用户分层的方法主要有以下 3 种。

1．用户价值区隔模型

用户价值区隔模型可分为两个维度：一是根据用户生命周期对用户进行价值区隔，二是根据用户关键行为对用户进行价值区隔。

用户生命周期分为 5 个阶段，如表 3-3 所示。

表 3-3　用户生命周期的 5 个阶段

用户生命周期阶段	说明
导入期	用户刚注册，尚未体验核心功能，对产品以及产品可以带来的价值还不熟悉
成长期	对产品有了一定的了解，对产品提供的价值比较认可，已经建立起了初步的使用习惯，会定期使用产品
成熟期	对产品已经形成了使用依赖和习惯，使用频率和使用时长显著增加，能够贡献较高的价值

用户生命周期阶段	说明
休眠期	曾经是成熟期用户，但是现在已经不再访问或使用产品，或者访问频次越来越少。一般超过 10 天（具体情况具体分析）未使用产品即进入休眠期
流失期	已经长时间不使用产品，甚至已经卸载产品。一般超过 30 天未使用产品即进入流失期

根据用户的关键行为对用户进行分层，比较典型且常用的方法是 RFM 方法。R、F、M 分别代表用户的 3 种关键行为：最近一次消费（Recency）、消费频率（Frequency）和消费金额（Monetary）。最近一次消费是指用户最近一次消费距现在的时间，消费时间越近的用户价值越大；消费频率是指用户在统计周期内购买产品的次数，消费频率越高的用户价值越大；消费金额是指用户在统计周期内的消费总金额，为企业创造利润越多的用户价值越大。

如果将最近一次消费、消费频率、消费金额分别划分为高、低两档，全媒体运营人员可以根据三者的高低分布确定用户的细分类型，如表 3-4 所示。

表 3-4　采用 RFM 方法对用户分类

类型	说明	R	F	M
重要价值用户	优质用户，应着重提高用户满意度，以便增加留存量	高	高	高
重要发展用户	需要挖掘用户特征，提高用户的消费频率	高	低	高
重要保持用户	用户最近未消费，需要触达用户，以防止用户流失	低	高	高
重要挽留用户	有潜在价值的用户，将要流失，需要重点挽留	低	低	高
一般价值用户	有潜力发展成优质用户，需要提高其客单价	高	高	低
一般发展用户	有推广价值的新用户，可以进行有针对性地推广	高	低	低
一般保持用户	需要深挖用户特征，进行品类交叉等	低	高	低
一般挽留用户	最近无交易，消费频率和消费金额较低，相当于流失用户	低	低	低

2．用户身份区隔模型

当产品所在的领域中用户行为特征和诉求差异较大时，使用用户身份区隔的方式进行用户分层比较合适。在梳理用户身份区隔模型时，全媒体运营人员要看用户之间是否存在关系，只有用户之间存在关系才适用该模型。

如果用户之间存在关系，并且会因为贡献度或稀缺性产生用户层级，那么根据贡献度或稀缺性来搭建模型。如果不同层级的用户可以自然进阶，那么根据进阶的层级来搭建模型，例如，微博用户就可以分为名人用户、活跃用户和普通用户等。

3．用户需求区隔模型

用户需求区隔模型有两个维度：一是基本属性，如年龄、性别、职业、收入、所处地区、学历、家庭情况、渠道来源等；二是个性化需求，如个人的隐性消费偏好、个人的显性消费偏好、产品使用场景等。

在构建用户需求区隔模型时，全媒体运营人员要看用户是否存在上述行为和属性的不同，导致其需求、使用动机、使用偏好等出现较大差异。例如，在"所处地区"方面，一线城市的用户和四线城市的用户一般来说是可以区分的。

3.5.2 会员体系

会员体系是指通过区分用户类型，在普通用户的基础上划分出会员用户，再针对普通用户与会员用户提供不同的产品和服务。通过会员体系进行用户管理，企业可以更加有效地强化会员用户的归属感，获取更多的用户数据，从而了解用户的兴趣爱好和消费习惯，挖掘用户意向需求。

一般来说，会员体系包含 5 个元素，分别是持续消费、获得积分、提升等级、享受特权、获得优惠。

1．持续消费

用户只有通过消费才能获得会员的资格，这是必要条件，也是前提。会员体系中还存在会员成长体系，即用户在成为会员后，可以通过持续消费获得更多成长值，进而成为等级更高的会员，获得更多权益。但是，一旦长时间不消费，成长值每天都会下降，直至下降为 0，会员身份就会消失。因此，为了不断增加成长值，用户就要持续消费。

2．获得积分

积分是会员体系中一种重要的激励手段，为用户提供积分，可以鼓励他们增加消费、分享等行为。在设计积分系统时，企业要考虑积分的获取方式、积分的使用途径、积分的有效期等因素。

3．提升等级

会员体系的核心是会员等级，设计合理的会员等级，可以让用户感受到自己在体系中的地位和价值。一般来说，会员等级可以根据用户的消费金额、消费频率、活跃度等要素来划分，等级越高享受的权益越多。

4．享受特权

企业还要为会员提供特权服务，在设计特权服务时要考虑用户的需求和偏好，提供有价值的服务，如优先购买权、生日礼物、专属客服等。

5．获得优惠

用户成为会员后，可以领取优惠券，在固定的会员日享受折扣，使用会员积分兑换礼品。

当然，会员体系不是一成不变的，要根据市场变化和用户反馈进行持续的优化和更新。企业可以通过数据分析、用户反馈等方式了解会员体系的优缺点，及时进行调整和改进。

3.5.3 用户活跃

当产品或全媒体平台吸引到巨大的用户流量后，如果不能维持并提高用户活跃度，那么用户流失的可能性就较大。提高用户活跃度的方法主要有以下 3 种。

1．增强用户黏性

增强用户黏性是提高用户活跃度的第一步。用户黏性是指用户对产品或服务的好感度和使用频率。增强用户黏性的关键在于不断提升用户体验，下列是一些可以提升用户体验的方法。

- 个性化推荐。为用户提供个性化推荐，根据用户的行为和偏好推荐相关的内容或产品。

- 用户教育。通过各种渠道向用户传达产品或服务的价值，帮助用户更好地了解和使用产品或服务。
- 社交互动。提供社交互动的平台，让用户之间互相交流和分享，增强用户的归属感。
- 优化体验。不断优化产品或服务的体验，提高用户满意度。

2．搭建完整的用户运营体系

搭建完整的用户运营体系是提高用户活跃度的基础。一个完整的用户运营体系包括以下几个方面。

- 数据分析。通过数据分析，了解用户的行为和偏好，为后续的运营决策提供支持。
- 用户画像。构建用户画像，对用户进行分类和分析，为后续的运营活动提供指导。
- 用户沟通。通过各种渠道与用户进行沟通，包括社交网络、短视频平台等。
- 用户反馈。建立用户反馈机制，及时了解用户的需求和反馈，为产品优化提供依据。

3．建立良好的用户生态系统

建立良好的用户生态系统是提高用户活跃度的重要手段。良好的用户生态系统可以帮助企业吸引更多的用户，提高用户满意度。以下是一些建立良好的用户生态系统的方法。

- 与合作伙伴建立良好的关系，共同推广产品或服务，扩大用户规模。
- 组织各种互动活动，吸引用户参与。
- 建立奖励机制，鼓励用户参与和分享，提高用户的参与度和忠诚度。

课堂实训：企业微信运营优势分析与实训操作

1．实训背景

2020 年起，翌擎科技与多家车企就"线索增效"展开运营合作项目，通过引入企业微信运营团队来助力厂商破局，使用企业微信与线索用户在微信平台建立一对一的直接联系。相较于 App、微信小程序和微信公众号等以品牌事件为主的内容分享与讨论，企业微信运营团队可以针对每个用户的情况进行即时沟通，在对话窗口围绕用户需求，由运营顾问判断，提供多样化的内容服务，以提升用户的满意度。

相较于某个营销项目的曝光量、点击量、用户量、购买量的阶段性提升，企业微信运营团队依赖其天然的用户数据沉淀能力和持续追踪能力，可以做企业和用户发展的归因分析，一方面反哺一对一直接联系过程中的精准促活，另一方面让营销项目获得的线索用户发挥购车以外的全生命周期价值。

2．实训要求

请同学们分析案例中企业微信运营的优势，并根据以下实训思路操作。

3．实训思路

（1）个人信息设置

要想让用户愿意与企业沟通，企业微信运营团队可以建立顾问形象，形成顾问矩阵，通过顾问传播品牌形象与产品概念。例如，微信头像设置为专业人士的半身大头照，昵称为"运营顾问——瑶瑶"，在设置企业信息时，要注明企业的具体名称，并进行认证，同时添加职务信息。

（2）朋友圈运营

开放朋友圈权限，向用户分享日常生活，如和用户一起熬夜看球赛，在生活中遇到不懂的问题在朋友圈向大家求助……在用户心中，这个"朋友"有了一个具体的形象，他们会在潜移默化中接纳这个顾问。

（3）及时沟通

顾问要针对用户需求做出及时、专业的解答，还要紧跟企业品牌营销的节奏，如节日热点海报推送、品牌活动传达、用户故事输出等，利用企业微信的精准触达优势助力促活。

在添加好友的第一时间，顾问就要对用户进行意向定位。顾问要问用户：添加顾问是为了关注品牌还是咨询购车？意向车型是哪款？预计何时用车？购车预算是多少？通过一套意向定位话术，顾问在初次沟通中便能了解到基础的用户画像。对于高意向用户，顾问要及时反馈给经销商，趁热邀约到店；对于中等意向用户，顾问要进行一对一重点跟进；对于低意向用户，顾问应进行持续影响。

（4）社群运营

用户扫码可以直接加入企业微信社群，而企业微信自带非常多实用的社群运营功能。企业微信可以设置入群欢迎语，在用户入群时发送"文字内容+网页/图片/小程序"的信息，可以让用户了解群性质、群规则。当用户在群里@小助理时，小助理会根据设置的关键词发送自动回复内容，提升运营效率。

课后思考

1．简述问卷主体设计的原则。

2．简述用户体验的 5 个要素。

3．简述影响流量转化的因素。

第4章 全媒体营销理论与方法

知识目标

➢ 了解营销的核心概念、定位目标与关键点。
➢ 理解不同的营销理论。
➢ 了解不同的营销方法与营销渠道。
➢ 掌握全媒体整合营销的概念、优势、表现形式与实施路径。

能力目标

➢ 能够灵活运用各种营销理论为企业策划营销方案。
➢ 能够根据企业实际情况选择合适的营销方法。
➢ 能够实施全媒体整合营销。

素养目标

➢ 培养创新思维与实践能力，将理论知识活学活用，能够解决实际问题。
➢ 培养市场洞察能力，能够根据市场发展趋势做出有效的营销反应。

随着科技的发展，人工智能、商业智能、场景智能和数据智能正在改变着社会的方方面面。各行各业、各个领域基于互联网的应用，开始向信息化、数字化、智能化转型。全媒体营销就是综合利用各种媒体技术和渠道，采用数据分析、创意策划等方式，对信息进行加工、匹配、分发与传播，进而达到营销目的的营销过程。无论时代如何发展，营销人员都应以理论为基础，以方法为指导，进行整合营销，以适应新的市场需求。

4.1 营销概述

什么是营销？有人认为营销就是广告，有人认为营销就是打折优惠，也有人认为营销就是销售……每个人对营销的理解不同。其实，人们对营销的各种理解都跟营销有一定的关联，但可能并未涉及营销的本质。

4.1.1 营销的定义

营销是市场营销的简称，不同的专家、学者提出的营销定义也不同。美国的营销学者菲利普·科特勒提出："营销是个人或群体通过创造、提供并同他人交换有价值的产品，以满足各自的需要和欲望的一种社会活动和管理过程。"这一定义的内涵为：营销的核心是"交换"；主动追求交换的一方是营销者；营销的目的是满足交换双方的需要和欲望；营销是一种社会活动和管理过程。

我国学者从我国国情出发，提出市场营销是通过市场交换满足现实或潜在需要的综合性经营销售活动。依据这一定义，市场营销的目的是满足消费者的现实或潜在的需要，其核心是达成交易，而达成交易的手段则是开展综合性的经营销售活动。

市场营销一般包括两层含义：一层是指企业的具体经营活动或行为，包括市场调研、目标市场选择、产品开发、价格制定、渠道选择、产品促销、产品储存和运输、产品销售、售后服务等一系列活动；另一层是指研究组织的市场营销活动或行为的学科。

本书将市场营销定义为利用市场满足消费者需求和欲望的交换活动。消费者包括现实消费者和潜在消费者。从事市场营销活动的人被称为市场营销者，市场营销者可以是买方，也可以是卖方。

4.1.2 营销的核心概念

为了更好地理解营销的定义，我们要清楚营销的几个核心概念。

1. 需要、欲望和需求

需要是指人们没有得到某些基本满足的心理感受状态，是人类与生俱来的。

欲望是指对满足基本需要的物品的渴求，是个人受文化及社会环境影响表现出来的对基本需要的特定追求。

需求是指人们有能力购买并愿意购买某种产品的欲望，实际上就是对特定产品和服务的市场需求。当人们具有购买能力时，且愿意购买自己所期望的产品时，欲望便转化为需求。

营销者并不能创造需要，因为需要早已存在于营销活动之前。但是，营销者连同社会上的其他因素可以影响消费者的欲望，并试图向消费者指出何种特定的产品可以满足其特定需要，进而根据消费者的购买力，利用各种营销手段来最大限度地满足他们的需求。

2．产品

产品是指能够满足人们的需要和欲望的任何东西，包括有形的实物产品、无形的服务等。人们在选择和购买产品时，实际上是在选择和购买最能满足他们需要的一种愿望和利益。营销者不能只注重实物产品，而忽视无形的服务所提供的利益，否则可能会失去市场。

3．价值

价值是指消费者对产品满足其需要的整体能力的评价。在实际生活中，消费者往往根据自己的价值观念来判断产品的价值，从中选取最能满足自己需求的产品。因此，可以说真正决定产品价值的因素是产品本身给消费者带来的满足感。

4．交换、交易与关系

交换是指从他人处取得所需之物，并以自己的某种东西作为回报的行为。交换能否发生取决于交换双方能否通过交换得到满足。

交易是指买卖双方以都同意的条件协议交换两个有价值物品的行为。

关系，即与利益相关者建立良好的营销网络。生产者、中间商及消费者之间的关系直接推动或阻碍了交易的实现和发展，企业同与其经营活动有关的各种群体（包括供应商、经销商和客户）所形成的一系列长期、稳定的交易关系就构成了企业的市场网络。一般交易对象被称为客户，企业与客户的关系被称为客户关系。

当人们决定以交换方式来满足自己的需要或欲望时，就产生了营销。交换是营销的核心概念，交易则是交换活动的基本单元，是营销的度量单位。现代营销者都非常重视同客户建立长期、信任和互利的关系，而这些关系是靠不断承诺及为对方提供高质量产品、良好服务及公平价格来实现的。

5．市场、市场营销、营销者

市场通常是指交换的场所，在现代营销学中，市场是由具有特定的需要或欲望，且愿意并能通过交换来满足需要或欲望的全部潜在的客户构成的，包括消费品市场和生产资料市场。市场包括人口、购买力和购买欲望 3 个要素。

市场营销主要研究产品流通环节的经营活动，包括产品进入流通市场前与退出流通市场后的活动，如市场调研、市场细分、目标市场选择、产品售后服务、客户信息反馈等一系列活动。可以这样说，市场营销覆盖了生产、分配、交换、消费的全过程。

营销者是指希望从别人那里取得资源并愿意以某种有价物作为交换的企业或个人。营销者主要指具有营利性的企业或个人。

4.1.3　营销的定位目标

企业要想做好营销，必须做好定位，制定出目标。营销的定位目标主要包括目标用户与目标市场。

1．目标用户

不同的企业应根据自己的产品确定不同的目标用户，再进行有针对性的营销。确定目标用户经常采用以下方法。

（1）换位思考法

换位思考即设身处地为他人着想。通过换位思考法确定目标用户就是营销者把自己代入用户所处的环境中，分析用户使用产品的场景，站在用户的角度看待问题和思考问题，从而分析总结出目标用户的特点。采用此法确定目标用户，营销者需要清楚企业的产品定位，只有从企业战略和用户场景的角度出发，才能精准地确定目标用户。

（2）属性定义法

属性定义法就是以用户的基本属性为维度定义目标用户，如年龄、性别、地域等属性，如某彩妆品牌定义自己的目标用户为一线城市的 18～30 岁的年轻女性。采用属性定义法定义出的目标用户通常比较宽泛、不聚焦，其个性化标签不明显，营销没有针对性，容易导致行业竞争加剧。

（3）垂直定义法

垂直定义法在属性定义法的基础上，将用户特征进一步明确，以满足用户在某个领域的标签性需求。与属性定义法相比，垂直定义法确定的目标用户精准度更高，营销更具针对性，营销效率大幅度提高。利用垂直定义法定义目标用户，企业在营销过程中容易建立起行业壁垒，行业竞争相对使用属性定义法明显减小。

（4）角色定义法

角色定义法是指以特定的社会角色为目标用户，如妈妈、教师、工人、学生等。使用角色定义法定义目标用户时，企业基于一个特定角色进行营销，营销内容聚焦在特定角色的特征上，有了特定的服务对象，营销就会更加精准，营销内容更容易激发用户行为的产生。

企业在管理和运营目标用户时，需要掌握的核心理念体现在以下 3 点。

第一，真诚交朋友。企业应善于与用户交朋友，只有与用户真诚沟通，才能全面了解用户，建立良好的关系，进而才有机会更好地长期服务用户并获得价值，实现双赢。

第二，精细化运营。面对庞大的目标用户群体，企业很难通过一种策略服务所有用户，需要整合资源，对用户进行合理的细分，制定差异化的运营策略，进行精细化运营，以满足不同用户的不同需求。用户分类、分层、个性化运营是精细化运营的核心手段。

第三，数据化驱动。如今是信息化、数字化时代，虽然用户及其需求和行为比较复杂，但使用先进的数字和数据技术却具有资源优势，企业可以利用数据化驱动的方式进行用户运营与管理，通过分析数据发现问题、解决问题，进而提升运营效率。

2．目标市场

目标市场是企业根据市场潜力、竞争对手状况及企业自身特点选择的既能发挥企业相对优势，又能提供获利机会的市场。确定目标市场，能够明确企业具体的服务对象，是企业制定营销策略的首要内容和基本出发点。

企业应根据自己的任务、目标、资源和特长，权衡利弊，决定进入哪些细分市场。企业决定进入的细分市场即该企业的目标市场。

（1）确定目标市场的方法

企业可以通过不同的市场覆盖模式来确定目标市场。

① 市场集中化，即企业只生产一种标准化的产品，为某一特定用户群服务。无论从产品还是市场角度，企业的目标市场都集中在一个细分市场上。此模式适用于小型企业，企业可以始终专注于某个细分市场，并可在经营取得成功后向更大的市场扩展。

② 产品专业化，即企业决定向不同的用户群提供同一种产品。例如，企业决定生

产适合各层次用户需要的各种女性服装。产品专业化模式的优点是企业专注于某一种或某一类产品的生产和销售，有利于形成和发展生产、技术和销售上的优势，在该领域树立良好的品牌形象。其不足之处是，当该领域被一种新的技术或产品所代替时，有产品销量大幅度下降甚至失去市场的风险。

③ 市场专业化，即企业决定向某一用户群提供其所需要的各种产品。例如，企业决定生产和销售能够满足高收入用户群体所需要的各种男装、女装和童装。市场专业化模式下，企业的产品类型多，能够有效分散经营风险，但由于集中于某一类用户群，当其需求下降时，企业会遇到市场萎缩的风险。

④ 选择性专业化，即企业决定同时选择多个具有良好盈利能力，符合企业营销目标和资源条件的细分市场为目标市场。其中，每个细分市场之间没有明显的联系，但都能提供良好的经营机会。这种模式可以有效分散经营风险，企业在某个细分市场上盈利状况不佳时，仍可在其他细分市场上获得盈利。采用选择性专业化模式的企业应具有较强的资源和营销实力。

⑤ 全面覆盖，即企业决定为所有用户提供各种不同的产品。通常情况下，企业先选定一个具有最佳经营机会的细分市场作为目标市场，取得成功后再逐步扩大市场范围，最后达到全面覆盖。这种模式是某些实力雄厚的大企业为谋求市场领导地位而采取的模式。

（2）目标市场营销策略

在许多可供选择的细分市场中，企业是选择一个还是多个细分市场作为目标市场，是企业营销的重要战略性决策。目标市场营销策略如下。

① 无差异性市场营销策略，就是把整个市场看作一个目标市场，营销活动只考虑需求的共同点，忽略需求的差异性。为此，企业只经营一种产品，运用一种市场营销组合，试图吸引尽可能多的用户，为整个市场服务。

② 差异性市场营销策略，指企业决定同时为多个细分市场服务，并按照各个细分市场的不同需求，分别设计不同的产品和运用不同的市场营销组合。差异性市场营销策略充分肯定了用户需求的异质性，采取不同的营销策略来满足不同用户不同的偏好和需求。

③ 集中性市场营销策略，指企业通过市场细分，选择一个或少数几个细分市场作为企业的目标市场，采取有针对性的营销策略，以争取在目标市场上取得较大的市场份额，其基本指导思想是企业与其在整体市场上处于劣势地位，不如在某一个或少数几个细分市场上争取优势地位。

（3）影响目标市场营销策略选择的因素

企业在选择目标市场营销策略时会受到以下因素的影响。

① 企业的资源条件。如果企业实力雄厚，有充足的人力、财力、物力及管理能力等，则可以考虑选择无差异性市场营销策略；如果企业具有相当的规模，有先进的技术设计能力和管理制度，则可以考虑实行差异性市场营销策略；如果企业资源有限，实力较弱，无力顾及整体市场或多个细分市场，则只能实行集中性市场营销策略。

② 产品的同质性。产品的同质性是指用户所感觉的产品性能、特征和用途的相似性。如果产品在功能、品质、形态等方面是相同或类似的，用户并不重视其存在的差异性（如糖、食盐等），则一般宜采用无差异性市场营销策略；如果产品的价格、性能、质量和外观等因生产者不同而存在较大的差异，用户在选购时又以产品间的差异作为主要依据

（如服装、照相机、汽车、家用电器等），则适宜采用差异性或集中性市场营销策略。

③ 市场的同质性。市场的同质性是指用户需求及其特点的相似性，包括市场规模、市场需求、市场位置等。如果市场中用户需求、偏好相似，每一时期的购买量相近，对市场营销刺激的反应也相同，则可视为"同质市场"，企业可以采取无差异性市场营销策略；反之，就应选择差异性或集中性市场营销策略。

④ 产品市场生命周期。对处于不同市场生命周期的产品，应采取不同的目标市场营销策略。产品处在投入期和成长初期时，由于市场竞争不激烈，企业通常生产单一品种的产品，可采取无差异性市场营销策略，以探测市场需求与潜在需求；当产品进入成长中后期和成熟期时，就应调整为差异性市场营销策略，以开拓新的市场，或者实行集中性市场营销策略，以设法保住原有市场，延长产品市场生命周期。

⑤ 竞争结构及对手的竞争优势。如果市场竞争激烈，且竞争对手具有明显的竞争优势，则企业宜采取集中性市场营销策略，以求在局部市场上赢得优势；如果市场上不存在竞争者或竞争者较少，则企业宜采取无差异性市场营销策略；如果企业在竞争中具有优势，且企业的实力较强，则可采取差异性市场营销策略。

📚 素养课堂

在营销过程中，营销人员要保持对市场的敏锐洞察力，善于发现市场中的机会，关注那些被忽视的细节，并适时把握机遇，同时明确自己在竞争中的差异化定位，不盲目跟风，以建立自己的核心竞争力。同时，在营销过程中要不忘初心，保持激情，每一步决策和行动都要经过深思熟虑，从而在行业领域中不断突破自我。

4.1.4　营销的关键点

营销的要素很多，但营销人员必须了解并掌握营销的关键点。营销的关键点是痛点、痒点、爽点和卖点。

1．痛点

痛点即痛苦之点，从生理学角度看，痛点是指人体柔软脆弱的部位，按压触碰或者刺激之后就会感到疼痛。从用户角度看，痛点特指用户在使用产品或服务时产生抱怨、不满、苦恼、愤怒情绪的，让人感到痛苦的接触点。

痛点是指用户在使用产品或服务的过程中更高层次的需求未被满足而形成的心理落差和不满，这种落差和不满会在用户心智模式中聚成一个点，成为负面情绪爆发的原点，让用户感觉到"痛"。痛点产生的根源就在于，用户日益增长的物质文化需要同生产者、服务者提供的不够完善的产品、服务之间的矛盾。

痛点基于用户的对比，这种对比表现在两个层面：一是与自身期望值的对比，用户对某项产品或服务的期望值过高，而实际购买的产品或服务未能达到这种期望值，就会出现落差，进而给用户带来痛苦；二是与同类产品、服务的对比，不同品牌、不同价位、不同地域、不同国度之间的产品和服务会存在很大差异，同类产品、服务之间进行对比时，也会给用户带来心理上的落差和精神上的痛楚。

企业想要解决用户的痛点，需要了解痛点的级别。用户的痛点分为以下 3 个级别。

（1）产品级痛点

产品级痛点是指使用某个产品或服务时，用户体验中未被满足的关键点。聚焦于研究产品级痛点能够帮助营销者轻松找到产品新的价值定义。围绕产品级痛点思考，可以帮助营销者梳理与重新定义产品使用场景，聚焦产品功能和用途，打造一个备受欢迎的价值点。营销者可以以此来从很多角度塑造一个新的爆款产品，例如，小米手机强调产品性价比高，江小白解构年轻人的情绪，苹果手机则注重追求时尚品位。

（2）产业级痛点

产业级痛点是一个产业内存在已久但一直未被解决的，或一直被默认的问题。往往一个新的技术升级，就会带来新一轮的产业升级，如"互联网+柔性制造"就解决了个性化定制与批量化生产之间的矛盾这一痛点，这同时也带来了产业升级。

（3）社会级痛点

社会级痛点就是受限于社会条件、技术发展水平等而未被解决的问题，如环境污染等。

对于企业来说，应注重挖掘产品级痛点，回归底层的产品逻辑，如解决用户的即时痛点、重新定义产品价值、创新产品使用场景等。例如，"小饿小困，喝点香飘飘""怕上火，喝王老吉""充电 5 分钟，通话两小时"等广告语的主题非常明确，即产品能为用户解决什么问题、消除什么麻烦，直击用户痛点，更容易打动用户。

2．痒点

痒点即用户的欲望，就是用户心中想要解决的问题，想要得到的产品或享受的服务。用户的痒点并非其一定要得到的产品或服务，但他们一旦知道有这样的产品或服务，心里就会发痒，就特别感兴趣，渴望拥有。例如，手机是一种必需品，很多人会追求购买新款手机，这是因为其时尚的外观、卓越的性能、非凡的体验打动了用户的心，勾起了他们的欲望。

可以这样说，痛点对应的是用户迫切想要解决的各种问题、麻烦、痛苦等，而痒点就是用户更深的欲望、更高级的需求。在营销过程中，营销人员要注意把握目标用户深层次的需求，提供满足用户深层次需求的产品，这样才能吸引并打动他们，促使其产生消费行为。

在营销过程中，巧用痒点促成交易，一般有两个前提：一是发现用户的痒点，并设法通过语言和行为去挠中其痒点，使其心里发痒，产生购买欲望；二是要判断用户的购买力，即意欲推销给用户的产品或服务要在其经济能力承受范围之内。

需要注意的是，痒点是用户情绪的释放点。很多用户购买产品不只注重功能层面，他们更重视精神层面，越是高客单价的产品，越要重视精神价值的塑造，要给足用户情感和心理上的满足感。

3．爽点

爽点是痛点或痒点被及时解决或满足后瞬间的情感和心理状态，就是用户由于某个即时产生的需求被满足后，产生的非常爽的感觉。爽点营销就是通过找出容易引起用户兴奋的爽点，并予以适当刺激，激发其购买欲望的营销方式。

刺激爽点，用户会产生以下感受：满足感，和自己的预期对比，产生满足感；认同感，对产品或服务建立新印象，产生认同感；优越感，和别人比较产生优越感。有需求，还能被即时满足，用户的感觉就是爽。

爽点不是用户必需的，有则锦上添花，没有也无大碍。爽点需求是纯心理感受层面的需求。爽点可以使用户在快速得到充分的心理满足后达到精神上的愉悦。在马斯洛需求层次理论中，爽点需求达到了自我实现需求的层次。由于存在于纯心理感受层面，用户的爽点需求更具主观性。通常情况下，企业很难捕捉到目标用户群体的爽点。

在营销过程中，常见的切入用户爽点的方法主要有以下几种。

（1）关注用户的兴趣爱好

每个人都有自己的兴趣爱好，这往往对应着用户的爽点。营销人员在与用户沟通时，应谈一些令对方感兴趣、感到兴奋的事情和话题。这样，在其意犹未尽的情况下进行营销，用户通常会比较痛快地答应营销人员的要求。

（2）提供独特的卖点

目前，市场竞争激烈，产品、服务同质化严重，在这种情况下，产品或服务的差异化显得尤为重要。只有向用户提供产品或服务的独特卖点，才更容易触碰到用户的爽点，让用户耳目一新，兴趣大增，爽快地做出购买行为。

向用户提供产品或服务的差异化卖点，让用户感到超出预期的价值，这样更容易激发用户产生购买欲望，让他们迫不及待地去购买。

（3）采用价格刺激

大部分用户都有追求实惠的心理，他们对价格非常敏感，所以营销人员要善于在价格上做文章，以充分击中用户的爽点，促使其爽快地做出购买行为。例如，开展买一赠一活动，用户会觉得花一样的钱可以得到两件产品，从而爽快地购买。

（4）营造场景氛围

企业应注重营造氛围，感染用户的情绪，促使用户爽快地进行消费。例如，某火锅店在用户过生日时，不仅赠送长寿面、蛋糕、蜡烛等，服务人员还会表演节目、唱生日歌为用户助兴，以打动用户，促使其畅快地消费。又如，某钻戒品牌以"一生只爱一个人"为广告语，抓住用户的爽点，备受男女青年的青睐。

4. 卖点

卖点，从用户的角度讲，就是购买产品的各种理由。卖点是罗瑟·瑞夫斯提出的"独特的销售主张"（Unique Selling Proposition，USP）理论的重要基础概念。USP理论强调产品必须有独特卖点。从字面意思上说，独特卖点是只有企业自己的产品才有的卖点，别人的没有。

一个产品的卖点可以有很多，但从品牌建设和广告传播的应用层面来说，企业需要为自己的产品找到一个独特的卖点。这个独特的卖点通常是从品牌和产品本身的层面来说的品牌优势或产品特点，是区别于竞争对手的，是独有的功能、独特的主张、品牌独特的精神等。独特卖点是企业审视自己的产品和竞品后得出的，是站在产品和品牌的视角提炼出来的。

企业在提炼卖点时，可以从以下3个层次依次进行。

- 基础层。卖点是满足用户具体的需求和欲望，大多基于产品的，对应产品本身的特点，如款式、材质等。

- 竞争层。卖点是区别于竞争对手的差异点，如不同于其他品牌的产品功能等。

- 利益层。卖点是基于竞争差异化，为用户创造的利益点。

提炼产品独特卖点的方法可以从有形层面和无形层面来考虑，分别对应用户的物质需求和精神需求。有形层面通常是指看得见、摸得着、感受得到的层面，如功能、口感、包装，还可以延伸到衍生服务承诺、配送、售后等方面；无形层面是指从品牌非功能的维度切入，在情感价值层面的，代表品牌独有的精神诉求与价值主张，该层面可以实现差异化。

一个品牌既可以强调基于有形层面的差异化，也可以强调基于无形层面的差异化，至于在广告传播中选择哪种，要视当前的品牌定位、产品所处生命周期，以及企业做广告的目的而定。

企业在挖掘提炼产品独特卖点时，应当遵守的准则如下。

（1）有其事

独特卖点必须是建立在事实基础之上的，不可夸大吹嘘。要掌握好尺度，既不能欺骗用户，又不能分散用户的注意力。

（2）有其理

独特卖点背后应有一套具有说服力的支撑体系，这套体系要做到可信、易懂、易表述。营销人员语言表达要通俗易懂，富有感染力，能够让用户产生共鸣。

（3）有其市

独特卖点对应的是大众市场，如果只是面对狭窄的小众市场，就会降低成交量和缩小成交空间。因此，独特卖点针对的目标人群应尽可能广泛，一些主打小众化的品牌产品除外。

（4）有其需

营销人员所强调的独特卖点反映到目标用户身上，要能转化为实实在在的需求，这种需求有可能是实际市场需求，也有可能是潜在需求。

（5）有其特

独特卖点在一定程度上就是产品和服务的差异化竞争力和竞争优势所在，所以一定要有别于竞品的个性和特点，确保与众不同。

4.2　营销理论

随着时代的发展，营销理论也在不断更新迭代，开始由以产品为中心向以用户为中心进行转变。为了适应不同的营销环境，营销学家们呕心沥血，创造出了大量的经典营销理论。如今的营销策略都是建立在营销理论基础上的。

4.2.1　马斯洛需求层次理论

马斯洛需求层次理论由美国的心理学家亚伯拉罕·马斯洛于 1943 年在《人类激励理论》论文中提出。他将人类需求像阶梯一样从低到高按层次分为 5 种，分别是生理需求、安全需求、社交需求、尊重需求和自我实现需求，如表 4-1 所示。

表 4-1　马斯洛需求层次理论

需求层次	名称	内容
第一层	生理需求	呼吸、水、食物、睡眠等
第二层	安全需求	人身安全、健康保障、财产安全、道德保障等
第三层	社交需求	友情、爱情等
第四层	尊重需求	自尊、自信、成就、尊重与被尊重等
第五层	自我实现需求	创造力、自我发展的能力、解决问题的能力、接受现实的能力等

马斯洛需求层次理论明确指出了人在每个不同的时期都有一种处于主导地位的需求，其他需求处于从属地位。马斯洛需求层次理论是行为科学的理论之一，它可以作为用户需求分析的理论基础与指导。

马斯洛需求层次理论具有以下特点。

- 各层需求之间有高低之分，生理需求是最低层次的需求，自我实现需求是最高层次的需求。

- 需求的实现是按从低到高的顺序进行的，一般只有低一层的需求获得满足后，高一层的需求才会产生。

- 低层次的需求为基本需求，如生理需求、安全需求、社交需求。高层次的需求是发展出来的需求，如尊重需求、自我实现需求，是在满足基本需求的基础上升华而成的。高层次的需求较为主观，当高层次的需求得到满足后，人就会更加自信，更有成就感，也就越接近自我实现的目标。

- 根据马斯洛需求层次理论，个人人格充分发展的最高境界是自我实现，而自我实现是人性的终极目标，也就是个人潜力得到了充分发展。马斯洛认为能够完成自我实现的人是一小部分人，因为自我实现的过程会受到主观和客观两方面因素的制约。

马斯洛需求层次理论在消费市场中的应用如表 4-2 所示。

表 4-2　马斯洛需求层次理论在消费市场中的应用

需求	消费市场	需求满足策略
生理需求	满足消费者最低层次需求的市场	产品具有一般功能即可，如衣服具有保暖性能等
安全需求	满足消费者安全需求的市场	关注产品对身体的影响，如食物的配料健康、服装的材质舒适等
社交需求	满足消费者社交需求的市场	帮助消费者改善交际形象，如提供服饰搭配、护肤美容建议等
尊重需求	满足消费者个性化需求的市场	产品具有差异性，有独特的卖点及象征意义
自我实现需求	满足对产品自有判断标准的消费者需求的市场	消费者有自己心仪的品牌且难以改变，对价格不敏感，因此重点是做好售前、售中、售后服务，做好客户维系与管理

需求层次低的市场竞争激烈且利润低，企业通常靠提升销量来获取利润，因为消费者对"增值服务"不苛求，只在意产品自身功能和价格；反之，需求层次高的市场，消费者对价格的敏感度低，且需求层次越高，价格敏感度越低。人们心目中的性价比通常是一个综合概念，不只在于产品自身的功能，还在于人们从产品中获取的增值服务和优越感，这与马斯洛需求层次理论相一致。

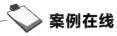

案例在线

益达"嚼出我的范"，延续品牌精髓

2021 年，益达推出全新品牌沟通战略，打破了益达的传统品牌形象，通过全新的品牌叙事和视觉形象，为益达开启了新阶段。以"嚼出我的范"为主题，此次品牌升级延续了益达的品牌精髓——自信。益达口香糖的定位是可以让人充分展现自信，这种自信就是马斯洛需求层次理论中尊重需求的体现。益达的营销团队找到了一种对自信的全新解读和演绎——有范。

为了出"范"，营销团队将营销重点放在"嚼"这个行为上，这与以往口香糖品类普遍侧重于为消费者带来立感洁净的口腔体验和清新口气的营销策略形成了对比。强调"嚼"这个行为能够帮助益达抓住更多打入消费者内心的机会，尤其是在消费者独处的场合。因为在这些场合，消费者需要的信心不是来自外部的认可，通过强调"嚼"，可以让益达在这些场合发挥新的作用。

益达率先在微博上发力，打造"嚼出范"大事件，将"万物皆在嚼"的创意，延展至古今中外名人、宠物、卡通领域。微博话题"#嚼出我的范#"（见图 4-1）更是登顶热搜，赢得各行业、各圈层头部博主的争相传播。

同时，在抖音上，消费者只需用"嚼"的动作，就可以触发益达"有范滤镜"，发现属于自己独特的"范"。在 Z 世代（即网络世代，通常指 1995 年至 2009 年出生的一代人）聚集的哔哩哔哩上，益达也开启了"嚼出我的范"视频挑战赛，借力头部博主与优质活跃的带头作用，邀请其他用户参与创作。例如，益达打造了"嚼出我的范实验室"（见图 4-2），邀请人气博主抢先示"范"，拍摄"嚼出我的范"主题视频。

图 4-1 "嚼出我的范"微博话题

图 4-2 "嚼出我的范实验室"

4.2.2　4P 理论

4P 理论是杰罗姆·麦卡锡教授于 1960 年左右提出的。无论社会如何发展，4P 理论一直是一种基础、纯粹的"实力派"营销理论，是一种行之有效的营销战略分析方法。在全媒体时代，4P 理论仍然是企业营销活动的基础框架，企业仍然需要扎实做好产品技术、产品质量、成本、服务等方面的营销工作。

4P 理论是一种营销理论，4P 即产品（Product）、价格（Price）、渠道（Place）、促销（Promotion）4 个要素。麦卡锡把复杂多样的营销简化为 4 个要素，为营销理论的发展奠定了基础。他认为，一次成功的营销活动意味着将合适的产品以合适的价格、分销渠道和促销手段投放到特定的市场。4P 理论是一种以产品销售为导向的理论。

1. 产品

产品是一切的基础，产品是商业活动的核心。产品包括实体产品及非实体服务等，泛指企业销售的所有东西。企业只有提供优质的产品，才能与时俱进，跟得上时代潮流，跟得上消费者偏好的变迁，进而赢得市场。

企业生产的产品要具有独特的卖点，其功能、质量等自身属性要优于同类产品，能够满足目标消费者的需求。另外，产品属性还包括设计、种类、品牌、包装、规格、服务等多个方面。产品是连接企业与消费者最直接的存在，消费者通过使用产品进而形成对企业的印象，良好的产品体验会促使消费者继续购买该企业的产品；企业通过产品向消费者传达信息，树立并维持企业的良好品牌形象。

2. 价格

价格是指企业出售产品的价格，合理的价格可以提升产品在市场上的竞争力。产品价格是产品价值的货币表现形式，企业应根据目标市场的差异制定不同的价格策略，以实现营销目标。定价是企业的一种营销策略，企业常用的定价方法有竞争比较法、成本加成法、目标利润法等。无论如何定价，价格都传递着商品或服务的信息，"质优价高，质劣价低"是总体的定价原则。

在 4P 理论中，产品和价格都是价值传递的内容。企业开展营销的本质就是向消费者传递信息，让更多的人认识企业品牌和产品，让人们觉得企业提供的产品品质上乘、价格合理，以吸引更多的人购买产品，从而实现营销的目的。

3. 渠道

渠道是指产品从生产企业到达消费者的一系列中间环节。进入全媒体时代，企业开始尝试多种营销模式，希望通过减少中间环节，以更低的价格来争夺市场份额。借助信息技术，越来越多的企业开始直接连接消费者，省去部分中间环节，给企业与消费者留出更多的利益空间。目前，企业除了注重分销渠道的建设与管理，还应重视网络销售渠道的建构及销售培训等。

4. 促销

促销是指企业利用各种信息传播手段刺激消费者的购买欲望，促使消费者购买的过程。促销不仅包括产品销售，还包括企业宣传、公关等多种营销行为。通常意义上的促销指的是针对普通消费者开展具有一定优惠的集中销售活动，如节日促销活动，通过优惠价格大量销售产品，提高企业的知名度，提升企业的市场份额。

4P 理论是站在企业的角度来思考企业要生产何种产品、期望获得多少利润、要以怎样的卖点对产品进行传播和促销，并选择以怎样的路径来销售产品的。其忽略了消费者作为购买者的利益特征，忽略了消费者是整个营销服务的真正对象。

4.2.3　SWOT 分析

SWOT 分析是企业对市场营销环境进行分析时常用的方法之一。SWOT 分析是指企业系统地考虑其内部条件与外部环境，将内部条件与外部环境各方面进行综合和概括，进而分析优势与劣势、面临的机会与威胁的一种方法。通过 SWOT 分析，企业可以得出是否应该进入及如何进入一个新的业务领域的结论。

SWOT 由优势（Strengths）、劣势（Weaknesses）、机会（Opportunities）、威胁（Threats）4 个英文单词的首字母组合而成。其中，优势和劣势来自企业内部，而机会和威胁则来自外部环境。

● S 即优势，指的是相对于竞争对手，企业所具有的如科学技术、产品质量、资金实力、企业形象及其他方面的优势。

● W 即劣势，指的是影响企业经营效益的不利因素和特征，如设备陈旧、管理不善、研发落后、销售渠道不畅等。

● O 即机会，指的是在外部环境变化趋势中，对本企业营销有利的、正向的方面，如新产品、新市场、新需求等。

● T 即威胁，指的是在外部环境变化趋势中，对本企业营销不利的方面，如新的竞争对手出现、替代产品增多、行业政策发生变化、经济衰退、消费者偏好改变、出现突发事件等。

开展 SWOT 分析，首先是通过调查将与企业密切相关的内部的优势、劣势和外部环境的机会、威胁分别罗列出来，并按照矩阵形式进行排列。其中，先排列对企业发展有直接、重要影响的因素，而后排列间接、影响较小的因素。SWOT 分析图通常被设计成一个 2×2 矩阵，如图 4-3 所示。

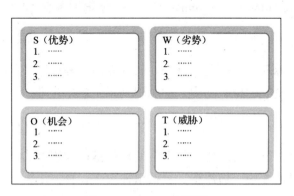

图 4-3　SWOT 分析图

然后，将列入矩阵的各种因素进行相互匹配和综合分析，从中找到优势与机会的交集，即选择 SO 型战略，以确定企业的定位和未来中长期发展目标。经过 SWOT 分析确定的 SO 型战略，通常被直观地设计成两个圆形的重叠部分，如图 4-4 所示。

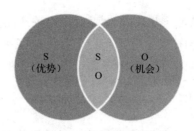

图 4-4　SWOT 分析确定的 SO 型战略

当然，企业可以根据自身情况和所处的外部环境情况，选择利用机会、克服劣势的 WO 型战略，或者利用优势、规避威胁的 ST 型战略；甚至在内外交困、万不得已的情况下选择 WT 型战略，即清理、退出，或者向强于自己的竞争者低头，先卧薪尝胆再寻找机会东山再起。

SWOT 分析的意义在于扬长避短、趋利避害，为企业营销决策提供有价值的逻辑分析，帮助企业认识自身的优势和劣势，让企业了解外部环境中潜藏的机会和威胁。作为一种定性分析方法，SWOT 分析虽然直观、简便，但不可避免地带有精度不够的缺陷，且因判断的主观性较强，对同一情况，不同的人使用这种方法可能会得出不同的结论。

因此，在进行 SWOT 分析时要注意这一方法的局限性，在罗列作为判断依据的各种内外部因素时要真实、客观，并以定量数据做支撑，以弥补 SWOT 分析的不足，使战略选择更加科学、合理。

4.2.4　企业识别系统

企业识别系统（Corporate Identity System，CIS）又称企业标识系统、企业形象战略。CIS 是企业将其经营理念、经营行为、视觉形象、听觉形象，以及一切可感受的形象实行统一化、标准化与规范化的科学管理体系。

CIS 由三个识别系统组合而成，即理念识别系统（Mind Identity System，MIS）、行为识别系统（Behavior Identity System，BIS）、视觉识别系统（Visual Identity System，VIS）。

1．理念识别系统

理念识别系统又称理念统一化，是企业长期发展过程中形成的，具有独特个性的价值观念体系，是企业发展的根本动力。理念识别系统包括企业的经营理念、精神标语、方针政策、文化等。

2．行为识别系统

行为识别系统又称行为统一化，是企业发展的基础和原动力，它规划着企业内部的管理、教育及企业对社会的一切活动，包括精神状态、身体语言、符号、工作氛围等。

3．视觉识别系统

视觉识别系统又称视觉统一化，它是企业所独有的一整套识别标志，是企业理念外在的、形象化的表现。它是 CIS 的具体化、视觉化，包括企业 Logo、企业名称、企业标准字、企业标准色调、企业象征图形等元素，并被应用于产品、包装、办公用品、交通工具等。这些视觉元素一方面组成了企业的视觉识别系统，另一方面又直接影响着人们的视觉感受，影响着人们对企业的印象。

CIS 的这三个方面相互联系，相辅相成，不可分割。如果将 CIS 比喻成一棵树，其中理念识别系统就像树根，行为识别系统就像枝叶，视觉识别系统就像花果。理念识别系统是基础和源泉，行为识别系统是保障和行为，视觉识别系统是外在表现，三者融为一体，才能使企业形象统一且强劲有力、深入人心。

 知识链接

企业实施 CIS 的时机如下。

（1）企业创业的时候或者是创业纪念日。企业刚成立时就可以启动 CIS，如果当时没有做出来或者做不出来，也可等到创业纪念日再启动。

（2）企业合并或企业集团形成，要塑造新的 CIS。

（3）当企业的经营方针有重大改变，希望引起社会各界注意的时候，可以启动 CIS，而且要隆重推出，使大家知道企业虽然是老企业，但经营方针已有重大的改变。

（4）企业经营范围扩大或多元化经营时可以推出新的 CIS。

（5）企业新产品问世时，同时推出新的 CIS。

（6）企业开拓海外市场，国际化发展时，是启动 CIS 的好时机。

（7）为了增强企业的时代感，让大家都知道企业顺应时代潮流，走在行业前列，可推出新的 CIS。

（8）企业改善经营体制，可向消费者宣布新的 CIS。

（9）企业想增强市场竞争力也可以利用 CIS。

（10）当企业面临一些负面影响，想要改变社会公众对企业的不良印象时，应慎重地推出新的 CIS。

4.2.5 波特五力模型

波特五力模型是美国管理学家迈克尔·波特提出的，它将行业竞争中众多复杂的因素简化成了 5 种核心因素，帮助企业来分析行业的竞争态势。该模型包含 5 种竞争力量，即新进入者的威胁、供应商的议价能力、替代品的威胁、购买者的议价能力、现有行业竞争者。波特五力模型如图 4-5 所示。

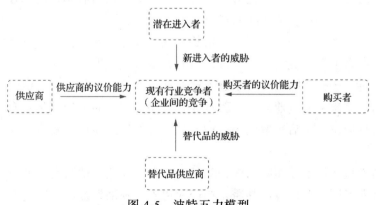

图 4-5　波特五力模型

针对不同的企业或不同的行业，上述 5 种竞争力量的重要程度与基本特征也会存在不同。波特五力模型的 5 种竞争力量具体如下。

1．新进入者的威胁

潜在进入者如果进入行业成为新进入者，一般会从两方面减少原有企业的利润：争夺供应商，争夺、瓜分原有企业的客户。威胁的严重程度取决于行业的准入门槛与预期现有企业对新进入者的反应。行业的准入门槛就是进入某一行业的资本需求、规模经济、相关的政策制度、自然资源、产品差异等要素，其中一部分要素是无法复制的。预期现有企业对新进入者的反应，主要是预期现有企业可能对新进入者采取的报复手段。

面对新进入者的威胁，企业需要考虑进入本行业有哪些壁垒、它们阻碍新进入者的作用有多大、本企业怎样确定自己的地位等问题。

2．供应商的议价能力

供应商主要通过提高其投入要素价格与降低单位价值质量，来影响某一行业中企业的盈利能力与产品优势。通常情况下，一些具有比较稳固的市场地位而不受市场激烈竞争困扰的供应商，其产品有一定的特色，具有不可替代性，以至于需求方难以转换或转换成本太高。在这种情况下，供应商具有较强的议价能力。

3．替代品的威胁

两个处于不同行业中的企业，可能会由于所生产的产品互为替代品，从而产生竞争。几乎所有行业都面临着替代品的威胁，替代品限定了企业产品的最高价。

企业必须分析替代品给自身产品带来的威胁有多大；购买者转而购买替代品的转换成本是多少；企业可以采取什么措施来降低成本或增加附加值，从而降低购买者购买替代品的风险。

4．购买者的议价能力

购买者在讨价还价的过程中，通过两种方式对行业施加压力：一是要求降低行业提供的产品或服务的价格，二是要求行业提高产品或服务的质量。购买者上述两种议价方式都会降低行业利润。购买者的集中度、购买成本、替代品、转换成本等都会影响到其议价能力。

5．现有行业竞争者

大部分行业中，企业之间的利益都是紧密联系在一起的，各企业制定竞争战略的主要目标都是不断增强自身的竞争优势，以提高自身的市场占有率，所以在实施过程中必然会产生矛盾，从而导致企业之间的竞争。

现有行业竞争者的实力均衡程度、增长速度、固定成本比例、产品或服务的差异化程度、退出壁垒高低等，决定了一个行业内的竞争激烈程度。

对企业来讲，十分危险的环境是进入壁垒低、存在替代品、行业由供应商或购买者控制、行业内竞争激烈的行业环境。面对 5 种竞争力量，企业应该从自身利益出发，先占领有利的市场地位，然后采取竞争行动，从而更好地应对以上竞争力量，增强自己的竞争实力。

波特五力模型适用于较短时间内，对具有稳定产业边界的特定行业进行竞争分析。无论是分析进入者还是替代者，都需要在产业边界清晰的情形下进行，否则无法清晰定义 5 种竞争力量。

4.2.6 波士顿矩阵

波士顿矩阵（BCG Matrix）又称四象限分析法、产品系列结构管理法等，它是一种分析和规划企业产品组合的方法。这种方法的核心在于解决如何使企业的产品品种及其结构适应市场需求的变化，如何将企业有限的资源有效地分配到合理的产品结构中等问题，以保证企业的收益。这些问题是决定企业在激烈的市场竞争中能否取胜的关键。

波士顿矩阵把销售增长率和市场占有率作为产品分类的核心指标，依据这两个维度将产品划分为 4 种类型。波士顿矩阵如图 4-6 所示。

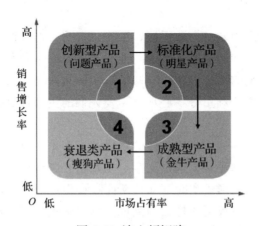

图 4-6　波士顿矩阵

1．创新型产品

创新型产品销售增长率高，市场占有率低，企业应进行扶持，以提高相对市场占有率为目标，增加资金投入，促使其尽快成为标准化产品。

2．标准化产品

标准化产品具有很大的市场份额，其有着极好的长期增长和获利的机会，企业宜采用的战略：积极扩大经济规模和持续寻找市场机会，以长远利益为目标，提高市场占有率，提升竞争地位。

3．成熟型产品

成熟型产品处于有利的市场地位，盈利率高，能够为企业提供大量资金。对于此类产品，企业宜采用收获战略，即所投入资源以达到短期收益最大化为限，进行精细化运营，维持现有市场占有率，尽量将设备投资与其他投资压缩，为其他产品储备资金。

4．衰退类产品

衰退类产品处于弱势竞争地位，销售增长率较低。这类产品处于饱和的市场当中，市场竞争激烈、获利空间较小，企业宜采用清理和撤退战略，减少批量，逐渐撤退，将有限的资源向效益较高的产品转移。

波士顿矩阵是最早的组合分析方法之一，被广泛运用于产业环境与企业内部条件的综合分析、多样化的组合分析、大企业发展的理论依据分析等方面。它可以将企业不同的经营业务综合在一个矩阵中，具有简单明了的效果。波士顿矩阵指出了每个经营单位在竞争中的地位、作用和任务，从而使企业合理配置资源，提升企业效益。

4.3 营销方法

在全媒体时代，营销方法多种多样，企业可以根据自身的需求和目标选择合适的方法进行营销推广。同时，企业应不断创新营销方法，以适应市场变化，提高自身竞争力。

4.3.1 口碑营销

口碑营销是指企业运用各种有效手段，引发目标用户对其商品、服务及企业整体形象进行讨论，并激励他们向其周围人群进行介绍和推荐的一种营销方法。这是一种特殊的营销方法，不同于传统的广告宣传，其基于真实的用户之间的交谈。口碑营销是一种口口相传的营销方法，主要利用分享心理来引发人们的主动传播欲望，具有灵活性强、可信度高的特点。

目前，口碑营销已经发展成一种成熟的现代营销理论。口碑营销将口碑与网络营销相结合，利用各种社交媒体平台，通过文字、图片、音频、视频等载体传播商品或服务的口碑，使企业与用户之间形成实时互动，从而赢得用户的信任。

实施口碑营销，企业不仅可以提高商品或品牌的曝光度，还可以提升用户忠诚度。口碑营销需要经历打造口碑、传播口碑、维护口碑的过程，了解这一过程有助于营销人员把握开展口碑营销的方向和进程。

1．打造口碑

口碑营销的第一步是打造口碑，不同形式的口碑所具有的营销效果会有所差别。口碑的形式主要有经验性口碑、继发性口碑和有意识口碑。

（1）经验性口碑，常见且有力的口碑形式，它建立在用户对某种商品或服务的直接感受上，一般表现为用户对商品的使用反馈。

（2）继发性口碑，用户直接感受传统营销活动所传递的信息或所宣传的品牌时形成的口碑，如在线下开展商品体验活动时形成的口碑。它对用户的影响比广告对用户的影响更大。

（3）有意识口碑，企业利用名人代言，为商品上市打造的正面口碑。其效果与名人的影响力密切相关。

2．传播口碑

口碑需要传播才能广为人知。口碑营销一般建立在良好的商品或服务质量上，企业通过提升用户体验，促使用户主动传播口碑。要想让用户自发地传播口碑，企业应从以下几个方面入手。

（1）商品

口碑营销能够为企业带来巨大的商机，其前提是企业有质量过硬的商品，如果没有优质商品做支撑，口碑营销很难实现其最终价值。因此，企业要想采用口碑营销的方式，就要打造出让用户认可的好商品。

（2）用户

用户是口碑传播重要且关键的一环，用户满意度影响着其自主传播行为的发生，以及传播信息对商品或品牌的有利程度。因此企业要努力提升用户满意度，可以从用户体验、服务细节等方面入手。

（3）品牌故事

相比于单纯的广告，故事的感染力更强、传播速度更快，企业应注意通过传播正面的、积极的品牌故事，促进品牌口碑的传播。

（4）渠道

企业想要形成口碑效应，就要选择合适的传播渠道来传播口碑。传播渠道的选择主要由商品和商品的目标用户特征来决定。

3. 维护口碑

实施口碑营销时，如果操作不当，就会给企业或品牌带来负面影响。维护口碑可以从两个方面出发：一是严把商品质量关，用心做好服务；二是注重用户反馈。

4.3.2 借势营销

借势营销是一种极为常见的营销方法，是企业利用用户喜闻乐见的内容和热点吸引他们的关注，然后借助其自身的传播力，潜移默化地引导用户进行消费的营销方法。借势营销是借助某一热点事件将商品或品牌和事件建立联系，引发人们广泛关注的一种营销方法。借势营销可以起到宣传商品、传播品牌和聚集粉丝的作用，一般可以通过借势节气、节日、社会重点事件等来达到营销目的。

1. 借势营销的特点

借势营销具有以下特点。

● 传播速度快。通过关联热点事件，品牌在短时间内就会获得较高的关注度，相关商品的销量会爆炸式增长。

● 营销成本低。热点事件本身自带巨大流量，而借其"势"能够以较低成本获得流量红利，企业要顺势引导用户，从而达到营销的目的。

● 容易塑造记忆点。借势营销容易塑造品牌或商品与热点事件相关联的记忆点，每当用户看到这个热点事件，就会联想到企业的品牌或商品。

2. 借势营销的实施

企业在开展借势营销时，需要注意以下几点。

● 把握时效性。热点事件通常时效性短，企业要注意把握黄金营销期，快速做出反应，快速策划创意与方案，快速发布、抢占先机，做到"稳、准、狠"。

● 注重差异化，创意营销信息。在某一时间段内，会有多个企业或品牌实施借势营销且营销信息具有相似性，要想从众多营销信息中脱颖而出，吸引更多用户的注意，用户人员就必须注意打造差异化营销信息，将商品或品牌完美融入事件中，从而让用户对品牌产生更深刻的印象，提升商品或品牌的竞争力。

● 以用户为核心。在营销时必须以用户为核心，只有让借势营销的内容打动他们，才能保持品牌与用户之间的互动交流，进而扩大营销范围，增强营销效果。

- 服务于品牌战略。借势营销要以提升品牌名誉度和用户忠诚度为目的，并服务于长期的品牌战略。

4.3.3 情感营销

情感营销是从用户的情感需要出发，寓情感于营销之中，从而唤起用户的情感需求，激发用户心灵上的共鸣，与用户建立起情感连接的一种营销方法。企业开展情感营销，要找准情感连接点，赋予商品或品牌情感，并选择合适的情感主张与载体。

1. 找准情感连接点

情感连接点就是商品或品牌能够与用户产生情感共鸣的点，找准情感连接点的关键在于发现并放大用户潜在的情感因素。情感连接点又称情感触点，即利用亲情、友情、爱情等情感触动用户，使其产生认同感、同理心等。在全媒体时代，企业要全面考虑如何更好地让用户共情，如场景化共情、利益共情、情怀共情、视觉化共情等。

例如网易云音乐年度报告，该报告让用户回忆一年中有多少时间沉浸在音乐世界里，又有多少情绪起伏。对平台来说，只需提取用户在平台中的现有数据，就能让用户知道自己花在音乐上的时间、金钱有多少，顺便提醒用户音乐在生活中的重要性。通过精准的共情触达，品牌能将商品的工具属性进一步升级为"陪伴属性"。

2. 赋予商品或品牌情感

赋予商品或品牌情感是使商品或品牌与用户建立情感连接的有效方法。在通常情况下，企业可以对商品进行情感包装，或者选择能够传递情感的广告语，以及提供贴心的服务等。

- 情感包装。从商品的包装材料、图案、色彩、造型等入手，赋予商品独特的风格和特殊的内涵，给用户带来不同的情感体验，从而引发用户的好感和心理认同，激发用户的购买欲望。

- 广告语。企业应选择能与用户产生情感共鸣的广告语，一方面消除用户对广告的抵触心理，另一方面引发用户现实或潜在的需求。

- 服务。良好的服务包括严肃、真诚地处理问题，及时、高效地兑现承诺，随时为用户答疑解惑，让用户感到被尊重、被重视，这样才能提高用户对品牌的好感度与忠诚度。

3. 选择合适的情感主张与载体

人类的情感元素有很多，除了亲情、友情、爱情，还有勇敢、不轻言放弃、珍惜当下、热爱生活等美好品质和情感主张。企业在进行情感营销时，要选择易引发目标用户关注、易打动目标用户的情感元素。在选择载体时，要注意考虑品牌或商品属性能否与情感主张紧密相连。

物品消费的时代已经过去，现在已经进入情感消费时代，如今"我买我高兴""我买我愿意"已经成为一种主流的消费方式。用户的情感需求是多种多样的，企业应根据自身商品特征与品牌的实际情况，不断挖掘用户的情感需求，并制定与之相适应的情感营销策略，这样才能把情感营销的作用发挥到极致。

案例在线

温氏食品发布《守味人2》，讲述陪伴、爱与传承

在某年的新春时节，温氏食品与人民网联合发布了新春微电影——《守味人2》，讲述了一个有关陪伴、爱与传承的故事。

主人公三春创业失败后，想子承父业，回乡办养鸡场，遭到父亲反对。于是，他和朋友做了秘密计划，偷偷买下了父亲想要转让的养鸡场。但到了吃年夜饭的时候，三春才知道他的计划早就被父亲看穿。

微电影的最后有这样两句话："最爱你的人 就是一直陪在你身边的人""温氏食品 已守护中国家庭餐桌 40 年"，如图 4-7 所示。这两句话点明了品牌与陪伴的关联。

图 4-7 《守味人 2》画面截图

温氏食品的微电影通过一个小故事引起消费者对家的味道的回忆，并隐蔽地完成了关键信息的传达：首先告诉消费者温氏食品是做什么的，其次让品牌与消费者之间产生关联，最后在片尾唤起消费者的情感共鸣——温氏食品已守护中国家庭餐桌40年，可以如家人般长久陪伴消费者。

4.3.4　饥饿营销

饥饿营销是指商品提供者有意调低产量，以期达到调控供求关系、制造供不应求的情况、维护品牌形象，并维持商品较高售价和利润率目标的营销策略，常用于商品或服务的商业推广，普遍用于奢侈品行业。饥饿营销的主要目的是提高商品销量，以及商品的关注度、知名度与附加值，树立具有强大号召力和影响力的品牌形象。

1．饥饿营销的实施步骤

实施饥饿营销一般会经历以下 4 个步骤。

（1）引发关注

要想实施饥饿营销，第一步就是引发用户的关注。用户关注了，才有进一步购买的可能。而要想引起用户的关注，需要具有吸引力的商品或优惠活动，如免费试用商品、赠送礼品等。

（2）建立需求

企业要在营销信息中融入一定的价值观念，促使用户产生需求，激发用户的购买欲望。

（3）建立期望值

引发用户关注后，企业还需通过描述细节、亮点、适用场景、稀缺程度等，引起用户的好奇心，帮助用户建立一定的期望值，使用户对商品的兴趣和购买欲越来越强烈。

（4）设立条件

最后一步就是设立活动条件，如购买时间、商品数量等。只有这些条件都达到，具备可操作性，饥饿营销才能恰到好处，从而为企业带来效益。

2．饥饿营销的实施基础

饥饿营销是一把双刃剑，适度的饥饿营销可以提高商品的销量，提升品牌的知名度，但过度的饥饿营销，可能会使用户产生被欺骗的感觉，从而引起用户的厌恶与反感，以致拒绝购买商品。饥饿营销要想取得成功，有赖于以下基础。

（1）严控商品质量

开展饥饿营销的企业必须严格把控商品质量，拥有良好的品牌声誉。只有优质的商品、良好的企业形象，才能吸引用户的关注。

（2）引发心理共鸣

商品质量再好，也需要用户的认可与接受，拥有足够的市场潜力，饥饿营销才有施展的空间。企业要不断挖掘用户的痛点，探究用户的欲望，以求商品的功能性利益。品牌个性、品牌形象、情感关系的打造要符合目标用户的心理，引发其心理共鸣，这是饥饿营销得以实现的根本。

（3）宣传造势

与其他营销方法相比，饥饿营销的核心特点是"吊用户胃口"。这就需要在宣传造势上做好充分准备与铺垫，企业可以选择制造悬念、烘托氛围、定金认购等营销手段，但要注意把控好尺度，过度操作只会使用户丧失兴趣，适得其反。

（4）把握时机

信息的不对称以及商品的独创性是成功实施饥饿营销的关键。在某种商品进入市场初期，它面对的是广阔的商业蓝海，竞品相对较少，用户对此类商品的认知相对不足，因此商品容易被用户购买。企业要积极开发新的商品类目，把握最优的营销时机。

（5）做好预测

企业要准确掌握市场对商品的容量，制定出合适的价格，从而更好地实施饥饿营销。因此，在开展营销之前，企业应进行广泛的市场调研，科学推算、准确预测市场对商品数量和价格的接受度，采用最合理的定价及出货量。

（6）完善服务

饥饿营销的营销模式与常规营销相比，能给用户一种心理上的"被控制感"，长期实行该营销手段可能会导致用户信心疲软，所以建立好兜底机制就显得愈发重要。兜底机制可以是优化售后服务与服务体验，也可以是保修期的延长与配套设施的建立等。

4.3.5　IP营销

IP（Intellectual Property，知识产权），指通过创造性智力劳动所获得的成果，并且是由智力劳动者对成果依法享有的专有权利。IP营销是指企业通过打造独有的情感、情怀、趣味等品牌内容，持续输出价值，聚集用户，使其认同品牌的价值观，对品牌产生信任，从而获得长期用户流量的一种营销方法。很多企业经常借助IP来填充自己的品牌内容、延伸品牌内涵，如今IP营销已成为企业常用的营销手段。

IP营销主要包括3个阶段，即塑造IP、传播IP和IP变现。

1．塑造IP

塑造IP是IP营销的基础，而要想成功塑造IP，营销人员需要把握两个要点：一是选择IP人格的载体，二是打造IP的价值。

（1）选择IP人格的载体

选择IP人格的载体有双重含义：一是将IP人格化，使其便于识别；二是寻找IP的载体，这一载体通常是商品或品牌。选择IP人格的载体也就是选择适合用于IP营销的商品或品牌。企业应准确定位自身商品，然后结合目标用户画像，选择合适的载体，塑造IP。

（2）打造IP的价值

一个受欢迎的IP能够吸引众多用户的关注，能够扩大企业的影响力和品牌的知名度，对推广新商品、开展营销活动等都有着积极的作用。想要实现这样的效果，就需要打造IP的价值。IP需要与用户产生情感共鸣才会有价值，"有情、有利、有趣、有思"的IP一般更容易与用户产生情感共鸣。

2．传播IP

传播IP的目的是扩大IP的影响力，吸引更多用户关注，迅速增加用户数量。传播IP的过程其实就是输出内容和引流的过程。

（1）输出内容

输出内容时，可以针对IP本身进行输出，也可以联合其他IP进行输出。例如，故宫本身就是一个大IP，不仅通过发布相关纪录片等开展营销，还与其他品牌进行联名，持续输出故宫文化的相关内容。需要注意的是，在进行内容输出时需要不断创新，否则用户就会产生疲惫感，甚至出现用户流失。

（2）引流

IP是自带流量的，所以在开展IP营销时，可以选择多渠道同时进行营销，以提升内容的价值，实现全方位的引流。

党的二十大报告提出："加强知识产权法治保障，形成支持全面创新的基础制度"。高价值知识产权的创造是高质量发展的新动能，知识产权的市场化运营是高质量发展的润滑剂，知识产权保护工作则是高质量发展的重要保障。在全媒体时代，提倡内容创新、鼓励原创作品，开展 IP 营销要从用户群体的需求出发，打造独特优质的内容。企业要从用户的精神层面出发，赢得用户的心理认可，才能真正做好品牌与 IP 的营销传播。

3．IP 变现

任何一种营销方法的最终目的都是变现，对于开展 IP 营销的企业来说，变现可以通过出售衍生品、与其他 IP 联名等形式实现。例如，三星堆博物馆不仅通过售卖门票来变现，还通过在网上销售带有三星堆元素的文创作品来变现。

4.4 营销渠道

营销渠道是指商品或服务从生产者向消费者转移过程中，所经过的一切取得所有权或协助所有权转移的商业组织或个人。简单来说，营销渠道就是商品或服务从生产者向消费者转移过程中的具体通道或路径。随着互联网的发展，营销渠道日益多样化，目前主要有付费渠道、平台渠道和专项渠道。

4.4.1 付费渠道

渠道是获取新用户的重要途径，渠道的选择是营销工作的重点。付费渠道又分为线上付费渠道和线下付费渠道。

1．线上付费渠道

线上付费渠道即互联网广告，主要包括搜索引擎广告、信息流广告和网络视频广告等，这些广告能与用户直接互动，如用户可以直接通过百度关键词广告进入企业官网，因此可以直接为企业带来潜在目标用户。这些广告通常是按浏览量来计费的，所以又称为流量型广告。

2．线下付费渠道

线下付费渠道主要通过线下方式吸引新用户，如灯箱广告、聚屏广告、户外广告、地铁广告、公交车车身广告、出租车广告、杂志广告、电梯广告、电台广告等。这类广告对提升品牌认知度和好感度有明显效果，但很难与用户直接互动，几乎不会为企业直接带来潜在目标用户，所以这类广告又称为传统广告或品牌型广告。这些营销渠道一般需要企业长期投放才能累积效果，且用户注意力分散、转化率低。

4.4.2 平台渠道

随着互联网的发展，平台渠道越来越多，主要分为社区、自媒体、App 等类型。

1．社区

社区分为综合类社区和垂直类社区，不同类型的社区聚集的用户类型也不同。微博、贴吧、知乎等虽然也有细分垂类，但产品整体定位包罗万象，属于综合类社区。而垂直类社区往往专注于某一类内容，例如，应用商店里的社区主要是用于对硬件、软件兴趣浓厚的用户交流的平台，游戏社区是用于对某一类游戏感兴趣的用户交流的平台，母婴社区是讨论母婴相关话题的平台。企业应先做好产品定位，分析目标用户特征，以确定是在综合类社区还是垂直类社区进行内容或活动的发布。

2．自媒体

自媒体指的是在平台上通过某一类内容吸引用户主动订阅和传播的媒体形式。自媒体平台主要有抖音、快手、哔哩哔哩、小红书等。与传统媒体不同，自媒体的内容创作门槛低，可选择范围较广且自带某一类用户特征。企业在推广新产品时，可以寻找某一类自媒体账号进行投放或内容合作，以达到宣传推广、获取新用户的目的。

（1）抖音具有流量大、用户多、用户活跃度高、用户黏性强等特点，主要是年轻人分享生活、表现自我的平台。它是一款符合大众需求的新媒体工具，其移动化、互动化及可视化的特点满足了用户日常休闲、娱乐、社交等多种需求。

（2）快手以"每个人的生活都值得被记录"为口号，鼓励普通用户上传原创生活视频，分享自己的生活日常和所见所闻。它主要以创作者为导向，用户上传视频的意愿更强，社交属性更强。目前，快手已经发展成为一个充满包容、信任的商业新生态，体现出充满烟火气和人情味的社区新文化。

（3）哔哩哔哩是针对特定群体建立起的潮流文化社区，其用户群体以"90后""00后"为主，他们普遍具有文化自信、道德自律和较高的知识素养。在哔哩哔哩上，用户可以找到与自己志同道合的人，并且以相同的兴趣爱好进行沟通交流，以视频为信息载体加深彼此的联系。哔哩哔哩还引入了很多知名的媒体，通过创作的优质作品吸引了不同年龄层的用户。

（4）小红书是一个生活方式平台和消费决策入口，它通过用户线上分享消费体验，引发社区互动，并推动其他用户线下消费，反过来又推动更多用户线上分享，最终形成一个正循环。小红书以"种草"笔记、"带货"直播、小红书商城为核心，发展内、外部商业闭环，满足平台用户和品牌商家的多样化需求。

 案例在线

小米公司建立全媒体营销渠道

小米公司很早就在利用全媒体营销手段打造自己的品牌，在新媒体平台上建立了以品牌为中心，延展至产品、服务、企业领导的品牌及企业集群的多渠道营销模式。小米公司开展全媒体营销活动的主要平台是微博、微信、抖音、快手等（见图4-8），在多个平台上发布消息，实时更新信息，并与粉丝互动。

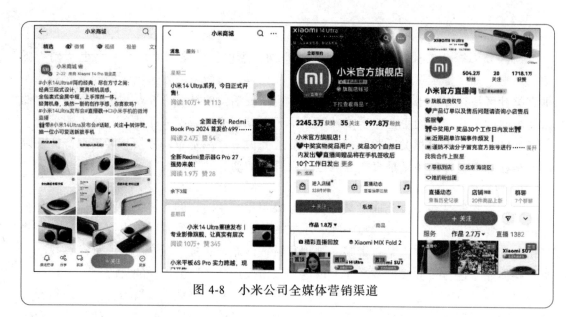

图 4-8　小米公司全媒体营销渠道

3. App

在 App 上进行营销推广的方式主要是 App 互推，App 互推比较适合成熟型企业。此类企业用户数量比较稳定，可以根据用户数据分析出不同类型用户的需求，进而通过满足新的用户需求孵化出新的产品，以此类推，已孵化的产品逐渐形成矩阵，通过巨大的用户量向新孵化出的产品输送新用户。

用 App 互推来推广、吸引新用户，比较典型的案例就是今日头条。在今日头条发展成熟后，孵化出了抖音、西瓜视频等新平台，后来又针对用户制作视频的需求推出了剪映等视频工具。因为已经拥有了大量用户、了解了用户需求类型，所以无论是在用户转移方面，还是在新产品的用户获取方面，App 互推都是性价比很高的方式。

4.4.3　专项渠道

无论是付费渠道，还是平台渠道，都属于比较常规的渠道，而第三类渠道比较特殊，称为专项渠道。选择此类渠道时，企业需要考虑不同生命周期中产品自身的实际情况，才能达到预期的营销效果。专项渠道主要包括名人代言、知名博主推荐、社群裂变、事件营销等。

1. 名人代言

名人代言体现出的价值主要有两个方面：一是名人作为公众人物能够形成产品背书，更容易使用户产生信赖感；二是名人自带流量，其高关注度及粉丝忠诚度有助于实现较高的用户转化率。

名人代言有不同类型，常见的类型是广告代言。代言对象以实物产品居多，如化妆品、快消品或数码类产品等。而随着线上产品的丰富，越来越多的产品在与名人谈代言合作时选择让名人更深入地与产品结合。

例如，小红书在产品成长期，邀请了一系列有特点的女性名人入驻平台。这类名人代言不是简单的广告代言，而是作为用户实际使用产品，进行内容分享。由于名人自带话题属性，所以平台流量与名人流量相叠加可以达到更好的传播效果。

2．知名博主推荐

与名人代言相比，知名博主的优势在于可选范围广、覆盖用户群体垂直且价格可控。以美妆产品为例，某品牌在新款口红推出之际，邀请多位知名美妆博主从多角度对这款口红进行了传播，让此款口红销量飞速上涨，这就是知名博主推荐带来的效应。

3．社群裂变

社群裂变也是一种重要的推广拉新的营销渠道。从严格意义上来说，建立社群的目的并不是获取新用户，而是将已经初步了解产品的用户聚合起来，以便挑选核心用户和维持用户活跃度。但是，从用户增长的角度来看，社群裂变的力量不可忽视，一个运转良好的社群也是一个非常好的用户增长渠道。社群内的用户是精心运营过的，他们推广产品的积极性会高于普通用户，所以社群裂变也被列为获取新用户的专项渠道。

4．事件营销

当企业发布新产品或发布产品某项新功能，想让新用户了解其产品价值时，会通过策划一系列现象级事件来引起话题讨论，这种方式称为事件营销。事件营销的价值在于通过事件吸引潜在目标用户的关注，因此可以说事件也是销售产品的一种工具。

 知识链接

事件营销的主要特点是短期性、独特性、体验性、沉浸性、话题性、传播性。它能通过有趣、有价值、足够自然的交互方式，让消费者更好地了解品牌、产品或服务，以达到提高消费者忠诚度、发掘潜在客户、推广品牌、促进销售等目的。

事件营销有多种形式，如新品发布会、体育赛事赞助等。

（1）新品发布会

发布新产品不同于宣传已有产品，发布会的关注点在新产品的概念、理念、未来发展等方面，重在为消费者精心描绘关于品牌传统、未来、愿景的清晰画面。

为了让消费者感受到品牌的实力，发布会需要有一定的场面，这意味着需要在场地、音响、嘉宾、装饰、礼品、饮食等方面做好准备，以给人们留下深刻的印象。

（2）体育赛事赞助

体育赛事赞助一般成本很高，但效果非常好。品牌可以将赛事观众作为特定消费人群，通过在场馆内外设置宣传、赞助活动等形式，推广自身品牌、产品或服务。

4.5　全媒体整合营销

随着互联网与信息技术的发展，越来越多的企业以互联网为载体，以符合网络传播的方法和理念来开展营销活动，实现提升企业效益、增强品牌影响力的目标。整合营销正切合当下企业营销需求，是一种领先的营销方法，能够达到出色的营销效果。整合营销理论产生和流行于 20 世纪 90 年代，是由美国市场营销学教授唐·舒尔茨提出的。整合营销就是根据企业的目标设计战略，并支配企业各种资源以达到战略目标。

4.5.1　整合营销的概念

整合营销是一种对各种营销工具和手段的系统化结合，根据环境进行即时性的动态修正，以使交换双方在交互中实现增值的营销理念与方法。整合营销是以消费者为核心重组企业行为和市场行为，综合协调地使用各种形式的传播方式。整合营销以统一的目标和统一的传播形象，传递一致的产品信息，实现与消费者的双向沟通，迅速树立产品、品牌在消费者心目中的地位，建立品牌与消费者长期、密切的关系，有效地达到广告传播和产品行销的目的。

在全媒体时代，整合营销可以让每个营销渠道互相关联，相辅相成，一方面使广告、促销、公关、直销、包装、新闻报道等一切传播活动都被纳入营销活动的范围之内，另一方面则使企业将统一的资讯传递给消费者，快速在消费者心中树立起良好的企业形象。

整合营销的关键在于"整体大于部分之和"，能够实现"1+1 > 2"的营销效果，确保价值创造、传递及传播的多种手段以最好的方式被采用和组合。整合营销有两大核心主题，一是营销活动多样化，可以创造和传递价值；二是没有孤立的单项营销活动，所有营销活动都互相关联，因为整合营销需要考虑整体的传播效果。

了解并掌握整合营销传播过程的要素，有助于企业真正实现整合营销的效果。整合营销传播过程包括 4 个要素，即接触、多样化、一致性和建立关系。

- 接触。接触是指企业使用各种传播方式与方法接触消费者，让消费者对产品或品牌有基本的认知，进而产生好感。简单地说，就是让消费者知道并认识产品或品牌。
- 多样化。多样化是指传播方式的多样化。在传播过程中需要注重每一种传播方式触达消费者的比例，评估多样的传播方式是否能够覆盖预计的目标市场，并评估不同传播方式之间的重叠率，以期找到最佳的传播渠道矩阵。采用多种不同的传播方式有助于丰富品牌营销的价值，实现互补效应。
- 一致性。一致性是指传播信息、意义及产生共同联想的一致性，即传播一致性。达成品牌形象的一致性和凝聚力是传播一致性的最终目标。在整合营销过程中，传播的信息对某些消费者来说是全新的，而对另一部分消费者来说可能是已知的。传播一致性要求营销对不同类型的消费者都应是有效的。
- 建立关系。建立关系是指企业和消费者建立关系，并最终影响消费者行为。企业应通过与消费者的接触和多样化的传播方式，传递一致的品牌价值和意义，最终与消费者建立长期关系，提高消费者的忠诚度，实现企业最终的营销目的。

4.5.2　整合营销的优势

整合营销理论是在信息经济和全球经济一体化的新经济中发展起来的，其产生和发展符合当今世界经济发展潮流及其对现代企业的市场营销活动所提出的新要求。整合营销的优势主要体现在以下几点。

1．传播方式多样化

整合营销是企业营销发展的必然结果，在网络信息时代，整合营销备受企业青睐。新媒体的出现为整合营销的发展带来诸多的优势与便利。新媒体可以产生良好的双向互动效果，使品牌传播、品牌创建更加精准；可以利用多媒体、多渠道强化传播效果，增强用户的体验感。

在新媒体平台上，整合营销传播方式更加多样化，包括口碑传播、形象传播、数据传播、公众传播等，各种传播方式之间存在着紧密的联系，并非各自独立。新媒体通过多媒体渠道，利用丰富的内容表达形式，将企业的亮点直观地展示出来，表现力更强，视觉冲击力更大，更能吸引用户的关注与兴趣，所以能够达到更好的传播效果。

2．资源配置合理化

整合营销能够优化企业资源配置，提高企业经济效益。它通过对内一体化，加强企业内部的管理，统一使用企业极其有限的资源，协调各部门、各环节的工作，从而提高资源的利用率，减少企业内部的不经济因素，降低企业的经营成本，有利于提高企业的经济效益，进而有利于企业的外部整合。它通过对外一体化，合理地利用外部资源，优化企业外部环境，减少企业外部的不经济因素，从而有利于提高企业的整体经济效益。

3．内部管理统一化

整合营销有利于企业上下各层次、各部门的统一管理，整合营销的核心是内部管理统一化。企业一旦确定营销观念、营销决策、规划和具体计划目标后，便会层层分解、落实和贯彻到每个环节和每项工作，促使内部管理统一化。

4．客户服务全面化

整合营销所倡导的系统化、组合化、优化的营销理念有利于企业全面满足消费者的需求，通过内外一体化，降低成本，提升为消费者服务的水平，更好地满足消费者的需求，同时企业也在服务消费者的过程中不断发展壮大。

4.5.3 整合营销的表现形式

整合营销是将市场运营与营销有关的一切传播活动统一起来的营销过程。整合营销需要遵循统一的品牌核心理念，不断挖掘更多、更深的与消费者的沟通触点，从而实现有节奏的传播。在新媒体时代，整合营销的形式更加多样化，如形象营销、关系营销、精准营销等，传播手段更加多元，传播方式更加复杂，传播效果也更加明显。

整合营销有着不同的表现形式。

1．认知的整合

认知的整合是实现整合营销的首要层次，要求营销人员认识或明确营销传播的需要。这是整合营销中最基本的表现形式。营销人员在选择媒体和投放广告时，对不同媒体类别和相同媒体的不同表达方式都应有所考虑，以助于消费者对企业形成一致的认知。

2．形象的整合

形象的整合是整合营销的第二个层次，它牵涉到确保信息与媒体一致性的决策。"信息与媒体一致性"，一方面是指广告的文字与其他视觉要素之间的一致性，另一方面是指在不同媒体上投放广告的一致性。

3．功能的整合

功能的整合是指企业把不同的营销传播方案编制出来，作为服务于营销目标（如销售额与市场份额）的直接功能，也就是说对每个营销传播要素的优势、劣势做出详尽的分析，并与特定的营销目标紧密结合起来。

4．协调性整合

协调性整合是指营销人员的推销功能与其他营销传播要素（广告、公关、销售渠道和直销等）需整合在一起，这意味着各种营销手段都被用来确保人际形式的营销传播与非人际形式的营销传播的高度一致。例如，营销人员介绍的与产品相关的内容必须与其他媒体上的广告内容协调一致。

5．基于消费者需求的整合

营销人员必须在了解消费者的需求和欲望的基础上锁定目标消费者，在给产品以明确的定位后才能开始营销策划。营销策略的整合使得战略定位的信息能够直接到达目标消费者的心中。

6．基于风险共担者的整合

营销人员应认识到目标消费者不是本企业应该传播的唯一群体，其他风险共担者也应包含在整体的整合营销战略之内。例如，本企业的其他员工、供应商、经销商及股东等都应该包括在内。

7．基于关系管理的整合

基于关系管理的整合被认为是整合营销过程中最高层次的表现形式。基于关系管理的整合就是要向不同的关系单位做出有效传播。企业必须发展有效的战略，这些战略不只是营销战略，还有生产战略、工程战略、财务战略、人力资源战略等。也就是说，企业必须在每个功能环节（如研发、生产、营销等）做出营销战略，以达成不同功能部门的协调，同时对社会资源也要做出战略整合。

4.5.4　整合营销的实施路径

整合营销通过将多元化的传播方式、营销方法等统一整合起来，发挥它们的优势，满足客户的价值需要。整合营销的过程涉及心理研究、市场营销、产品销售、广告公关等多方面内容，营销目的是加强和终端客户的联系，形成企业的核心竞争力。

一般来说，企业整合营销的实施路径如下。

1．达成观念共识

达成观念共识是顺利开展整合营销活动的思想基础与保障。企业要对员工进行理念、价值观、营销观等方面的培训，让每个部门、组织、环节和个人都对企业目标与宗旨有着明确的认知，形成以客户为中心的运作理念，使所有部门都将营销活动视为自己的责任，积极参与、配合企业的营销活动。

2．建立客户资料库

整合营销是以客户价值为导向的，客户是最重要的营销资源，所以建立客户资料库是开展整合营销的关键一环。企业只有建立并不断完善客户（现有客户与潜在客户）档案，才能随时为各营销环节或部门提供需要的客户资料，更好地与客户进行双向沟通，保证整合营销活动的各环节始终以客户价值为导向展开。

3．共享资源与信息

共享资源与信息是进行整合营销的必要手段与重要环节，即企业各部门、各职能环节之间只有最大限度地实现信息、资源的高度开放共享，才能有效避免系统内部功能重叠，提高运作效率与质量，实现企业同层次、高水平的现代化高效运营。

4．完善服务环节

随着人们消费水平的不断升级，服务在吸引和留存客户方面的作用越来越大。企业实施整合营销，必须始终确保客户导向，完善服务环节、提高服务质量，不断优化客户的消费体验。

企业应完善客户服务管理系统，及时了解客户的问题及诉求并将其反馈到各营销职能环节，分析并找出客户的真正需求，从而采取有效的管理举措。企业应提高整体服务水平，塑造良好的企业形象，增强客户的黏性，与客户建立长期、稳定的强信任关系。

5．实施整合方案

实施营销沟通的整合方案是整合营销的深化推进。在整合营销过程中，企业需要对广告促销、人员营销、直复营销、公共关系等多环节进行整合，实现与客户的有效深度沟通；利用不断涌现的各类新媒体平台打造自身独特的形象气质与品牌个性，让客户感受到企业或品牌不只是一个冰冷的符号，而是一个有温度、有故事、有个性的"人"。

对目标客户进行精准细分定位，了解他们的个性特质、沟通偏好、消费诉求等，实现有针对性、适宜、连续、有效的双向沟通；在营销沟通时，突出痛点解决方案或者最能引起客户兴趣的利益点，以对其形成更大的吸引与更有效的影响，获得连续、统一、协调、明确的营销沟通效果。

课堂实训：安慕希全媒体营销策略分析

1．实训背景

上海有一栋大楼外形酷似安慕希的包装，在小红书上引发网友热议。安慕希在得知这个消息后，迅速在社交媒体上回应称："是的，这一次我要夺回属于我的大楼。"原本以为这只是一句幽默的回应，没想到安慕希真的行动起来，夺回了"安慕希大楼"。他们在大楼屏幕上播放了整整一周的"安慕希灯光秀"，并计划进行摆摊活动，引发了网友们的热议和关注。大家纷纷为安慕希出谋划策，共同参与这场有趣的"夺回大楼"行动中。

安慕希及时发现与自身相关的话题，并积极参与其中，通过官方账号进行引导，很容易引起网友自发传播。他们不仅将一个偶然的话题变成了营销的一部分，还将其变成了一部"连续剧"，展现了品牌的创意和玩转话题的能力。

2．实训要求

请同学们分析案例中安慕希开展营销活动所涉及的营销方法和营销渠道，以深化对品牌全媒体营销策略的认识。

3．实训思路

（1）分析案例

请结合在网络中搜索的相关资料，分析案例中提到的这次营销活动都涉及哪些营销方法和营销渠道。

（2）查找相关营销案例

请搜索安慕希在网络上开展的各种营销活动，总结其使用过的各种营销策略，并分析其侧重使用的营销渠道有哪些，这对其营销有何好处。

课后思考

1．简述波特五力模型中的 5 种竞争力量。

2．简述情感营销的实施要点。

3．简述整合营销的实施路径。

第5章　全媒体营销与运营策划

知识目标

➤ 了解全媒体营销与运营的策划原则、适用领域与工作内容。

➤ 掌握市场分析的主要维度、选题策划的方法和创意思维的类型。

➤ 掌握热点选题开发与素材搜集的方法。

➤ 了解各类文案的特点，掌握相应的写作技巧。

➤ 掌握图片设计、图文排版、H5设计的原则与工具。

➤ 掌握AI写作、AI作图的方法。

能力目标

➤ 能够进行全媒体营销与运营的策划和选题开发。

➤ 能够撰写各类文案。

➤ 能够进行图片设计、图文排版和H5设计。

➤ 能够利用AI进行文案写作和图片设计。

素养目标

➤ 秉持客观性原则，坚持正确的新闻价值观。

➤ 培养善于探索新知识的能力。

全媒体营销与运营是一种多渠道整合营销与运营方式，强调利用多个渠道和媒体来传播信息，以实现更广泛的受众覆盖和更有效的市场推广。全媒体营销与运营注重互联网和数字媒体平台的运用，强调与目标受众的互动和沟通，倾向于在不同媒体上传播信息和树立品牌形象。因此，运营人员要了解全媒体营销与运营的工作内容，掌握选题策划、文案策划与写作、图片设计、图文排版和H5设计等各种运营技能，以在全媒体营销与运营工作中游刃有余。

5.1 全媒体营销与运营概述

随着互联网技术的不断发展与普及，全媒体营销与运营已经成为各行各业推广自身品牌和产品的重要方式之一。全媒体营销与运营是指企业对各种传播媒体和平台进行整合，通过联动传播和内容输出，打造立体化、多维度的宣传平台，进而实现品牌推广和宣传目标。

5.1.1 全媒体营销与运营的策划原则

在进行全媒体营销与运营之前，运营人员首先要开展策划工作，需要遵循以下原则。

1. 定位准确

在全媒体时代，用户获取信息的渠道变得更加多样化，运营人员在做策划时必须准确了解目标用户的特征和需求，通过市场调研和分析，确保全媒体营销与运营的定位与目标用户匹配，以实现精准营销。

2. 传播方式多样化

全媒体时代给予了信息传播更多的可能性，传播方式多种多样，包括电视、网站、App 等渠道。运营人员要根据产品特点和目标用户选择合适的传播方式，以多种传播方式相结合的方法最大限度地覆盖用户群体。

3. 创意突出

运营人员的策划要有较高的创意水平，创意突出的内容与活动更容易获得用户的关注，且在引发关注的同时增加品牌的曝光度，增强用户的购买意愿。

4. 数据驱动决策

在全媒体时代，运营人员要依靠数据进行决策。运营人员要通过数据分析来了解用户喜好、购买习惯和媒体消费行为，以便更好地创作内容和选择传播渠道。

5. 控制风险

运营人员要对内容运营严格把关，避免内容不当或表达不准确带来的负面影响，同时保持与用户的及时沟通，减少可能出现的风险。运营人员还要根据数据分析结果及时调整品牌推广策略，减少整体运营过程中可能出现的风险。

5.1.2 全媒体营销与运营的适用领域

一般来说，在全媒体时代，所有行业都可以借助全媒体营销与运营来获得快速发展，但考虑到全媒体的特点，全媒体营销与运营更适合以下行业。

1. 广告行业

在广告行业，运营人员的主要职责是制定广告策略和创意方案，设计和制作各种形式的广告内容，进行广告效果分析和优化等。另外，运营人员需要负责管理和维护各种媒体渠道，包括传统媒体和数字媒体。运营人员还需要负责广告投放和推广，包括搜索引擎营销、社交媒体广告等。

综上所述，全媒体营销与运营具有渠道覆盖广泛、内容形式多样、精准营销、用户互动性强、广告效果可衡量等优点，因此非常适合广告行业。

2．视觉属性、数字属性强的行业

餐饮、时尚、美妆、母婴、旅游等行业有着强烈的视觉属性和生活化特点，适合通过图片、视频等来展示产品或服务，以吸引潜在用户。由于互联网行业具有强烈的数字属性，将全媒体营销与运营的元素深度融入其业务中，更容易传达独特的品牌形象。

3．探索新销售渠道的行业

在全媒体时代，一些传统行业亟须转型，探索新的销售渠道，如汽车、金融等行业。对这些行业来说，运用全媒体手段来做推广和运营，可以增加流量来源，增加销售渠道，提升与目标用户的沟通效率，最终大幅度增加经济效益。

除此之外，耐心程度高、服务意识强和创意程度高的行业的企业，恰恰需要定期更新内容，直接与用户互动，赋予用户独特的产品体验，如高频次运作的游戏行业；一些特别注重口碑的行业，如不动产、教育、医疗健康等，都需要借助全媒体营销与运营手段来进行转型升级，增加效益。

5.1.3　全媒体营销与运营的工作内容

全媒体营销与运营的工作内容主要包括市场分析、创意策划、内容创作、媒体运营、流量优化及数据分析。

1．市场分析

为了更好地把握住产品的发展方向，运营人员应充分地了解产品所属行业的情况，特别是市面上同类型产品的核心亮点、市场占有率、用户反馈情况等，要为接下来做市场分析打下坚实的基础。

市场分析是运营人员根据实际的立项需要，对行业背景、市场规模、竞争关系、行业走势、用户规模等进行的系统性分析和调研，用以判断产品在限定时间内是否有市场、是否具备研发价值，以及应采取怎样的产品运营策略来实现产品目标。

市场分析的主要步骤如下。

- 确定目标和主题。在进行市场分析之前，首先要确定市场分析的目标和主题。
- 确定分析维度。确定当前市场分析的主要维度，如是需要做市场规模分析还是用户分析等。分析维度越清晰、精细，后期得到的分析结果越准确，越有利于制订执行计划。
- 选择分析方法。市场分析的方法有很多种，如比较分析法、系统分析法、结构分析法和演绎分析法等，运营人员可以根据实际情况选择合适的分析方法。
- 收集市场反馈并分析。收集来自多方的市场反馈数据，进行对比分析，校验市场分析的结果是否达到预期目标和要求。
- 输出市场分析报告。在市场分析报告中对市场反馈数据进行梳理和总结，对市场分析的过程和结果做详细的阐述。

 知识链接

市场分析的方法包括以下类型。

（1）比较分析法

比较分析法是把两个或两类事物的市场资料相比较，进而确定它们之间的相同点和不同点的分析方法。对一个事物是不能孤立地去认识的，只有把它与其他事物联系起来加以考察，通过比较分析，才能在事物众多的属性中找出本质的属性。

（2）系统分析法

市场是一个多要素、多层次组合的系统，既有营销要素的结合，又有营销过程的联系，还有营销环境的影响。运用系统分析法进行市场分析，运营人员可以从企业整体上考虑经营发展战略，用联系的、全面的和发展的观点来研究市场的各种现象。

（3）结构分析法

在市场分析中，通过市场调查资料分析某现象的结构及其各组成部分的功能，进而认识这一现象本质的方法，称为结构分析法。

（4）演绎分析法

演绎分析法是把市场整体分解为多个部分、方面和因素，形成分类资料，并通过对这些分类资料的研究分别把握特征和本质，然后将这些通过分类研究得到的认识联系起来，形成对市场整体认识的分析方法。

2．创意策划

运营人员在进行创意策划时应结合人群特点，分析其潜在需求。

以活动策划为例，策划时要对主题、规则、文案、页面设计、立体化宣传海报等方面进行全方位的呈现，策划原则为：文案简短有趣，活动有吸引力，视觉冲击力强，有对话感。

运营人员要从产品、物料、活动预算、投放渠道等方面预估成本。另外，运营人员要确定活动的最佳时机。整个活动周期包括预热期、活动期、返场期，运营人员应把时间细化到月、日、时段。在活动周期的不同阶段，市场投入、业务量预测、运营方式、人力匹配方面需要全面协调。运营人员要通过社群、朋友圈等私域流量池，联合传统广告媒体等规划活动传播的途径。

3．内容创作

创意策划需要有创意内容来支撑。创意内容的创作是指撰写和制作各种类型的创意内容，包括文案、视频、图片等。优质的内容能够吸引用户，提高平台的曝光度和影响力。

运营人员以内容创作者的身份进行内容创作时，需要考虑以下几个方面。

（1）原创性

优质的内容应该具备原创性，能够为用户提供新鲜、有价值的信息。内容创作者在创作内容时要保持创新性和独特性，不断推陈出新，以吸引用户的目光。

（2）高质量

内容创作者要注重内容的质量，确保文字表达流畅、清晰，符合逻辑。对于视频和图片内容，清晰度和画面质量也是至关重要的。

（3）观点独特

优质的内容能够引起用户的共鸣，并提供独到的观点和见解。内容创作者要有自己的思考和观察，不断研究和学习，以提供有深度、有思想的内容。

（4）符合平台定位

内容创作者需要了解媒体平台的特点，根据平台定位进行内容的创作与优化。内容创作者应该及时了解平台的需求和变化，以确保所创作的内容与平台的发展方向相契合。

4．媒体运营

媒体运营是指针对媒体平台的内容策划和管理。媒体运营主要包括以下方面的工作。

（1）内容策划

运营人员要深入了解目标用户群体，明确媒体平台的定位，从而制定合适的策略，为用户提供其需要的内容，与用户建立良好的互动关系。

（2）内容管理

运营人员要确保平台上发布的内容质量，定期更新内容并监测用户反馈，关注热门话题或用户需求，及时调整内容策略，以维持用户黏性。

5．流量优化

流量优化是一项十分关键的网络营销活动，旨在提高网站、应用程序或在线业务的流量，这通常涉及多种策略和技术，包括但不限于搜索引擎优化、搜索引擎广告、社交媒体营销、内容营销和视频营销，企业通常会使用两三种策略来实现最佳效果。流量优化不仅有助于企业提高内容的曝光度和品牌认可度，还能增加企业的收入。

（1）搜索流量优化

搜索内容时，搜索结果是有先后顺序的，内容排序靠前，被用户看到的概率更大；排序靠后，被用户看到的概率更小。影响搜索结果排序的关键因素有以下 5 个。

● 相关性。与搜索关键词的匹配度高，能够准确回答搜索问题的内容会被排在前面。

● 满足性。内容能够充分满足用户的搜索需求，具备准确性、丰富性、权威性的特征，其排序会靠前。

● 内容质量。内容越优质，越能满足用户需求、获得用户的认可，从而获得的流量越多，排序越靠前。

● 互动数据。内容的点赞、评论、收藏等互动数据也会对搜索流量产生一定的影响，互动数据越多、评论内容越优质，内容的权重就越高，排序越靠前。

● 时效性。内容的时效性越强，排序越靠前，越容易被搜索到。

（2）店铺流量优化

如果店铺流量出现下滑，或者流量不稳定、转化效果非常差，可以采取以下措施。

● 优化关键词。关键词的设置要围绕产品的核心关键词来规划，关键词是否合适、精准，会影响流量的获取，从而影响到转化率。可以根据自身产品的优势来设置关键词，包括类目关键词、产品属性词、品牌词等；也可以通过关键词工具、类目竞品关键词、用户常用搜索词来判断关键词的可用性，参考多方面的数据来筛选关键词。

● 开展促销活动。运营人员可以开展促销活动促使用户下单，通过设置店铺优惠券、打折等优惠措施，让用户有种"买到就是赚到"的感觉。其中，针对新用户设置新人券，做好拉新活动；针对老用户则需要设置老用户优惠券，并保证老用户及时触达优惠信息。

● 优化产品图片。产品图片是激发用户购买欲望的主要途径。运营人员需要精心设计产品图片，以吸引用户。

● 维护店铺好评。人们在网店购物时一般会关注用户评价，用户评价多、好评率高的产品更容易受到用户的认可。因此，运营人员要维护店铺的好评率，减少中差评，掌握用户的购买心理，维护与用户的关系。

6．数据分析

在全媒体营销与运营中，数据分析也非常重要。通过数据分析，运营人员可以了解用户，如用户来源、用户所处年龄段、用户喜好、用户行为等，以更深入地了解用户需求，制定内容策略，提高用户转化率；同时，运营人员可以了解媒体内容的传播效果，如文章阅读量、视频播放量等，以更好地优化自己的媒体内容，提高用户转化率。

在进行数据分析时，针对不同的媒体平台，运营人员要使用不同的数据分析工具。例如，针对微信公众号的数据分析工具有新榜、爱微帮、清博指数、微信指数等；针对小红书的数据分析工具有小红书蒲公英、千瓜数据、蝉妈妈等；针对抖音的数据分析工具有巨量星图、新榜、抖查查、轻抖等；针对微博的数据分析工具有微播易、波波数据、微指数等；针对微信视频号的数据分析工具有新榜、友望数据等；针对哔哩哔哩的数据分析工具有新榜、火烧云数据等；针对快手的数据分析工具有磁力聚星、新榜、灰豚数据等。

5.2　选题策划

全媒体营销与运营是一项创造性的劳动，创作者要对搜集到的信息进行审核与判断，筛选出正确、有用的信息，通过编辑处理转化为有价值、可发表的信息并分享给用户。要想创作出优质的全媒体内容，创作者首先要进行选题策划，确定合理的选题。

5.2.1　市场分析与定位

在竞争日益激烈的市场环境中，企业的全媒体账号只有在经过市场分析后明确内容定位，在垂直领域精细化运营，才能得到平台的扶持和推荐，而精准的内容定位有助于打造差异化的内容，满足用户的个性化内容需求。

1．市场分析

市场分析的主要维度包括市场现状分析、竞品分析和目标用户分析。

（1）市场现状分析，主要分析行业发展的现状、市场发展趋势、市场规模的大小、市场的可上升空间。

（2）竞品分析，主要分析竞品的定位和发展策略、商业模式、业务流程及核心功能设计、迭代周期及主要特点、客户服务策略、运营及推广策略等。

（3）目标用户分析，主要分析用户数据，构建用户画像，分析用户的核心痛点，以及用户产生购买意愿的原因。

2．内容定位

内容定位指的是确定垂直领域，即账号要持续发布什么内容。这就需要企业的运营人员考虑两个问题：企业为哪一种细分人群服务？企业能够解决哪一类细分需求？在考虑定位的基础上，再分析用户的需求是具体需求还是模糊需求，是真实需求还是伪需求。在市场分析的基础上选定某一垂直领域进行精细化创作与运营，对加深用户认知有帮助，用户会在自己有需求时第一时间想到企业的账号。

5.2.2　选题策划的方法与创意思维

在全媒体领域，选题是内容创作的核心，决定内容是否能够吸引目标用户的关注，以及传播的效果和影响力。同时，全媒体内容创作是一种创造性的思维活动，创作者要充分利用自己的创意思维确定优质的选题。

1．选题策划的方法

创作者应针对特定的目标用户群体，选择合适的内容主题进行策划和执行。选题策划的方法有以下几种。

（1）追热点

热点内容的曝光量足够大、搜索的人足够多，但热点内容的时效性很强，所以热点内容一出现，创作者就要在第一时间进行创作，结合热点内容找到一个合适的切入点，输出针对性较强的观点，从而让内容获得平台的推荐，得到更多的曝光。

当然，热点内容要与账号定位相匹配，要做到自然融合、不做作，不能为了单纯的"蹭"热点而赶工。

 案例在线

欢乐谷"绑定"奥运冠军，收获关注和好评

2021 年 8 月 5 日，年仅 14 岁的跳水小将全红婵以总分 466.20 分打破了世界纪录，拿到了女子单人十米台金牌。一跳成名天下知，全红婵接受采访时透露没有去过游乐园的新闻也在社交平台广泛传播。

欢乐谷看到机会，首先在 8 月 5 日表示，欢乐谷九大游乐园任全红婵选，紧接着在 8 月 6 日发文表示，不只是全红婵，每一位奥运健儿都值得全国的宠爱，向奥运健儿致敬，欢乐谷珍藏版终身年卡将赠予每一位在奥运会中夺冠的中国健儿。

欢乐谷让奥运冠军终身免费游玩的新闻，经过一天的发酵，成功登上微博热搜，"#奥运冠军终身免费玩欢乐谷#"这一话题收获了 3.4 亿次阅读、3.7 万次讨论。

欢乐谷通过及时"绑定"奥运冠军，不但收获了关注与好评，而且在众多游乐园品牌中脱颖而出，实现"出圈"。

（2）研究同领域账号

各个平台的头部账号一般在内容上做得比较好，创作者要经常翻看头部账号的内容。一般先浏览标题，看到感兴趣的内容就随手整理，利用碎片时间慢慢消化，再提炼出要点，最后构建出自己的写作框架，这对提升选题策划能力会很有帮助。

另外，各个平台每次刷屏的高热度文案都值得收藏，创作者要研究其标题、选题和写作角度。在搜集一批目标账号后，创作者要对这些目标账号进行内容选题分析，并长期观察，了解它们发布的内容，统计哪些选题方向的内容效果比较好，并做好汇总。

（3）切中用户痛点

痛点通常代表用户极度渴望但未被满足的需求，把痛点作为选题的内容往往会获得较高的流量，因为这种内容很容易引起用户的情感共鸣，促使用户主动分享与互动。

（4）制造身份认同

每个人的身上都有很多标签，一个标签其实是在定义一个群体，"我属于某个群体"，这就是身份认同。每个人都有各自独特的人物属性，人们可以用这种属性来寻找群体而实现互助，相互学习、交流探讨，从而感知到自己并非独自前行。

如果创作者创作的内容能为用户制造身份认同，这一内容就会成为用户与其他人的连接器，转发行为就是在对外释放自己的身份信号，因此，制造身份认同的内容很容易引发群体性共鸣。身份认同的元素包括地域、职业、性别、兴趣等。

 案例在线

一人分饰多角，"丁郑美子"演绎舞蹈生的多样人生

在抖音拥有 1200 多万粉丝的博主"丁郑美子"因一系列"还原"舞蹈生练习日常的作品走红。她的视频生动演绎了舞蹈生们的练习日常，唤醒了很多用户的青春回忆，赢得了不少粉丝的认同与喜爱。

她通过一人分饰多角的方式，情景化演绎了生活中的趣味片段，点燃了粉丝们的热情，由此确定了账号的创作方向。她的爆款短视频作品《舞蹈生的高光时刻》细致描绘了舞蹈生通过不懈努力，被老师看到和夸奖后的自豪与开心，博主本人在短视频中展现的舞蹈功底也为短视频加分不少。该短视频推出后，在各个平台都有不错的反响。后续围绕这一主题做的延伸作品，讲述舞蹈生的委屈、崩溃等，也都获得了很好的传播效果。

（5）多维度提供新知

在创作内容的过程中，创作者要有利他思维，为用户提供价值，使用户产生获得感。创作者要从多角度进行思考，提炼出新知，如新知识、新认知、新方法、新故事、新视角、新形式、新组合等。

2．创意思维

创意思维是一种独特的思维方式，强调创新、想象和解决问题的能力，通过打破传统的思维模式，寻找新的解决方案。创意思维需要创作者具备开放、灵活和敢于挑战的精神，能够从不同角度思考问题，发现新的可能性。

创意思维在全媒体营销与运营中的应用表现为 3 个方面：开发出创意选题，从不同角度挖掘话题，创造独特的内容，吸引用户关注；拓展创意形式，通过创新的内容形式来丰富全媒体内容的表现形式；创作创意内容，运用创意思维，将信息进行独特、有趣、有深度的呈现，提高内容的可读性和吸引力。

创意思维对全媒体创作与运营的影响巨大，是全媒体行业的核心竞争力之一。企业通过创意内容可以打造品牌特色和形象，提高品牌知名度和美誉度；创意内容可以吸引更多用户的关注和喜爱，增强用户黏性，提高全媒体账号的影响力。

创意思维主要包括想象思维、发散思维、收敛思维、逆向思维。

（1）想象思维

想象思维是创意思维的基础。想象思维包括联想思维、抽象思维和形象思维。发挥

想象力，从解决问题的方向，按照事物间的关联性，从一件事物联想到另一件事物，有助于创作者打破传统的思维模式，从新颖的角度来创作。

（2）发散思维

发散思维即不受知识和传统观念的局限和束缚，沿着不同的角度扩散，进行辐射状的思考和联想。这种思维不受限制，能让人在短时间内产生较多的想法，体现出了思维的灵活性。

（3）收敛思维

收敛思维又称求同思维和集中思维，即以某个方向为中心，从不同的角度、不同的方向进行思考，最终使这些思考集中到一个方向，以寻求问题的最佳答案。发散思维和收敛思维是相辅相成的，发散思维是不受任何约束的、天马行空的想象，应有收敛思维做补充，使想象具有合理性。

（4）逆向思维

逆向思维是打破习惯的思维方式，把思维方向逆转，从问题相反或表面上看似不可能并存的两条思路来寻找解决问题的方案。对事物的质疑反而会让人突破思维的限制，解放思想，从而产生意想不到的新思路。在进行内容创作时，创作者可能会陷入思维的死角，如果运用逆向思维，则可能会柳暗花明。

创作者可以通过多种方法来激发创意思维。

● 头脑风暴法。通过自由畅谈、互相启发来激发创意思维，产生大量的新观点和新方法。

● 属性列举法。将问题或对象分解成若干属性，通过改变、重组或替代这些属性来产生新的创意。

● 思维导图法。利用图形、符号和关键词构建思维导图，以直观的方式激发创意思维。

5.2.3　热点选题开发与素材搜集

在全媒体时代，选题能力在很大程度上决定了内容的流量。做好选题开发可以解决无话可说、无从下手的问题，找到打动用户的观点，让自己的内容赢在起跑线上。另外，全媒体营销与运营是一项长期工作，创作者要不断地进行选题开发，这就对素材库的数量和质量有着较高的要求。

1．热点选题开发

选题质量的判断标准包括原创性、普适性和价值性。原创性是指选题的新颖程度，对以往的选题进行借鉴、改编也是可以的，但要有一定的原创元素，即对旧选题进行创新。普适性是指选题范围大，话题较大众，可以获得大量用户关注。价值性是指选题要能给用户带来实用的价值，用户读完后有所收获，如在情绪上、认知上或方法论上可以获得满足感。

在满足上述标准的条件下，创作者可以采用以下方法进行热点选题开发。

（1）选题系列化

创作者可以围绕领域的关键词进行扩展和细化，形成系列化选题。例如，美妆类账号可以选择"化妆和护肤"领域的关键词进行扩展，如"如何美白、保湿""如何画眼影、画腮红""哪个色号的口红更好看""敷面膜的注意事项"等；剧情类账号可以将内容分为上下两集发布，在上集结尾处留下悬念，埋下伏笔，在下集开头设置情景回顾。

围绕领域关键词进行扩展，可以使用九宫格创意法，即在确定目标用户后，围绕目标用户关注的话题做放射性发散思考，从而迅速找到更多的内容方向。具体方法如下。

首先绘制一个九宫格，在其中心方格填入主题，其次在其余方格中填入与主题相关的关键词，要涵盖主题的各个方面和角度（见图 5-1）；最后从中选择一个或多个关键词，根据选择的关键词做进一步的思考和研究，以得出具体的结论或观点。

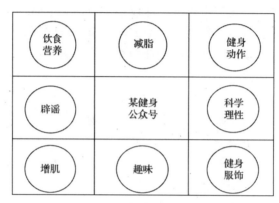

图 5-1　九宫格创意法

（2）选题热点化

热点通常是用户比较关注的，根据热点进行创作不仅可以给自己提供良好的选题，还能带来更多的流量，创作起来效率也更高。创作者可以选择各种热榜工具来获取最新的热点信息，然后筛选出合适的选题。常见的热榜工具有抖音热榜、微博热搜榜、百度热搜等。

2．素材搜集

如果没有内容丰富的素材库，创作者很有可能在经历长时间的运营后没有内容可写，而一旦缺少优质内容，用户流失的现象就不可避免，从而危及全媒体账号的长久运营。

因此，创作者要培养日常积累优秀选题和标题素材的习惯，坚持每天到各个主流平台搜集热点选题，把获取到的标题素材记录在素材库中，方便后期使用。创作者可以为自己设定目标，如每天收集 3～5 个选题。可以使用云文档或 Excel 表格建立素材库，如表 5-1 所示。

表 5-1　素材库

账号名称	发布日期	标题	标题的核心关键词	内容链接	阅读/播放量
……	……	……	……	……	……
……	……	……	……	……	……

除了选题和标题素材，创作者还可以建立写作素材库，注意搜集在阅读过程中看到的优美词句，并学习其写作手法，然后在写作过程中灵活运用。

另外，创作者还要密切关注账号的评论区和私信，及时查看粉丝的留言和评论，做好粉丝互动，了解粉丝的内心需求，搜集整理评论或私信中的内容，将其作为内容创作的素材。

5.3　文案策划与写作

在全媒体时代，创作者要创作的文案有很多种，包括时事新闻、营销软文、广告文案、社交平台文案、短视频脚本、直播文案等。创作者首先要了解不同文案的特点，然后掌握创作不同文案的相应技巧。

5.3.1　时事新闻

时事新闻是指通过报纸、期刊、广播电台、电视台等媒体报道的单纯事实消息。单纯事实消息是指全部信息由时间、地点、人物、起因、经过、结果等客观事实的单纯叙述组成，仅反映一种客观事实的存在，没有评论，没有修饰，没有作者的观点和意见，无须付出创造性劳动，不具有著作权法意义上的作品所要具备的独创性的特点，不受我国著作权法的保护。

时事新闻的特点主要包括以下几点。

- 时效性。时事新闻必须是最近发生的事件，强调报道的及时性和快速性。
- 广泛性。时事新闻覆盖的领域广泛，包括政治、经济、社会、文化、军事等各个方面。
- 信息性。时事新闻旨在传递信息，包括事实、数据和观点。
- 真实性。时事新闻的内容必须基于事实，确保准确无误。
- 公开性。时事新闻是公开报道的事件，旨在让广大公众了解发生的事情。
- 针对性。时事新闻的报道通常聚焦于特定的社会热点、人物、时间、地点，具有针对性。

在全媒体时代，时事新闻从传统新闻转型，发展出新媒体新闻和数据新闻两种形式。

1. 新媒体新闻

在全媒体时代，传统新闻媒体主动适应时代发展的要求，寻求转型与升级。新媒体新闻呈现出与以往不同的特征。

（1）传播时效性更强

发展迅速的新媒体极大地拓宽了大众的新闻信息接收渠道。新媒体可以借助信息技术在第一时间向大众传播新闻事件，使大众通过各大网络新闻平台实时查询与接收新闻信息成为可能，切实打破了以往电视媒体或纸质媒体的传播局限性。新闻媒体为了在全媒体时代取得理想的发展成绩，采取措施提高了新闻的传播速度，使新闻具有更强的时效性，以满足大众在第一时间阅读新闻的需求。

（2）内容更加丰富

进入更具开放性与包容性的全媒体时代，大众对新闻内容的丰富性有了更高要求。随着新媒体技术的发展，大众有更多的机会将自己创作的内容上传到短视频平台或社交平台，他人可以对这些多样化的新闻内容进行评价或分享。在相对开放的新闻创作与阅读氛围中，新闻媒体必须保证新闻内容的丰富性、意义性，才能最大限度提高大众的阅读兴趣，进而增加自身的市场竞争能力。

（3）评价标准发生变化

与传统媒体时代有所不同，全媒体时代更加看重新闻的实用性。新闻的点击量与大众的关注度成为评价新闻质量好坏的重要指标，这在一定程度上影响着新闻的创作方向。实践表明，新闻报道以大众为中心，立足于大众的生活实际，主动迎合大众的心理需求，更利于提高大众对新闻的喜爱度，这也是新闻获得广泛好评的重要途径。

（4）更具娱乐属性

现阶段人们的生活节奏越来越快，在互联网技术的发展带动下，人们的新闻阅读方式发生了根本性的变化。相比于深层次的阅读，社会大众尤其是年轻群体更倾向于浅层次的阅读。为了抓住大众的注意力，获取广泛的受众基础和最大化的经济利益，新闻媒体开始运用故事化和娱乐化的新闻内容来博人眼球，使得新闻更具娱乐属性。为了避免新闻走向"烂俗"，新闻创作者要把握好满足大众心理需求和保证新闻真实性之间的平衡，使新闻的质量得到切实的提升。

 素养课堂

新闻媒体要加强对从业人员道德修养的培育，定期向从业人员宣讲党和国家的方针政策及新闻媒体人员的职业规范要求，并发挥环境的隐性教育力量，在工作区域内张贴优秀媒体人的相关事迹或话语，让从业人员在潜移默化中得到思想道德熏陶，使其能自觉主动地抵制虚假新闻。

除此之外，新闻媒体还要鼓励新闻记者走出"舒适区"，改变"等、要、靠"等不科学的新闻信息收集观念，要求新闻记者"主动出击"，走进群众的日常生活当中，在与群众有效的沟通交流中获取真实的新闻信息，以此推动新闻记者更好地把控新闻质量，秉持客观性原则，避免被不良媒体"带节奏"。

在写新闻时，新闻结构要遵循"倒金字塔"原则，将最重要的信息放在文章开头，逐渐向下展开，呈现细节和背景信息。

一份标准的新闻稿通常包括以下几个部分。

● 标题。标题要简洁明了，准确概括文章内容，吸引受众的注意力。标题可以分为眉题（又称引题、肩题）、正题（又称主题、母题）和副题（又称辅题、子题），很多新闻稿采用的是多行标题，如"献一份关爱，心灵多一点灿烂（正题）——某康复中心举行'爱伴你同行'趣味运动会（副题）"。

● 导语。导语是新闻稿开头的一段话，用于引起受众兴趣，并交代文章的背景信息。

● 正文。正文是新闻稿的主体，包括最重要的信息和细节。创作正文时，应采用简洁明了的语言，避免使用过于专业的术语。同时，要尽量避免使用复杂的句子结构和长段落，保持段落简短。新闻稿的正文应该突出新闻的亮点。亮点可以是新闻的独特性、新闻的影响力、新闻的人物特点等。

- 引用。引用是指对相关人士或机构的言论或观点的引用。在新闻稿中，引用一定要准确，并注明引用来源。

- 结尾。结尾是新闻稿的结束部分，可以用来总结新闻的主要内容，或者提供相关信息的链接。

2．数据新闻

数据新闻是基于数据的抓取、挖掘、统计、分析和可视化呈现的一种新型新闻报道形式。数据新闻代表新闻行业未来的发展方向，是新闻学在大数据时代的新研究领域。数据新闻与新媒体相生相伴，有着紧密的联系。进入全媒体时代，社会处于信息高度发达的状态，时时刻刻都在产生海量信息，海量数据为数据新闻的产生提供了时代背景。新媒体数字化、交互性、融合性和虚拟性的特征使得制作集文字、图片、视频等媒体形式于一体的交互性新闻成为可能，借助新媒体广泛的分发渠道和强大的传播效果，数据新闻具有显著的影响力优势。

数据新闻具有以下显著特征。

（1）以公开的数据为基础

这是数据新闻存在的前提，如果政府、社会组织等不公开信息或者没有提供互联网数据库，缺乏数据分析材料，数据新闻也不可能得以推行。尤其是在拥有海量信息的互联网时代，数据新闻必须以公开的数据为基础，才能更好地获得受众的信任。依靠特殊的软件程序对数据进行处理，发掘隐藏于宏观、抽象数据背后的新闻故事，这是数据新闻的技术保障，也是数据新闻得以与一般新闻相区分的核心特征。

（2）以数据可视化呈现为报道方式

以信息图、动态图、交互图及视频等方式配上少量的文字描述进行新闻报道，有助于将冗杂的数据信息及错综的关系链以形象、生动、简单的方式进行呈现，提升专业新闻的阐释效果，增强用户交互式的阅读体验。数据新闻中的数据可视化展现形式是一种区别于传统新闻叙事的独特手段，这也是数据新闻本身独有的特点。优质的数据新闻会达到科学与艺术的和谐与统一，而不是以单纯的视觉刺激吸引受众的注意力。

（3）以移动端为主要传播渠道

随着智能手机、移动互联网的普及，移动端逐渐成为新媒体发展的主流阵地，数据新闻在移动端的开发逐渐受到重视，数据新闻的实践平台逐渐由传统的 PC 端向移动端转移。通过移动端进行新闻报道，极大地提高了受众的参与感，优化了阅读体验，提高了新闻的传播效率。

（4）以服务公众利益为报道指向

数据新闻中的可视化数据可以真实地反映公众对某类事物的态度倾向和行为成因，能为政府制定政策、企业推广产品、媒体引爆舆论提供有效的依据。

服务公众利益是数据新闻的出发点，所有数据的处理和呈现都是为了让公众理解大数据时代中数据变迁的内涵，了解宏观数据如何影响每个人。大部分主流媒体的数据新闻逐渐重视用户数据，从公众态度、行为数据中窥探社会变化，解释数据和社会、数据和个人之间的关联程度，这体现了新闻报道"以人为本"的价值内涵。

在创作数据新闻时，创作者可以采用以下方法。

一是时间紧急时，一切从简。新闻讲究时效性，如果需要很快发布，创作者就要尽可能避免使用地图元素和复杂的可视化图表，这会增加审核地图正确性和数据整理的时间成本。这时创作者要使用常规性的可视化图表，尽管其美观度可能稍有不足，但正确性有着更高的保障。

二是适当美化，吸引眼球。创作者要适当美化可视化图表，根据新闻内容采用合适的可视化图表类型，如折线图、条形图、饼图、散点图、地图、雷达图和热力图等，如表 5-2 所示。

表 5-2　可视化图表的类型

类型	说明
折线图	折线图重在反映一段时间内事物的变化趋势
条形图	条形图重在比较各组数据之间的差别
饼图	饼图重在反映各部分的占比情况
散点图	散点图重在反映变量间的离散程度及相关关系
地图	地图重在展示一定空间范围内的整体情况
雷达图	雷达图重在分析影响事物的各个因素之间的强弱关系
热力图	热力图重在通过颜色变化展现事物的不同热度

三是丰富美化，善用组合图表。单个图表有时会显得有些单调，创作者可以运用多个图表组合，从多维度、多方面呈现数据，不仅可以丰富数据内容，还能增强数据的说服力。

四是采用互动视觉设计。在图像叙事之外，采用可视化方式提升互动性和受众参与性也是十分重要的。数据新闻的视觉设计要有互动性，突破从前的新闻内容的线性排列方式，为受众提供尽量大的自由度，同时鼓励受众参与到数据新闻的生产流程中，运用受众的反馈数据为数据新闻添彩，实现数据新闻向受众参与式新闻的转变。

5.3.2　营销软文

营销软文，简称软文，是相对于硬广告而言的，通常指由企业的市场策划人员或广告公司的文案人员负责撰写的文字广告。与硬广告相比，营销软文的精妙之处在于一个"软"字，可通过嵌入式广告，让用户受到感染，从而树立品牌形象，提高产品和品牌的知名度。

1．营销软文的特点

营销软文具有以下特点。

（1）费用低

传统的硬广告费用高昂，单位时间内的成本甚至会超出单位时间内的企业利润，让许多资金实力不足的企业望而却步。而营销软文的费用相对较低，即使是刚起步的小企业也支付得起。

（2）见效快

硬广告需要长期投放才能提升企业的受关注程度，如果企业的宣传预算有限，投放硬广告就不是明智之选，用投放硬广告的费用可以投放大量营销软文。营销软文的性价比非常高，能保证较高的曝光度和较广泛的传播范围，从而实现企业知名度的提高。

（3）隐蔽性强

营销软文将要宣传的信息植入内容中，从侧面进行描述，属于渗透式传播，一般以新闻资讯、评论、管理思想、企业文化、品牌故事等形式出现，让受众在潜移默化中受到感染。

（4）可接受性较高

营销软文的宗旨是制造信任感，其弱化或规避了广告行为的强制性和灌输性。营销软文的内容以用户感受为中心，处处为用户着想，使其易于接受。尤其是新闻类软文，从第三者的角度来报道，帮助用户从关注新闻的角度去阅读，接受度会更高。

2．营销软文的写作方法

营销软文的写作要按照其特点来展开，争取达到潜移默化的宣传效果。为了提升营销软文的营销效果，创作者可以采取以下方法进行写作。

（1）选择合适的关键词

不同的用户喜好不同，营销软文要贴合用户的视点和喜好。例如，目标用户群体是美食爱好者，创作者在创作时就要选择与美食关联性较强的关键词，以便于用户查找。选择关键词的方法主要是使用关键词工具，如百度指数。

（2）拟定合适的标题

标题在营销软文中有着重要的作用。创作者拟定的标题要能够瞬间吸引用户的眼球，同时符合关键词的内容，围绕主题展开。标题的字数不要太多，短标题的打开率更高，长标题在移动端的阅读体验会大打折扣。

（3）内容规划

创作者可以用第一人称和第三人称两种方式来写软文，但要注重软文的整体逻辑性，逐次递进地阐明原因、过程、结果和最终带来的影响。同时注意软文篇幅不要过长，宜保持在 1000 字以内，所需阅读时间不要超过 2 分钟，否则容易磨灭用户的耐心。

（4）用故事打动用户

营销软文不能一开始就涉及广告。创作者要充分了解产品或服务，在一开始要进行基础铺垫，用精彩的故事吸引用户阅读，然后在故事的某个合适段落巧妙地植入产品或服务的介绍信息，与故事内容自然融合。

5.3.3　广告文案

广告文案是指为产品写下的打动用户内心，促使用户产生消费行为的文字。广告文案通常由标题、正文、广告词和附文组成，是广告内容的文字化表现。在广告设计中，文案与图案图形同等重要，图案图形具有瞬时的冲击力，广告文案具有较深的影响力。广告文案的写作要求创作者具有较强的应用写作能力。

1．广告文案的创作原则

广告文案的创作具有以下原则。

（1）简洁凝练

广告文案应抓住重点，简明扼要，这样才利于重复、记忆和传播。广告文案在形式上没有太多的要求，可以是一句，也可以是多句。

（2）清晰易懂

广告文案必须清晰易懂、容易阅读、用字浅显、符合潮流，使用户易于接受。广告文案应使用用户熟悉的词汇和表达方式，使句子流畅、语义明确，尽量避免使用专业词汇、冷僻字词，以及容易产生歧义的字词。

（3）朗朗上口

广告文案要流畅，朗朗上口，适当讲求语音、语调、音韵搭配等，这样才能提高可读性，吸引用户的注意力。

（4）新颖独特

广告文案要能为人们提供最新的信息，如新产品或已有产品的新用途、新设计、新款式等。广告文案的表现形式要独特，句式、表达方法要别出心裁，切忌抄袭与套模板，可以有适当的警句和双关语、歇后语等，以满足用户的好奇心，引发心灵上的共鸣。

（5）符合真实情况

真实性是广告文案创作的重要原则，用户通过广告文案的介绍和推荐认识企业、产品或服务，其真实性很大程度上决定着用户是否能得到真实、准确的信息，能否产生符合真实状态的情绪，能否产生正确的消费意向。

（6）为产品促销服务

广告文案要直接或间接地为产品促销服务，因此内容会有浓厚的商业色彩。广告文案要从内容和形式上引导用户产生美好的联想和想象，追求理想化的消费境界，促使用户产生消费行为。

2．广告文案的写作要点

按照以下要点写作广告文案，可以有效提高文案的转化率。

（1）明确写作目的

广告文案的作用有很多，如品牌曝光、产品推广、活动促销等，但最终目的通常只有两个，一是改变用户态度，二是促使用户行动。为了提高转化率，不引起用户反感，广告文案写作的主要目的是改变用户态度。

改变用户态度的文案并非完全等同于能吸引眼球、引发热议和大量传播的文案，因为引发热议的一般是矛盾冲突比较明显的内容，反而有可能产生目的偏差。简单来说，改变用户态度是指让用户对产品产生良好印象。广告文案要让用户记住产品，当用户产生购买动机时，就能在第一时间想起广告文案宣传的产品。

（2）明确产品亮点

广告文案要突出产品的亮点。创作者在选择产品的核心竞争优势时，要选择目标用户最在乎的点，再考虑如何使广告让人过目不忘。例如，"困了累了喝红牛"突出产品"提神醒脑"的特点；"怕上火，喝王老吉"突出产品"清热去火"的作用。

（3）加深用户对产品优势的记忆

简单的重复固然可以加深用户对产品优势的记忆，但这需要同一个用户长时间接触文案，这样做的成本是很高的。因此，企业只能从文案内容本身来尝试让用户建立长期记忆，这就对创作者的水平有了更高的要求。

认知心理学的加工水平理论提到，个体对呈现在其面前的刺激可以进行不同水平的加工。水平最低的是感觉加工，如特征提取；水平较高的是模式识别或知觉；水平最高的就是语义提取。衡量加工水平的一个重要指标就是后两种加工的多少。因此，分析深入、表象清晰、意义丰富的信息可以让人产生比较深刻的记忆。

受到该理论的启示，可以让用户产生长期记忆效果的广告文案有以下 3 种写作方法。

● 认知精细加工。故事就是一种促使大脑对认知进行深度精细加工的原始方式，会让人自发地产生极强的代入感。要想在简单的文案中讲好一个故事，可以遵循经典的故事框架：背景—冲突—转折—顿悟。背景是与产品独特优势相关的事件；冲突是产品出现之前产生的人物或事物的矛盾；转折是产品出现，利用其独特的优势来化解矛盾；顿悟是文案要达到的最终目的，可让用户自行揣摩，通常不用直接体现出来。这个过程就会促使用户形成对认知的精细化加工。

 案例在线

华为 P50 记录美好和温情，用原色影像还原真实色彩

华为曾发布过一个华为 P50 的广告，广告中有 4 个单元故事，故事源于华为 P50 系列的用户，宣传的手机卖点是"原色影像，还原真实色彩"。

第一个故事主题是"归家"。在漫天飞雪的寒天，妈妈在车站接女儿。女儿问妈妈冷不冷，妈妈说不冷，然而女儿翻看和妈妈在车站门口的自拍合照，发现妈妈的手冻得通红。故事文案是"从小教我别说谎的人，差一点就骗到了我。"如图 5-2 所示。

第二个故事主题是"出嫁"。妹妹在姐姐出嫁当天对姐姐说："你终于走了，这个房间以后就归我了。"妹妹的语气虽然是轻快的，但姐姐在自拍中看见了妹妹通红的眼眶和即将溢出的眼泪。故事文案是"比起说出来的祝福，我更珍惜你的忍住不哭。"如图 5-3 所示。

图 5-2 华为 P50 广告画面（一）　　　图 5-3 华为 P50 广告画面（二）

第三个故事主题是"毕业"。一个女生鼓足勇气去找心仪的男生合照，看照片的时候，发现男生当时脸红了。文案是"藏不住的脸红，藏着说不出的喜欢。"如图 5-4 所示。

第四个故事主题是"童话"。一个小女孩哭着让妈妈看她手上的红疹，正在晾晒衣服的妈妈看到孩子手上的红疹后，先是惊讶地露出担心之色，然后很快就安慰孩子，说红疹就像一只蝴蝶。妈妈把红疹拍下来之后，就对孩子说这个蝴蝶飞呀飞，飞走了，打消了孩子的担心，而自己故作镇静的背后，是把拍下来的照片发到朋友圈，询问朋友这个红疹严重不严重。故事文案是"让你相信彩色的童话，却担心每一点颜色的变化。"如图 5-5 所示。

图 5-4　华为 P50 广告画面（三）

图 5-5　华为 P50 广告画面（四）

四个故事都源于生活且打动人心，不仅有动人的故事，还有核心的产品卖点。华为这支广告的创新之处是基于原色影像的卖点，把镜头聚焦于生活，摒弃风景大片，抓取生活中真实的情感色彩，用一些小细节，如通红的手、通红的眼眶、红了的脸颊、担忧的表情等，把隐形的情感以显示化呈现，既展现了手机的拍照功能，也展现了手机记录的美好和温情，把手机功能和品牌情感价值很好地呈现了出来。

● 运用自我参照效应。人们总是能够长久地记住与自己的某些特征有关的人或事。运用自我参照效应比较简单的办法是直接询问用户，同时让问题与知名的同类品牌进行关联，突出自身产品的竞争优势。问题能够唤醒用户针对某一品类进行"自我参照"回忆，而知名品牌通常是绝大部分人听说过的，这在无形中将用户对产品的认知与知名品牌"关联"起来。这种方法常用于新兴产品或品牌。

● 认知区别性加工。对于某一分类的某个事物，其特征与典型特征差异越大，人们的记忆往往越深刻。写作这种文案时需确认产品的独特优势，并对其独特优势进行思考，除此之外，还可以展现产品的另类用法，或者采用逆向思维来反衬产品的独特优势。

（4）利用认知偏好对文案内容精雕细琢

认知偏好一：视觉型语言更容易被记住。广告文案在确定产品的独特优势后，还要在视觉方面进行进一步加工。文案要使用视觉型语言，使用户将内容轻松读进"脑"中，切忌用普通的"形容词"和"抽象化"语言。

认知偏好二：人们倾向于用比较来评估价值大小，这是一种简单、高效的评估法则。当文案要体现产品性能、参数、资金等优势时，尽量找到锚定物作为参照，然后凸显自身产品的优势。

认知偏好三：大脑识别新事物的第一反应是贴标签。在写文案时，要告诉用户产品所属的类别。用户一旦知晓某个新事物的类别，对类别的特征记忆就能迅速降低大脑的认知门槛，同时产生初步的预期，而预期则可作为展示产品亮点的发力点。

认知偏好四：人们对世界的认知都是基于自我构建的，可想而知，如果想让用户轻松解读文案，就必须将"自我视角语言"转化成"用户视角语言"。例如，在文案中说明产品的初衷究竟是解决用户的哪些痛点，痛点需求产生的情境是怎样的，然后把情境用视觉型语言表达出来。

5.3.4　社交平台文案

在移动互联网时代，社交平台是用户数量最多的平台之一，流量效应巨大。在如此巨大的流量池中，营销文案的发布可以帮助企业获得巨大的关注度。

与传统广告文案相比，社交平台文案要更加贴近用户。常见的社交平台，如微信、微博、小红书等，其文案都具有显著的互动性和趣味性，能够吸引用户的眼球，提高转化率，因此越来越多的企业开始创建社交账号，在与用户互动的同时传播产品或活动信息。

1．社交平台文案的特点

社交平台文案具有以下特点。

（1）简洁明了

社交平台的信息传播速度较快，用户的信息接收能力有限，所以社交平台文案必须简洁明了，能够在短时间内传达信息。

（2）贴近用户

社交平台文案必须贴近用户，了解用户需求和心理，能够引起用户共鸣，增强信息传播效果。

（3）趣味性强

社交平台文案要有趣味性、幽默性和创意性，能够吸引用户的注意力，增强用户对信息的记忆和传播的欲望。

（4）互动性强

社交平台文案要具有互动性，能够吸引用户参与，强化用户对产品或品牌的认知和好感度。

（5）多媒体化

社交平台文案要多媒体化，使用图片、视频、音频等，丰富信息的表现形式，增强信息传播效果。

2．社交平台文案的写作步骤

很多时候创作者在撰写文案时总是找不到正确的切入点，造成文案无法展现出清晰的逻辑。要想避免这个问题，创作者可以参照以下步骤来撰写社交平台文案。

（1）明确目标用户

在撰写社交平台文案之前，创作者首先要明确目标用户是谁，了解用户的年龄、性别、职业、兴趣爱好等信息，确定文案的语言风格、表达方式及内容重点。例如，如果目标用户是年轻人群，创作者可以采用轻松、活泼的语言，结合他们关心的热门话题，以吸引其注意力。

（2）确定核心信息

每篇文案都要有清晰的核心信息，它是创作者希望用户在阅读文案后能够记住的最重要的内容。在确定核心信息时，创作者需要考虑用户的需求和自己的营销目标。核心信息应简洁明了，并突出品牌的价值与特点。

（3）确定文案结构

优质的社交平台文案要有清晰的结构，使用户能够轻松地理解和接收信息。社交平台文案的结构一般包括引入、发展和结论 3 个部分。引入部分用于吸引用户的注意力，发展部分用于阐述核心信息，结论部分则用于总结并引导用户进一步行动。

（4）选择合适的语言风格

创作者要根据目标用户和确定的核心信息，选择合适的语言风格来撰写文案。从整体来看，幽默风趣的语言可以吸引用户；但有时严肃、正式的语言可以增强文字的权威性。合适的语言风格可以更好地让用户产生共鸣，并增强文案的吸引力与影响力。

（5）优化文案细节

优质的社交平台文案不仅仅依赖于内容的质量，还需要在细节上做到精益求精。在撰写完文案后，创作者要仔细审查并修改其中的语法错误、逻辑不清等问题，还可以通过调整段落结构、添加论证观点、添加排版效果等方式进一步提升文案的质量。

5.3.5 短视频脚本

随着抖音、快手等短视频平台的兴起，短视频已经成为企业营销的必备手段之一。要想拍摄出优质的短视频，短视频脚本是必不可少的。短视频脚本一般可以分为拍摄提纲、分镜头脚本、文学脚本等 3 种类型，适用于不同的短视频类型。

1．拍摄提纲

拍摄提纲是为拍摄一部影片或某些场面而制定的拍摄要点，只对拍摄内容起提示作用，适用于一些不容易掌控和预测的内容。当拍摄过程中有很多不确定性因素，或有些场景难以预先设置分镜头时，导演及摄影师就需要根据拍摄提纲在现场灵活处理。拍摄提纲适用于拍摄新闻纪录片、人物访谈、Vlog 等。

撰写拍摄提纲可以分为 4 步：一是确定主题，在拍摄之前明确视频的选题和创作方向，用一句话说明拍摄的内容；二是情境预估，罗列拍摄现场可能会发生的事情；三是信息整理，提前收集与拍摄现场或事件相关的信息并对其进行整理，使拍摄时不至于解说得毫无逻辑；四是确定方案，即确定拍摄方案，拍摄方案包括时间线、拍摄场景、说明等部分。

表 5-3 所示为某 Vlog 的拍摄提纲。

表 5-3   某 Vlog 的拍摄提纲

组成部分	内容
主题	去周边地区做一次模拟旅行，经济又实惠
场景	家—民宿—某大型超市—民宿
体裁	Vlog
风格	整体轻松、愉快，独白较多，主要以快节奏的转场和画面突出游玩的愉快；构图主要为九宫格构图或中心式构图，充分利用自然光线，以平视角度拍摄景观、仰视角度自拍为主；自拍较多，营造与用户的对话感
内容	场景一：用独白介绍模拟旅行的原因，同时收拾行李。 场景二：来到民宿，展示民宿的超大空间、壁炉、落地窗等，以及在民宿的欢乐。 场景三：来到民宿楼下的某大型超市挑选新鲜水果。 场景四：回到民宿点外卖，等待外卖时从落地窗观看外面的景色，然后体验民宿的床铺。外卖来了，换上睡衣开吃，一边享受新鲜水果和可口的饭菜，一边打开投影仪看影视剧。最后洗漱，提出问题：模拟旅行到底是谁发明的
细节	以节奏较快、动感十足的音乐作为背景音乐，配合画面的快速切换，给人一种轻松、愉快、自在的感觉；在转场时添加有趣的音效，营造轻松的氛围

2．分镜头脚本

分镜头脚本将文字转换成可以用镜头直接表现的画面，通常包括镜号、拍摄方式、景别、时长、画面内容、台词、音乐音效等。当然，具体结构可以根据实际内容来确定。

镜号是指对每个镜头按照顺序进行的编号，可以让创作者清晰地看到整部短视频作品的镜头数量。拍摄方式主要是指镜头的类型以及运镜方式，在脚本中要充分结合相关情境采用多种镜头，可以让画面内容更丰富，不要一镜到底。常见的景别有远景、全景、中景、近景、特写，在脚本中要交替使用不同景别，通常远景用于交代环境，通常近景用于交代人物。每个镜头的时长一般控制在 10 秒内，视频总时长控制在 2 分钟以内。

画面内容是指视频画面，包括人物动作、状态、位置，创作者要尽可能详细地描述每一个想拍摄的画面。台词要做到生活化，通俗易懂，充分结合情境，让用户在听到演员的台词时觉得自然。音乐音效可以为短视频增添气氛，甚至可以起到推动情节发展的作用。

分镜头脚本的内容十分细致，每一个画面都要在创作者的掌控之中，包括每一个镜头的长短和每一个画面的细节。

表 5-4 所示为某短视频的分镜头脚本。

表 5-4   某短视频的分镜头脚本

镜号	拍摄方式	景别	时长	画面内容	台词	音乐音效
1	固定镜头	全景	2 秒	老张急匆匆地来到公司门口，同事和他打招呼	（同事）老张，你也迟到了啊	
2	固定镜头	近景	1 秒	同事笑着看老张		节奏轻快的音乐
3	固定镜头	中景	3 秒	老张回应，思索了一下，让同事先进去	啊，嗯……你先进去	
4	固定镜头	近景	1 秒	同事哼笑一声，向前走	（同事）哼	

续表

镜号	拍摄方式	景别	时长	画面内容	台词	音乐音效
5	固定镜头	近景	2秒	老张在同事身后看着他进公司的身影，意味深长地笑了		
6	固定镜头	中景	1秒	同事进入公司，发现主管正在等着他		表示惊讶的音效
7	固定镜头	中景	2秒	同事不好意思地笑着对主管解释	（同事）不只是我，还有老张，他……	节奏轻快的音乐
8	固定镜头	全景	3秒	老张打着电话，拿着文件，急匆匆地从外面进来。同事转头，对此感到惊讶	（老张）唉，我收到你寄的文件了	
9	固定镜头	全景	2秒	老张转过头看了一眼同事	（老张）呀？小李	
10	固定镜头	近景	2秒	老张举着电话，说完话后，对着同事小李挤了一下眼睛	（老张）你又迟到了啊	
11	移镜头	从全景到特写	2秒	从公司内部的三人场景移动到门外，门外是老张的公文包		"叮叮叮"的音效

3. 文学脚本

文学脚本不像分镜头脚本那么细致，适用于不需要剧情的短视频创作，如教学视频、测评视频等，它基本列出了所有可控因素的拍摄思路。文学脚本只需规定人物要做的任务、说的台词、所选用的镜头或节目的长短。文学脚本不需要细致地指出景别、拍摄方式，创作者只需要确定主题，搭建内容框架，然后针对框架填充具体内容即可。因此，文学脚本对创作者的文笔和语言逻辑能力有着较高的要求。

表 5-5 所示为某测评短视频的文学脚本。

表 5-5　某测评短视频的文学脚本

内容框架	镜头画面	台词
引入主题	博主是夫妻两人，面对镜头一拍桌子	先看视频！
展示演示视频	演示视频展示某款绞肉机的功能，视频中的女人把韭菜切成两段放到绞肉机里，又放进肉、姜、萝卜块，装得满满的，最后绞肉机轻松绞完，东西绞得很碎	（由于在看视频，博主两人不说话）
质疑	丈夫对视频中的效果表示质疑，妻子表示要尝试一下	（丈夫）真有那么好使吗？ （妻子）我买回来了，咱们也去试试呗，走
展示购买的绞肉机	丈夫把包装打开，一件一件地拿出零件	（丈夫）打开看看，里边东西挺多啊！倒出来看看，这都啥呀，说明书、刀片，还有替换芯，咱先组装主体吧
演示绞肉机的使用	绞肉机组装好以后，丈夫放进韭菜、肉、萝卜块、姜，然后盖上盖子，按下按钮，结果绞肉机乱动	（丈夫）整一把韭菜，然后放上肉，大块肉，我也不切了，直接放里边呗。萝卜，切得有大块有小块，扔里边看看！对，还差一个姜，姜也扔进里边，这就差不多了吧？小心点，别割到手啊。开始，哎呀，这怎么回事？不行啊？ （妻子）是不是里边肉太多了

内容框架	镜头画面	台词
减少食材量	拿出绞肉机里的一些肉、萝卜块，增加绞肉的操作空间	（丈夫）拿出来一点儿吧。再试一下。咱不冤枉任何一个好产品，但咱也不放过任何一个坏产品，干测评就得实事求是，对不对？这些差不多了吧？这些要是再绞不了的话，这款绞肉机就没必要买了。再给它一次机会
再次演示绞肉机的使用	丈夫按下按钮，绞肉机终于成功转动，把食材绞碎了；一旁的手机记录时间，绞碎食材用了 20 秒	（妻子）一、二、三！按，这下好了！ （丈夫）好了，20 秒！ （妻子）不错啊，倒出来看看
展示最终效果	丈夫把绞好的食材倒出来	（丈夫）其实刚才已经绞好了，我是为了让它绞得更细一点。确实可以，香味都出来了。 （妻子）绞得挺细啊，倒出来看看。 （丈夫）看看，挺细啊！ 这些馅也不少，刚才东西放多了，改一下刀就好了。 其实这款绞肉机还是值得推荐的，嗯，给个 80 分吧

5.3.6　直播文案

直播文案是直播营销中不可或缺的一部分，它能吸引观众的注意力，传达品牌信息和产品价值，并激发观众的购买欲望。直播文案一般指的是直播话术文案（也称直播话术）。

直播是一种互动性非常强的网络实时传播方式，为了保证直播的效果和质量，有一个清晰的结构是非常重要的。

一般来说，直播话术文案的基本结构包括聚人话术、留客话术、锁客话术、说服话术、催单话术、引导下单话术、下播话术等部分。

1．聚人话术

使用聚人话术的阶段属于直播开场阶段，主播要做好暖场工作，拉近与观众的距离，吸引观众的注意力。如果主播是新人，要学会自己对着镜头讲话，不要怕尴尬，紧盯屏幕上观众的发言，热情、及时地回复，能给直播间的观众留下很好的印象。

聚人话术的内容主要是针对观众入场进行欢迎，拉近与观众的距离，主要方法是解读观众的账号名称，寻找共同话题，介绍福利或者宣传直播内容来引入直播主题。在宣传直播内容时，主播要传递产品的产地、历史、口碑、销售数据等信息，引起观众的好奇心。

"新来的朋友我看到你了，欢迎你来到我的直播间，喜欢主播的点个关注！"

"大家是不是和我一样，换季就过敏，换了好几个产品都不合适？……这种情况我一般用……"

"新来的朋友扣 1，我给大家发福袋。"

"非常感谢所有来我直播间的朋友，我每天的直播时间是晚上 7 点到 10 点，风雨不改，没点关注的记得点关注，点了关注的记得每天准时来看。"

"欢迎来到我的直播间，今天我来给大家分享几个美妆小技巧，学会了你也可以是美妆达人！记得关注我，了解更多简单易上手的美妆技巧。"

"欢迎来到直播间，我是一名新主播，今天是第一次直播，谢谢大家支持啊！如果有什么做得不好的地方，希望大家多多包容。"

"这款产品畅销多年，很多家庭都有。"

2．留客话术

在直播过程中，主播要与观众实时互动，让观众感知到其诉求可以较快得到回应，而主播也可以快速获得观众的反馈。留客话术主要包括发问话术和节奏型话术。

- 发问话术。主播可以向观众提出问题，征询观众对产品的意见。例如"刚刚给大家分享的小技巧都学会了吗？""朋友们，如果有不清楚拍什么的可以把你们的疑问发出来。""这款口红大家以前用过吗？不清楚怎么选颜色的可以扣 1，我来给大家讲解。"由于观众进行反馈十分方便，只需输入口令即可，主播能很快得到观众的答复，不至于在等待答复时冷场。主播还可以给观众抛出一个选择性的问题，答案任选，发言成本很低，能迅速让观众参与到互动中。例如，"想让主播换左手这一套衣服的扣 1，想让主播换右手这一套衣服的扣 2。"

- 节奏型话术。这一类话术的目的是让观众主动发言，活跃直播间氛围，给后进来的观众一种直播间很热闹、人气很高的印象。例如，"觉得主播说得对的扣 111""扣 333，让我感受一下你们的热情"。与此同时，主播要及时宣布促销活动，包括抽奖、发红包、给折扣、发优惠券等，号召观众互动，吸引新观众的注意力。例如，"直播间的朋友们把 333 扣起来，给大家发优惠券了啊！"

3．锁客话术

锁客话术的目的是提高观众对直播间的黏性，强化观众对产品的印象和好感。主播可以利用"物品+形容词+心情感受"来展示产品的质量、使用感受以及和其他渠道对比的价格优势，让观众直观地看到效果。例如，"这支口红的颜色很梦幻，给人很温柔的感觉，使用后就像在春天漫步。"

主播可以使用信任型话术，用"我也……"来强调自己用过且非常喜欢，并强调使用后的感受，这样可以让产品讲解显得更加真诚，衬托产品的优质，从而打消观众对购买产品的顾虑。例如，"我也买了这一款护手霜，我个人比较喜欢这个品牌最新推出的款式。"

主播还可以从专业的角度出发，针对一个产品及同类产品的搭配进行详细讲解，提高观众的信任度，并指导观众根据自己的实际情况选择产品。例如，"即使是素净的白衬衣和古板的蓝西装，配上灰白印花丝巾后，整体穿搭也瞬间被点亮，让气质与众不同。"另外，主播还可以现场试用产品，分享使用体验和效果，验证产品功能。

4．说服话术

说服话术的目的主要是将产品从价格、成分、功能、包装设计、促销力度和现场使用效果等方面与竞品对比，进一步说服观众购买，其中起重要作用的是低价和构建美好场景。

● 低价：直播的优惠活动是影响观众在直播间购买产品最直接的因素之一，产品的折扣力度大、价格低，意味着观众会更加热情地查看产品信息，有了观众的信任，销量也会节节攀升。例如，"给大家××秒的时间，能不能点到一万个赞？点到了我给大家上福利，今天这套福利产品的价格只有门店价格的三分之一。"

● 构建美好场景：主播要能够为观众构建美好的场景，给观众利益，满足观众的想象和对未来的预期。例如，"这支口红给人的感觉就像是在下过小雨的森林里漫步，清新自然。"

5. 催单话术

催单，在直播界是指请观众同意购买产品，简单来说，就是在观众产生购买意愿的时候，主播再助推一把，促使观众完成购买行为。在直播间，催单话术一般要充分利用观众追求性价比的心理，为观众打造超出预期的惊喜，使其被热烈的购物气氛感染，增强购物欲。例如，"这次活动的力度真的很大，有需要的可以再加购一套，很划算，错过真的很可惜。""我们之前试播的时候，产品链接刚上架就销售一空，所以想要这款产品的朋友千万别犹豫。"

6. 引导下单话术

当观众产生购买欲望时，主播要及时引导观众下单，为观众耐心讲解下单流程，同时请助理在一旁演示下单操作，排除因观众在下单过程中不熟悉操作而带来的订单流失隐患。例如，"大家点第一个产品链接，再点优惠券，点'立即购买'，填写购买数量，最后点'确认'。大家跟着我的操作来一遍，就能很轻松地买到产品。还有什么不懂的，可以继续问我。"

7. 下播话术

在直播结束时，主播可对整场直播进行总结和收尾，回顾直播内容，并对下一次直播进行预告，邀请观众留下反馈。下播话术可以给观众留下深刻印象，促进后续的互动。例如，"感谢大家的观看与参与，如果大家有任何疑问或建议，欢迎在评论区留言，我们下次直播再见！"

 知识链接

一场成功的直播离不开一份逻辑严密、条理清晰的直播脚本。在撰写直播脚本之前，运营人员首先要明确直播脚本的4个核心要素。

一是明确直播主题和直播的目的，让观众知道自己在直播中能看到什么、获得什么，提前勾起观众的兴趣。

二是把控直播节奏，梳理直播流程。一份合格的直播脚本都是具体到分钟的。

三是安排直播分工，对主播、副播、后台客服的动作、行为、话术做出指导。主播负责引导观众、介绍产品、解释活动规则；副播负责现场互动、回复问题、发送优惠信息等；后台客服负责修改产品价格、与观众沟通、转化订单等。

四是控制直播预算，中小卖家可能预算有限，要在脚本中提前设计好能承受的优惠券面额、赠品支出等。

5.3.7　AI 写作

在数字化时代，人工智能（Artificial Intelligence，AI）已经逐渐渗透到我们生活的各个方面。AI 的应用范围越来越广泛，AI 写作就是其中之一。AI 写作是指利用人工智能技术，让计算机程序自动产生文章、新闻、故事等文本内容的过程，AI 可通过分析大量的数据和语言模型，模仿人类的写作风格和思维方式，生成具有逻辑性和可读性的文本。

1．AI 写作的特点

AI 写作具有以下特点。

（1）高效性

与人类写作相比，AI 写作可以在短时间内生成大量文本内容。例如，在新闻报道领域，AI 写作可以根据数据和事实快速生成新闻稿件，大大提高新闻报道的效率。此外，在营销领域，AI 写作也能快速生成吸引人的文本内容，帮助企业提升营销效果。

（2）准确性

AI 写作是基于大数据和语言模型生成文本内容的，可以避免人类写作的主观偏差和错误。例如，在科技领域的文章中，AI 写作可以准确地呈现技术细节和专业术语，避免了人类写作中理解和表达的误差。此外，在法律文件、合同等领域，AI 写作也能准确地表达法律条款和要求，提高了文本的准确性和可靠性。

（3）创造性

尽管 AI 写作是基于已有的数据和模型生成文本内容的，但它也能创造出新颖的文本内容。例如，在文学创作领域，AI 写作可以生成具有独特风格和情感的故事和诗歌，给读者带来崭新的阅读体验。此外，在广告创意、品牌故事等领域，AI 写作也能帮助企业创造出独特的品牌形象和故事，提升品牌价值和影响力。

（4）可定制性

AI 写作可以根据创作者的需求和要求进行内容定制。例如，在客户服务领域，AI 写作可以根据创作者的问题和需求生成个性化的回答和解决方案，提高客户满意度。此外，在个人写作领域，AI 写作可以根据创作者的写作风格和喜好生成符合个人口味的文章和故事，满足个性化的写作需求。

2．AI 写作的技巧

通过以下几种方法，创作者可以借助 AI 工具来完成写作。

（1）主题引导

AI 写作平台通常提供主题引导功能，创作者可以通过输入关键词或选择一个主题，让 AI 生成相关内容。例如，想写一篇关于健康饮食的文章，创作者可以告诉 AI 主题是"健康饮食"，AI 将根据这一主题生成相关的文章内容，内容包括饮食原则、营养搭配、健康食谱等方面。

（2）生成篇章结构

AI 写作平台还可以帮助创作者生成篇章结构。创作者只需告诉 AI 自己需要一篇包含引言、正文和结论的文章，AI 会自动生成相应的篇章结构，并根据主题和关键词填充内容。这一功能可以帮助创作者节省大量的写作时间，让创作者无须再为如何组织文章的结构而烦恼。

（3）调整语言风格

AI 写作平台通常会提供调整语言风格的功能。创作者可以根据不同的目标受众和文体要求选择不同的语言风格，如正式、轻松、学术等，让 AI 根据选择调整生成的文章风格。

（4）修改和优化

AI 写作平台还会提供文章修改和优化的功能，AI 可以根据语言规范和修辞技巧对自动生成的文章实时提供修改和优化建议。

通过 AI 的修改和优化功能，创作者可以针对文章的语法、错别字、句式等进行修改。AI 会提供具体的修改建议，帮助创作者提高文章的质量，使文章更具吸引力和可读性。

 素养课堂

2024 年政府工作报告中提出：“大力推进现代化产业体系建设，加快发展新质生产力。充分发挥创新主导作用，以科技创新推动产业创新，加快推进新型工业化，提高全要素生产率，不断塑造发展新动能新优势，促进社会生产力实现新的跃升。”人工智能正是发展新质生产力的重要引擎，因此，全社会要响应政策，积极推动“人工智能＋”在各领域的深度融合。

5.4　图片设计

图片设计是现代生活中不可或缺的一部分，无论是广告宣传、艺术领域，还是娱乐领域，图片设计都扮演着重要的角色。图片设计并不是一项容易掌握的技能，它需要艺术感和技术能力的结合。

5.4.1　图片设计原则

设计人员在设计图片时，一般要遵循以下原则。

1．色彩原则

色彩是图片设计中最重要的元素之一，正确地使用色彩可以极大地提高图片的吸引力。选择色彩时需要考虑多个方面，包括品牌色彩、设计主题和目标受众。例如，如果图片是为了一个高端品牌的广告宣传而制作，可以选择金色、银色或黑色来传达品牌的高贵感；如果是为了吸引年轻受众而设计，可以选择明亮、活泼的色彩，如红色、黄色和天蓝色等。

色彩组合也极为重要，常用的色彩组合包括单色调、互补色、相似色和三原色。单色调是使用一种颜色但在亮度和饱和度上作调整，可以创造出简洁、高雅的效果。互补色是使用两种互补的颜色，使它们相互强调，创造动态和对比的感觉。相似色是使用同一色彩系列中不同亮度和饱和度的颜色，以创造出柔和、温暖的效果。三原色是指色彩中不能再被分解的三种基本颜色，通常指红、黄、蓝，利用三原色可以创造出色彩丰富、平衡的效果。

2．排版原则

排版是图片设计中另一个非常重要的元素，图片中除了有图像，还会有文字，图像和文字的布局至关重要。图片排版需要考虑内容层次、字体样式、字体大小和间距等因素。

首先，设计人员要确定不同内容的重要性和优先级，以便选择合适的字形和字号。例如，标题可以加粗和使用较大字号，以突出其重要性。段落文字可以使用较小的字号，以便排版紧凑并节省空间。

其次，设计人员要考虑字体样式和间距，应选择适合设计主题的字体样式，文字间距要足够，以保证文字的清晰度和可读性。

3．构图原则

构图是指图片中各元素的排列和组合方式，合理的构图可以使图片更具吸引力和意义，可以通过创造规律、对称、对比和层次等效果来有效引导用户的视线。

规律主要用于创建一种重复的效应，使设计看起来有条理、稳定和舒适。对称可以创造出简单、平衡的效果。对比是一种强调不同性质和元素的方式。层次可以创建一种空间感，如运用前景、中景和背景元素创造出景深效果。

4．工具原则

如今，设计人员普遍使用图像处理工具来改变和调整图片的颜色、大小、形状和效果，以增强色彩、修复瑕疵、裁剪、缩放和添加效果等方式，使图片更有吸引力。常用的图像处理工具有 Photoshop、醒图、美图秀秀等，设计人员要熟练掌握其使用技巧。例如，调整图像的曲线、饱和度、色调和对比度等，或添加特殊效果（如模糊、磨皮、毛玻璃和浮雕等效果），可以创造出有趣和独特的视觉效果。

5.4.2　图片素材来源渠道

在设计行业，图片素材扮演着不可或缺的角色，因此如何高效地收集图片素材，建立自己的素材库，成为每一个设计人员需要面对的问题。下面介绍一些常见的图片素材来源渠道。

1．搜索引擎

各种搜索引擎都有图片搜索功能。例如百度，提供了按尺寸、颜色筛选图片的功能，设计人员选择大尺寸或特大尺寸时，可以得到高清的图片；按颜色筛选图片时，可以得到以选定颜色为主色调的图片。当然，在进行搜索时，设计人员要注意关键词的准确性和搜索结果的真实性，并避免侵权行为。

2．设计网站

设计人员可以通过花瓣网、站酷、古田路9号等专业设计网站来查找图片素材。例如，花瓣网是设计人员经常用来查找设计参考的网站，搜索关键词可以找到相关的图片，且质量要比利用搜索引擎好很多；还可以选择"画板"，查看其他用户建立的专题画板。

3．素材网站

素材网站是设计的好帮手，用素材网站不仅可以搜索到 JPG 格式的图片，还能获得各种可以编辑和修改的设计源文件，方便进行二次加工。

素材网站有很多，如摄图网、千图网、包图网、千库网等，每个网站都各有优势，其运作模式和收费标准相差不大。以摄图网为例，图片有多种分类，包括照片、设计模板、创意背景、插画等，设计人员还可以根据各种格式、颜色筛选图片。

4．图库网站

图库网站是正版图片、视频、字体、音乐等素材的交易平台，如全景网、视觉中国等，所有图片素材都是摄影师精心拍摄的摄影图片，因此质量有保障，但价格一般较高。

5.4.3 常用的图片设计工具

图片设计工具是专门用于图片设计等领域的软件，随着计算机技术的不断发展，图片设计工具的种类也越来越多样化。

1．Photoshop

Photoshop 是一款专业的图像处理软件，被广泛应用于平面设计、数字艺术、照片修饰等领域。它支持各种格式的图像文件，并具有强大的图像编辑和合成能力。用户可以使用各种工具和滤镜来调整颜色、亮度、对比度等图像属性，并进行复杂的图像合成和处理操作。

2．Illustrator

Illustrator 适用于设计图标、插图等。Photoshop 和 Illustrator 在工具和功能上有相似之处，但 Illustrator 侧重于矢量设计，它可以创建高质量的矢量图形，并支持多种文件格式。用户可以使用各种工具和效果来创建、编辑和组合形状，以及添加文本和图像。

3．Sketch

Sketch 是一款矢量图形设计软件，常用于用户界面设计、用户体验设计、网站设计等领域。它具有直观的界面和丰富的功能，包括矢量绘图、文本编辑、图层管理等。用户可以使用各种插件来增强 Sketch 的功能和效果。

4．Canva

Canva 是一款在线图形设计工具，它极大地简化了设计过程，使非专业设计师也能轻松创建出具有专业水准的设计作品。它提供了丰富的模板、图形元素和字体，支持在线合作，并且可以分享和导出多种格式的文件。

5．摹客 DT

摹客 DT 是一款国产用户界面（User Interface，UI）设计工具，凭借其强大的功能和独特的优势成为一款受欢迎的设计工具。无论是专业设计师还是创意人士，都可以通过摹客 DT 实现创意的表达，设计出与众不同的作品。

摹客 DT 具有强大的矢量绘图功能，可用于创建高质量的矢量图形和插图。摹客 DT 提供了剪刀、旋转副本、黄金分割参考图层等功能，这些功能使用户可以快速、灵活地进行设计和编辑，实现各种创意。摹客 DT 的自动布局和约束功能可以帮助用户快速调整设计排版，大大节省了排版时间。摹客 DT 拥有丰富的素材，包括矢量图形、插图、图标等，用户可以从中选择合适的素材，快速创建设计作品，提高工作效率。摹客

DT 可以在多个平台上使用，如 Windows、Mac OS、Linux 等，也支持多个用户同时编辑一个项目，提升设计工作的灵活性和协作效率。

5.4.4 根据不同需求设计图片

在找到合适的图片素材后，有的图片可能需要经过处理才能使用，如裁剪图片，模糊图片，调整饱和度、对比度或亮度，添加滤镜，使用网格和框架，叠加图层，添加文字等。

处理完图片素材后，设计人员即可根据需求设计图片。

1．制作海报和封面图

海报和封面图是全媒体营销与运营中经常用到的图片，通常是进入用户视线的第一张图片，所以极为重要。制作海报和封面图的工具主要有创可贴、美图秀秀、PowerPoint、Photoshop 等。

以创可贴为例，它是一款操作简便的在线平面设计工具，为用户提供了丰富的图片素材和设计模板，用户通过简单的拖曳操作就可以制作海报、名片等各类设计图。在设计海报时，用户可以登录创客贴账号，搜索想要使用的模板主题，并选择细分领域，然后使用模板，进入设计页面，通过对不同素材的使用与调整，即可完成海报设计工作。

2．制作 GIF 动图

GIF 动图的原理是将多个图像保存为一个图像文件，从而形成动画的形式，这种图像格式极大地提高了信息传播的效率，在全媒体领域得到了广泛的应用。制作 GIF 动图的素材主要分为两类，一类是视频，一类是图片。常用的制作 GIF 动图的工具有GIF123、美图秀秀、PowerPoint、SOOGIF、图贴士等。

3．制作二维码图片

在全媒体营销与运营过程中，很多时候会用到二维码，如微信推文底部的二维码、H5 中的二维码、手机海报中的二维码等，这时可以使用二维码制作工具来制作二维码图片。常用的二维码制作工具有草料二维码、二维码工坊、二维彩虹、码上游二维码、第九工场等。

5.4.5 AI 作图

随着科技的飞速发展，AI 已经渗透到人们生活的方方面面，特别是在创意领域，AI 绘图软件正逐渐成为艺术家和设计师的得力助手。这些软件不仅能快速生成独特的艺术作品，还能激发创作者的灵感，让创意与科技完美结合。

1．Midjourney

Midjourney 是一款在线 AI 绘图工具，无须安装，用户只需输入关键词就能生成精美图片，可以满足用户的在线创作需求。

除了输入关键词，该工具还有提示词工作台。提示词就是对画面的描述（画面的主题、详情及背景等）与要求（画面风格、参数等）。提示词可以采用"内容+构成+风格"的书写方式，中间用逗号隔开，用户还能自由设置各个提示词的权重。另外，Midjourney 还支持团队协作，让创意工作更加高效。

2. Corel Painter

Corel Painter 是一款专业的数字绘画和插画软件，它模拟了传统绘画的体验，为用户提供了丰富的画笔和画材。借助 AI 技术，它能智能识别笔触，让创作更加自然、真实。

3. Stable Diffusion

Stable Diffusion 是一款基于深度学习的图像生成模型，能够根据文字描述生成高质量的图像。这款软件的特点是稳定性强，生成的图片清晰度高，适合大规模应用。另外，Stable Diffusion 还可以修复损坏的图像，提高图像的分辨率，在图像上应用特定的风格。与 Midjourney 相比，Stable Diffusion 能够更精确地控制绘画的结果，使用 Midjourney 则更加随机化和不确定，但也会有更多变化和惊喜。

5.5 图文排版

对于运营人员来说，内容是与潜在用户进行沟通的有效媒介，只有通过有效的图文排版，将内容背后的信息有效、正确地传递出去，让用户读懂所要传递的信息，才能实现内容本身的意义。

5.5.1 图文排版的基本原则

图文排版的基本原则主要包括对齐、逻辑性、一致性和对比。

1. 对齐

对齐是为了保持页面的整洁和美观，避免杂乱无章的感觉。常见的对齐方式包括左对齐、居中对齐和右对齐。在对齐文本时，应考虑到元素之间的间距，以及它们之间如何相互作用。合理的间距可以帮助用户快速地理解信息。

2. 逻辑性

元素的排列应该根据它们的逻辑关系来确定，而不是随意堆砌。这种关系可以是视觉上的接近性，如大小、位置或重要性，通过这种方式可以让页面看起来组织性和条理性更强。

3. 一致性

为了避免引入过多繁杂的视觉要素，同一层次上的视觉设计要重复使用，使页面设计达到一致。此外，背景、主色、版式和风格也应该保持一致。

4. 对比

对比是指通过使用大小、明暗或曲直的对比，突出重要的信息，帮助用户区分不同的元素。对比不仅有助于提升视觉效果，还能吸引用户的注意力。

5.5.2 常用的图文排版工具

对于发布在全媒体平台上的图文内容来说，精美的排版可以为用户提供良好的阅读体验，提高图文内容的格调。下面介绍常用的图文排版工具。

1．秀米

秀米是一款专用于微信公众号的文章编辑工具，秀米拥有很多原创模板素材，排版风格也很多样化、个性化。用户利用秀米可以设计出文章排版的专属风格。除此之外，秀米还可以生成长图和贴纸图文，其图文链接本身也可以作为一个独立的内容传播页面。

2．135 编辑器

135 编辑器是一款提供微信公众号文章排版和内容编辑的在线工具，支持秒刷、收藏样式，以及颜色、图片素材编辑、图片水印、一键排版等功能，帮助用户轻松编辑微信公众号图文。

3．壹伴

壹伴是一款能够增强微信公众号编辑器功能并显著提高排版效率的浏览器插件，提供一键图文排版、采集文章、采集图片、数据分析等微信公众号运营的必备功能，其功能基本可以覆盖作者、编辑、运营人员等多方位的需求。

4．96 微信编辑器

96 微信编辑器是一款专业的微信公众号在线编辑排版工具，提供手机预览功能，便于用户进行微信图文内容排版、文本编辑、素材编辑。

5．易点微信编辑器

易点微信编辑器是一款专业的微信公众号内容排版编辑工具，其界面简洁、素材精美、功能强大、操作简便，没有排版经验的新手也可以轻松使用，同时还有不同风格、不同行业大量的素材可供用户使用。

5.5.3　常用的图文排版技巧

图文排版的目的是通过强化视觉设计，提升阅读体验，从而强化品牌感知，引导用户行动。下面是一些常用的图文排版技巧。

1．内容模块化

内容模块化是指把一篇文章分成若干部分，每个部分提炼一个小标题，使用小标题可以突出重点，让文章的结构更加清晰，用户可以很清楚地看出文章的层次脉络和内容结构，因此可以减轻用户的阅读压力，防止用户的注意力和耐心被过快消耗。使用图文排版工具，创作者可以灵活设计各式各样的标题。图 5-6 所示为某微信公众号文章中的小标题。

2．重点突出

用户阅读文章是一个接受创作者表达的过程，突出重点既可以吸引用户的注意力，也可以提高用户获取内容价值的效率。

突出重点的方法有以下几种：加粗文字，加底色（见图 5-7）或边框，标注特殊颜色（一般用品牌颜色），用引导语引出重点展示的内容，以及适当配图。

3．段落标准化

大段文字堆砌在一起，阅读体验会非常差，影响用户阅读的耐心。在移动端，良好的阅读体验要求不超过 5 行字就要分段，以 3～4 行分段为宜。一般手机屏幕显示的行数在 25 行左右，加上留白的空间，一个屏幕上显示 4～6 个段落比较合适。

图 5-6　小标题　　　　　　　　　　图 5-7　加底色

4．整体配色遵循三色原则

在服装搭配上有一个三色原则，指的是全身上下的衣着色彩应当保持在 3 种之内，否则容易引起混乱。文章排版的整体配色也应遵循三色原则，即一篇文章中的色彩不要超过 3 种，常见的配色方式是正文用黑色，注释性的文字用灰色，再加一个固定的亮色，这样不仅看起来舒服，也有利于风格统一。

5．适当留白

适当留白可以使内容呈现张弛有度，更有美感，让内容更适合阅读，减轻用户的阅读压力。一般来说，段落之间要空一行，段首不要缩进，小标题上下要留白，而且小标题与下面内容之间的留白要小于其与上面内容之间的留白，因为小标题与下面的内容是一个整体。文字注释和被注释对象之间不要留白，如图片、视频、表格与其文字注释之间不要留白。数字、英文单词前后要留白。

 知识链接

图文设计是一种将文字、图像、色彩等元素进行综合处理的设计手法，通过将文字和图像巧妙地组合，以达到传达信息、表达情感、引导消费者等目的。在商业领域中，图文设计是一种非常重要的宣传手段，可以有效地提升品牌形象，吸引消费者，增加销售量。

图文设计的主要工作内容如下。

（1）字体设计

字体设计涉及字体的样式、大小、粗细、排列等方面。字体设计的好坏会直接影响整个版面的视觉效果和阅读体验。在进行字体设计时，设计师需要根据版面的整体风格和内容来选择合适的字体样式，以实现视觉上的一致性和易读性。

（2）版面布局

版面布局主要涉及文字和图像在版面中的位置、大小、排列方式等。合理的版面布局可以让读者在第一时间快速地找到自己需要的信息，并且能够引导读者的视线，提升阅读体验。在进行版面布局时，设计师需要根据版面的主题和内容来确定整体的布局风格，以达到最佳的视觉效果。

（3）图像处理

图像处理主要涉及图片的选择、处理和排版等方面。图像可以有效地传达信息、表达情感、吸引读者。在进行图像处理时，设计师需要根据版面的主题和内容来选择合适的图片，并对其进行必要的处理和调整。

（4）色彩搭配

色彩搭配主要涉及颜色的选择、搭配和运用等方面。色彩可以有效地传达情感，增强视觉冲击力，吸引读者的注意力。在进行色彩搭配时，设计师需要根据版面的主题和内容来确定整体的色调和配色方案。

5.6　H5设计

H5是HTML5的简称，即第5代超文本标记语言，是构建以及呈现互联网内容的一种语言方式，被认为是互联网的核心技术之一。H5为下一代互联网提供了全新的框架和平台，包括提供免插件的音频或视频、图像动画、本体存储及更多重要的功能，并使相关应用标准化和开放化。在设计领域，H5也被用来指代用H5技术制作的页面。

H5拥有丰富的控件、灵动的动画特效、强大的交互应用和数据分析能力，非常适合通过手机展示和分享，多应用于邀请函、产品推荐、企业形象宣传、招聘启事等。H5的展示形式主要有简单图文式、视频动画式、邀请函式、问答测试式、全景式等。

5.6.1　H5设计原则

为了给用户打造良好的视觉体验，设计人员在设计H5时需要遵守以下原则。

1．简洁明了

在信息碎片化时代，用户更倾向于浏览简洁、易记的内容，因此H5中的内容要精练，要挑选最精准、最核心的内容进行展示，同时使用简洁、清晰的布局，降低页面元素的复杂性，避免让用户感到困扰和迷失。设计人员使用的颜色和字体要尽可能少，以保持页面整体的统一性和一致性。另外，设计人员要简化导航和操作流程，减少用户的点击次数和等待时间。

2．保持一致性

一致性是指H5整体风格、版式和色彩搭配等设计要素的统一性。H5要保持整体风格的一致性，让用户在使用过程中找到熟悉的元素和操作方式，提高用户的信任度和忠诚度。

3．减少虚拟元素的使用

虚拟元素是指向用户解释关于页面内容的信息或操作内容的提示。H5中的虚拟元素会占据页面空间，减少有效内容的展示区域，进而影响用户的阅读体验。如果有些虚拟元素不可缺少，要将其简化，或者将其设置为隐藏状态。

4．保证加载速度

设计人员要优化 H5 的加载速度，减少不必要的图片或视频等资源，保证用户可以迅速打开和访问页面。因此，设计人员要使用合适的图片、视频压缩和缓存技术，减少网络传输的数据量。

5．页面内容要有条理

无论 H5 中的内容有多少，都要按照一定顺序进行展示，一个页面只讲一件事。如果一个页面包含的信息量太大，会增加用户的阅读负担。因此，设计人员在设计 H5 时要先做整体规划，分清页面内容的主次和并列关系，有条理地展示页面内容。

5.6.2　常用的 H5 设计工具

在以往，人们如果不懂设计和代码，设计 H5 就会非常困难，但随着 H5 设计工具的不断推出，这个问题逐渐得到解决。人们借助各类 H5 设计工具，通过修改模板就能快速设计出符合自己需求的 H5。下面介绍几款常用的 H5 设计工具。

1．易企秀

易企秀是一个基于智能内容创意设计的数字化营销软件，主要提供 H5 创景、海报图片、营销长页、问卷表单、互动抽奖小游戏和特效视频等内容的在线制作服务，且支持 PC、App、小程序、WAP 多端使用，用户可以根据自己的需要进行创意 H5 制作，并快速分享到社交媒体开展营销。

易企秀降低了编辑器在线操作的难度，即使是毫无技术和设计功底的用户，只需进行简单的操作，就可以快速制作出各式营销物料，并快速分享到社交媒体进行传播，轻松完成原本需要多人参与甚至是团队操盘的项目。易企秀的模板素材都是由专业设计师根据实际营销场景制作的，不仅形式新颖，而且传播效果好。

2．MAKA

MAKA 是一个集在线设计、活动营销于一身的全平台工具，用户可以通过 MAKA 轻松制作 H5、海报、视频等多种内容。MAKA 还支持分渠道数据统计和社交关系传播贡献分析，帮助用户高效进行裂变管理和渠道激励。

MAKA 有丰富的收费、免费模板，用户使用时只需要选择一个模板调整文案和素材即可。MAKA 提供针对投票、点赞、支付、购买、抽奖等营销场景的解决方案，能够满足不同行业对 H5 场景营销的差异化定制需求。

3．人人秀

人人秀是一个致力于帮助企业践行营销数字化转型的数字化活动营销中台，主要提供互动营销，H5、问卷、小程序、海报和画册的产品营销矩阵，具有丰富的场景营销解决方案和强大的技术能力，且适配企业微信、小程序、App、PC 等多端使用。

人人秀支持多页宣传和活动营销功能，50 种趣味特效让活动更有趣，快闪、一镜到底、抽奖、答题、投票、发红包、小游戏，用一个 H5 可以全部实现。

4．兔展

兔展是一站式企业营销增长平台，在 2014 年率先推出了 H5 这一内容表现形式。

兔展具有 H5、短视频、互动游戏、小程序等多种表现形式，为用户提供独特的营销解决方案。

在 H5 设计上，兔展专注于提供互动型 H5 制作服务，用户可以轻松添加互动元素；兔展提供了多个领域的模板，如营销、教育、游戏等，能够满足不同用户的需求；兔展支持实时预览功能，用户可以在编辑过程中随时查看设计效果。

5．iH5

iH5 是一款专业的 H5 在线制作工具，用户无须编码即可完成对多媒体元素的拖拉、排放、设置等可视化操作，实现在线编辑功能。iH5 适合需要深度定制的用户使用，且支持多人在线协同编辑同一份 H5，这对团队合作很有帮助。

5.6.3 H5 设计方向

在移动互联网时代，H5 开发快速发展，有各种各样的形式，无论是宣传品牌、介绍产品，还是新闻推广，都可以采用 H5 的形式。总的来说，H5 设计有以下几个方向。

1．内容方向

内容方向是指以介绍内容为主，从用户情感出发，从大众熟识、了解的方面入手，如节日类、影视剧类，其目的一般包括引流、拉新、宣传等。由于内容型的 H5 没有利益刺激，要想吸引用户参与并传播，就需要知道用户的情感需求和动机。

用户的动机一般分为参与动机和传播动机。参与动机包括好奇心、使命感、稀缺性、创造力和同理心；传播动机包括成就感、拥有感、社交等。设计人员要合理利用用户的动机，在 H5 的文案中添加反映这些动机的内容，满足用户的情感需求，促使其使用并主动传播。

2．交互方向

交互方向就是注重向用户提供丰富多彩的互动体验，让用户有很强的参与感，如游戏类、广告类。这需要在互动过程中做到极致的体验，吸引用户逐步依照设计人员的思路看完 H5。而交互方向 H5 的一大类是 H5 小游戏，选择各种元素自由组合，达到不错的广告效果。

3．视觉方向

视觉方向 H5 是指以画面为主的 H5，但其把重点放在了画面执行上，使画面具有丰富多彩的动效，形成巨大的视觉冲击力。视觉方向的 H5 有着酷炫的画面、华丽的动效及特点鲜明的手绘，使用户印象深刻。

4．利益方向

为了增加用户传播的积极性，H5 设计中可以增加利益激励元素，如红包、优惠券等既得性利益，以及精神层次的利益。

综上所述，H5 活动要想获得广泛传播，传播点的设计也至关重要，主要的传播点有以下几种。

- 内容击中用户：内容引起共鸣、新奇，迎合热点，常见于展示类 H5。
- 具备社交属性：组队，让好友完成或者与好友一起完成，结果具有社交属性，常见于游戏类、测试类 H5。
- 结果可炫耀：获得某个成果，如排行榜、成绩、形象等。

课堂实训：广汽传祺产品推广分析

1．实训背景

"9 秒 83"，一个被载入中国体育史册的数字。2021 年 8 月 1 日，苏炳添在东京奥运会男子百米半决赛中跑出 9 秒 83 的成绩，并一举打破亚洲纪录，成为首位站上奥运会男子百米决赛跑道的中国人。

而在当年的 7 月 14 日，广汽传祺官宣苏炳添为"传祺影豹"的代言人，并在 8 月 1 日，即苏炳添跑出 9 秒 83 的成绩当天，正式上市了苏炳添代言的"传祺影豹"。不止于此，广汽传祺还宣布将"影豹 J10 版"更名为"J10 飞人版"，指导价格也调整为 9.83 万元，以此来致敬中国速度。

毫无疑问，广汽传祺赛前邀请苏炳添成为代言人，赛后对代言产品进行更名、调价的做法，使该品牌在这场轰动亚洲的奥运会男子百米半决赛后，获得了巨大回报。

2．实训要求

请同学们分析案例中企业营销的做法，并在微博、微信公众号等渠道上搜集相关资料，从选题、文案、图片、图文排版等方面进行分析，探讨企业展开的全媒体营销有何特色。

3．实训思路

（1）搜集相关资料并分析选题

在微博、微信公众号搜集与广汽传祺这次营销相关的信息，尤其是广汽传媒官方账号发布的信息，分析其在内容选题上有何特征。

（2）文案分析

查看相关的文案，分析这些文案的类型和用到的写作技巧。

（3）图片和图文排版分析

针对广汽传祺发布的宣传文案进行分析，观察文案中的图片和图文排版在设计方面有何特色。

（4）撰写文案

根据了解到的企业文化、产品特征和企业发布的文案风格，找准选题角度，再撰写一篇宣传文案。

课后思考

1．简述创意思维的类型。

2．如何写广告文案可以让用户产生长期记忆效果？

3．简述图片设计原则。

第6章 短视频营销与运营

知识目标

➢ 了解短视频营销的特点、类型、优势及常见平台。

➢ 掌握短视频账号的 IP 打造与主页设置方法。

➢ 掌握短视频的拍摄与剪辑的基础知识。

➢ 掌握短视频引流渠道与商业变现方式。

➢ 掌握短视频营销数据分析的维度与指标。

能力目标

➢ 能够进行短视频内容创作和账号运营。

➢ 能够拍摄和剪辑短视频作品。

➢ 能够做好短视频的引流与推广。

➢ 能够做好短视频账号的数据分析。

素养目标

➢ 坚定文化自信，用短视频传承和弘扬中华优秀传统文化。

➢ 提升审美意识，培养创新能力，在不断创新中求发展。

近年来，短视频行业经历了突飞猛进的发展。就其传播形态而论，短视频似乎是全员媒体、全程媒体、全息媒体、全效媒体的最佳诠释者之一，可以嵌入所有媒介和渠道，以生动、便捷、直观的方式，全方位呈现社会生活的方方面面。短视频可以助力媒体深度融合，但需要牢牢抓住内容创新这一根本，从拼海量向拼质量转变，从聚流量向聚人心跨越。

6.1　短视频营销概述

随着短视频的爆发，短视频营销应运而生。短视频营销是利用短视频平台推广产品或品牌并树立品牌形象的一种营销方式。企业的运营人员借助短视频向目标用户群体传播有价值的内容，吸引他们了解企业品牌、产品和服务，最终促成交易。短视频营销属于内容营销，相较于传统营销方式，其传播能力、流量变现能力更强，操作方法更简单，制作成本更低。

6.1.1　短视频营销的特点

在移动互联网时代，人们对短视频的需求度越来越高，这造就了短视频营销的风口。短视频能够展现丰富的内容，如产品细节、企业文化、品牌情怀等，能将声音、表情、动作等内容融为一体，带给用户更直观的感受，视觉冲击力更强，更容易引发用户的共鸣，从而激发用户的关注与观看兴趣。

短视频营销相比其他营销方式具有以下显著特点。

1．目标精准

短视频营销具有指向明确、目标精准的特点，能够让企业更好地实现精准营销。短视频内容丰富多样，运营人员可以通过视频标签化、垂直运营等手段确定目标用户，实现精准营销。

2．传播性强

短视频内容简洁、富有创意，符合人们的观看习惯，并且传播渠道多种多样，因此很容易实现裂变式传播。优质的短视频内容容易引发用户产生情感共鸣，促使用户主动分享转发，从而实现大范围的传播。另外，用户对喜欢的内容会点赞、收藏，反复观看，因此短视频营销具有传播速度快、覆盖范围广、可持续传播的特点。

3．参与度高

企业可以在短视频平台开展各种营销活动，并选择多种形式激励用户参与，如参与话题有奖、参与短视频创作有奖等。在平台多样化的创作形式和企业设立的奖励机制下，用户的参与度更高，很多用户受话题热度影响会自发参与活动；企业资金的投放也会促使品牌营销话题快速登上平台热搜榜。话题的扩散效应和流量集聚效果能够为企业或产品带来更大范围的曝光。

4．效果可控

企业可以通过分析短视频的点赞量、关注量、评论量、分享量等数据，总结短视频的亮点和需要改善的地方，评估短视频营销的效果，然后筛选出可以促进销售的短视频，为市场营销方案提供正确的指导。

6.1.2　短视频营销的类型

企业做短视频营销的核心是做出有用、有趣的内容，而不是一味地介绍产品、展示实力，短视频营销不等于拍硬广告。运营人员需要转变传统的营销思维，明白创作优质的短视频内容是营销的关键，正所谓"内容即营销"。

短视频营销的类型主要有以下几种。

1. 植入式营销

植入式营销主要是借助用户进行推广，运营人员围绕商品创意推广内容，依靠视频口播、植入广告的形式将商品信息传递给用户，这种原生广告的形式与目标用户之间的接触更加精准，传播效果更具冲击力，更容易获得用户的信任。

2. 体验式营销

大部分用户都非常关注商品的特性，所以运营人员可以围绕商品的特性来塑造特定的场景，通过视频的形式展示出来，以增强用户的真实感，优化用户对商品的体验，从而激发用户的购买欲望。这种营销方式就是体验式营销，让用户提前感知商品的好处与优势，让他们了解到商品的价值，加深他们对商品的印象，从而实现商品重要特性的传递。

3. 情感式营销

情感式营销是当前企业常用的一种营销方式。企业通常会围绕社会上的一些热点创意营销内容，借助短视频引发用户情感共鸣与反思，多角度、深层次地向用户传递企业价值观，从而提升用户对企业的认同感。尤其是亲情题材，如父亲节、母亲节、儿童节等，企业借助这些题材策划短视频营销内容，突破传统营销"卖货"的思维，将情感和价值融入其中，这样既符合当下年轻人的情感需要，也能实现企业的营销目的。

4. 整合式营销

在短视频营销过程中，单一营销方式的营销效果可能不够理想，这时就需要采用多渠道、多链接的整合式营销，扩大短视频的传播范围。整合式营销的传播方式分为纵向传播和横向传播。

纵向传播是指在短视频的构思、制作、发布、营销宣传的每一个环节，精准抓住传播节点，配合相应的传播渠道进行推广。

横向传播贯穿于整个纵向传播的过程，纵向传播的每一个环节往往都在进行横向传播。在短视频营销的过程中，应选择更多的传播平台，不要局限于某一个媒体或网站，将各种不同的传播平台全部纳入横向传播体系中，扩大每一个环节的纵向传播范围，拓展传播深度和广度，以获取更好的营销效果。

6.1.3　短视频营销的优势

短视频备受大众喜爱，它具有简短精练、形式灵活、内容多样、富有创意、感染力强等特点。短视频营销能够在短时间内形成大范围的病毒营销，为企业带来巨大的营销价值。

短视频营销的优势主要体现在以下几点。

1. 简短精练，满足用户需求

在快节奏的生活方式下，人们的时间成本越来越高，而短视频简短精练，更能满足用户的需求，节约用户的时间成本。"短、平、快"已经成为互联网时代的标签，简短精练的视频更容易让人接受。

2. 感染力强，利于品牌传播

运营人员可以将品牌轻松植入短视频中，植入的维度可以是人、场景、画面、情节等，向用户传递品牌形象、价值理念等。这让产品形态更加多样化，感染力更强，从而让用户的接受程度更高，同时对于优质内容用户还会进行二次传播。

3. 成本较低，运营维护便捷

与传统的电视广告相比，短视频营销成本相对较低，主要体现在三个方面，即制作成本低、传播成本低及维护成本低。这是因为短视频不再局限于专业的拍摄设备，使用手机也可以拍摄，而且拍摄的短视频经过简单的剪辑即可上传与分享。

4. 互动性强，营销效果好

短视频营销具有非常强的互动性，用户在观看过程中可以与视频发布者、其他用户互动。评论是一种造势手段，评论量越多的视频，往往热度越高，传播能力也越强，营销效果就越好。

6.1.4 短视频营销的常见平台

随着短视频行业的持续发展，涌现出一大批优秀的短视频平台，对企业来说，短视频营销平台的选择更加多样化。短视频营销平台不仅包括社交平台，如抖音、快手、微信视频号等，还包括电商平台，如淘宝等，还有一些个性化平台，如小红书等。

1. 抖音

抖音是一款备受欢迎的短视频应用软件，诞生于 2016 年，是帮助用户表达自我、记录美好生活的音乐创意短视频平台。抖音以其优势与特点，吸引了大量用户，截至2023 年，抖音官网日活跃用户数已突破 10 亿。

抖音作为短视频头部平台，其营销优势表现在以下方面：用户多、流量大；智能算法，投放精准；形式多样，功能全面。抖音用户量巨大，能够利用智能算法分析用户特征，为企业找到精准目标用户。抖音平台功能强大，企业可以通过平台话题、音频特效、视频特效、定制活动等方式创意营销内容，吸引用户互动，实现场景化营销与病毒式传播。除了短视频功能外，抖音还推出了直播、电商等功能，目前仍在不断探索新的商业模式。

2. 快手

快手创建于 2011 年，起初是用于制作和分享 GIF 动图的一款 App，之后从纯粹的工具应用转型为短视频社区，帮助用户记录和分享生活。快手主张记录普通人的日常生活，采用去中心化流量分发模式，为短视频运营人员提供公平的曝光机会，激励他们发布多样化的内容。

快手平台的短视频营销优势体现在以下 3 个方面。

（1）平台业务范围广，用户基数大，消费逐渐升级。目前，快手热销榜品类主要有服饰、家居、美妆、美食、农副产品、健身产品等，品牌类型越来越丰富，客单价越来越高，用户消费水平不断提高。

（2）平台用户黏性强，知名博主带货能力强。快手平台的用户忠诚度高，更容易与知名博主形成"老铁"关系，因此更容易信任知名博主"种草"与推荐的产品。

（3）下沉市场潜力巨大，营销能力更强。快手与抖音的用户重合度较高，但快手在下沉市场中的高渗透率在一定程度上能够避开竞争压力，短视频营销在三、四线及以下城市有更大的发展空间。

3．微信视频号

微信视频号是腾讯公司官微于 2020 年 1 月 22 日正式宣布开启内测的平台，它不同于微信订阅号、微信服务号，是一个全新的内容记录与创作平台。

微信视频号具有以下特点：社交分发和个性化推荐相结合，以社交分发为主；信息多向传播，微信视频号可以插入微信公众号内容，为微信公众号导流，也可通过微信公众号为微信视频号导流；与微信融为一体，公域流量更容易转化为私域流量。

在微信视频号中，人和人之间的关系网起到了非常大的影响作用。除了推荐爆款内容以外，微信视频号也会较多地推荐好友点赞或关注账号的视频。

4．淘宝

淘宝属于电商平台，最早以图文形式宣传商品。随着短视频的发展，逐渐融入短视频营销内容。例如，在商品详情页嵌入短视频，营造消费场景进行商品宣传，内容更生动，娱乐性更强，更容易获得用户的喜爱与关注。

与社交平台相比，淘宝的营销性质更为直接和明显，淘宝短视频直接用于宣传商品。无论是在商品主页还是在用户推荐和分享页面，都可以以短视频的形式发布信息，增强了商品信息的真实性、生动性与娱乐性。

5．小红书

小红书成立于 2013 年，是一款生活分享类软件，以用户发布图文笔记、分享好物为特色。小红书以社交分享和购物为核心，是一款融合社区、内容创作与电商性质的综合性平台。

与其他类型的短视频营销平台相比，小红书主要以美妆和穿搭为特色内容，涉及旅游、家居、酒店等方面的消费经验和生活方式的内容。小红书的用户群体以年轻女性为主，她们易于接受新鲜事物，消费意愿强，并且会互相分享与沟通购物心得、使用教程等，这些有价值的内容吸引了更多的消费者与内容创作者，因此小红书平台具有很大的营销潜力。

6.2 账号运营与管理

随着短视频行业的快速发展，短视频营销领域的竞争越来越激烈，运营人员要想在激烈的市场竞争中获得一席之地，就必须做好前期规划，全面布局账号运营，确保正确的创作方向，打造出优质的短视频作品，从而提升自身的核心竞争力。

6.2.1 优质账号的要素

优质的短视频账号才更有运营的意义。运营人员通过账号的创建、内容的打造、稳定的管理能有效提高账号的变现能力。优质账号的要素表现在以下 4 个方面。

1．价值引领

确定短视频营销定位后，运营人员应在选择的内容领域中垂直深耕，勇于创新，树立标杆，创造并传播更多有意义、有价值的内容信息，做好该领域的价值引领。短视频内容打造应注重有用、有趣、有价值，让用户不仅能获取实用的知识与技能，同时身心也能得到愉悦。这就要求运营人员在策划内容时，选择那些经得起推敲的知识或信息点、真实的人物和故事，以及贴近人们生活的情感等。

2．主题统一

主题统一就是所有的创作内容要围绕主题来展开，不能跑题、偏题，要核心一致且要深化主题。例如，创作美妆类短视频，就要从一而终地拍摄美妆相关的内容，而不能今天拍美妆，明天拍美食。运营人员要以美妆为核心来传递价值，核心一旦稳定后就不应产生偏移。

3．风格一致

短视频的内容表现形式丰富多样，但同一账号要保持稳定的输出风格，以增强用户的黏性。短视频风格一致，有助于塑造账号 IP，快速将个人品牌植入用户心智中，形成一种强互动的关系模式。例如，可以选择幽默搞笑型风格，或者是清新文艺型风格，又或是成熟博学型风格，一旦确定了自己的风格，就不要轻易改变。

4．精雕细琢

任何成功都不是一蹴而就的，优质的短视频都是经过多环节、多维度精雕细琢而成的，甚至是修改了多次才得以呈现在用户面前。例如，在视频剪辑中重视转场流畅自然，剪出的内容才能够给用户带来舒适的视觉体验。运营人员要在编剧、表演、拍摄与剪辑等多方面精雕细琢，从多个角度完善短视频，使其成为有创意、有吸引力的优质作品。

6.2.2　账号 IP 的打造

账号 IP 打造并不是一蹴而就的，只有先明确 IP 定位，塑造出具有高辨识度的 IP 形象，并持续输出优质内容，同时做好用户运营，不断扩大 IP 影响力，才能实现 IP 价值最大化。

1．明确 IP 定位

账号 IP 的类型很多，有故事型、产品型、知识型、生活型和搞笑型等，要想成功打造 IP，需要塑造一个鲜明的人设。人设即人物设定，是快速与用户建立情感连接的方式，代表了内容定位。

塑造人设的好方式就是给自己贴标签。从实际情况出发，根据自己的特长与优势塑造一个有别于他人的个性形象，并通过绘制用户画像确定目标用户群体，再选取符合目标用户群体定位的标签进行传播，增强该人设对目标用户群体的吸引力。

 知识链接

短视频账号 IP 定位可以采用以下 4 种方法。

（1）用户规模定位法

运营人员对自身的短视频账号 IP 进行定位和打造之前，必须对细分领域的用户规模有清楚且全面的了解。选择用户规模相对可观的垂直领域，并提前做好引流方案与预算方案，避免用户群体范围太窄造成的资源浪费与损失。

（2）用户需求定位法

从用户需求出发，分析与用户需求紧密联系的垂直类账号 IP，挖掘用户痛点，从而确定账号 IP 定位。此方法的优势在于平台的各种分发方式触达的目标用户相对比较精准，可以与用户建立一对一的关系。

（3）优势资源定位法

优势资源定位法即从自有优势资源出发，进行账号 IP 定位。优势资源可细分为以下 4 种类型。

① 专业优势，如在历史、金融、会计等某个领域的积累丰富，专业性很强。

② 外部资源优势，如景区资源、专家资源、销售渠道资源等。

③ 阶段身份优势，如读博、考研、育儿、留学、装修等，只有处于此阶段，才会在这方面有更深刻的体会，才能与更多同处此阶段的用户建立垂直话题的连接。

④ 兴趣爱好优势，如美妆、健身、手工等，可在自己的兴趣领域深耕。

（4）人格标签定位法

人格标签定位法就是把人物 IP 化或者把 IP 人格化，如运营人员本身的性别、年龄、职业、性格、爱好、关键性事件和标志性动作等，越具体越好，都可以成为账号 IP 的某种人设或标签。使用人格标签定位法进行账号 IP 定位，能够更精准地吸引 IP 粉丝。

2．塑造 IP 形象

账号 IP 打造的关键是塑造具有较高辨识度的 IP 形象，通常可以从视觉强化和人格强化两个方面来塑造。视觉强化主要从人物形象的塑造、账号主页的设置等方面来考虑。人物形象可以通过发型、服装等来设计，使其更立体、更突出。账号主页设置主要包括头像、背景图、短视频封面等的选择与确定，这些都要为强化人设服务。

人格强化主要通过语言、行为、标志符号和名号等来实现。运营人员要注意从人物的语言、行为中强化人设，使人物形象变得更加丰满，增强用户的信任感。标志符号以标志性道具、标志性背景音乐等为主，加入这些元素，能够起到提高辨识度的作用，同时给用户带来心理暗示。名号是指 IP 所获得的荣誉和称号，代表该 IP 获得的成就。只要 IP 拥有某种名号，就要放到账号简介中，以便于快速强化用户的认知。

3．输出优质内容

优质内容是打造 IP 的基础，运营人员要注重内容策划，持续输出优质内容，才能吸引用户的关注。优质内容通常具有以下特点。

（1）正能量。激励人们奋发向上的正能量内容更能引发用户的情感共鸣。

（2）高颜值。高颜值是指将所有美好的事物和景色，通过合理的布局、构图和特效等表现出来，给用户带来视觉冲击力。

（3）有价值。内容要有价值，如知识类内容、实用类内容与搞笑类内容，能够满足用户学习、娱乐的需求。

（4）真情实感。日常生活中使人产生归属感、安全感和幸福感的事物，如爱人的浪漫、父母的叮嘱、邻里间的互助、友情的温馨等，是最能触动人心的内容之一。

4．做好用户运营

账号 IP 的打造主要依靠用户的支持与传播，用户的口碑传播带来的裂变效果有时不可估量，因此做好账号用户运营非常重要。用户运营主要涉及两个方面：一是与用户积极互动，如及时回复用户的评论，让用户感受到被尊重与重视；二是提高用户参与度，鼓励用户发表评论，让用户参与到短视频的创意与制作中。

5．扩大 IP 影响力

运营人员可以拓宽营销渠道，从而扩大 IP 影响力。运营人员可以通过矩阵式运营，如多平台发布短视频、进行广告推广、深耕垂直领域等为 IP 赋能，不断扩大 IP 影响力。

另外，IP 周边产品也是 IP 运营成功的标志。周边产品是 IP 形象的衍生品，往往包含多个品类，甚至可以形成以 IP 为核心的产业链。

6.2.3 账号运营规划

运营人员要想成功打造短视频账号，实现推广变现的目标，就要将短视频账号当作一个内容产品进行运营规划。以抖音账号为例，运营人员要以内容为核心，做好账号在导入期、成长期、成熟期的阶段性运营规划。

1．导入期

在导入期主要考虑目标用户群体，确定定位。

（1）定位目标用户

定位目标用户即筛选出企业产品或服务的受众群体，把资源投向合适的目标群体。需要注意的是，定位不能过于宽泛，否则会导致宣传低效、资源浪费；定位也不能过于狭窄，若只选择核心用户，却排除一般用户和潜在用户，这样只会导致目标群体范围过窄、目标群体的基数过小，最终虽然可以达到精准传播或变现，但会缩小发展的空间。

（2）触达用户认知

越简单的定位越容易触达用户的认知，越复杂的信息越难被用户记忆。短视频的特点是"短、平、快"，如果传递过多的信息，反而会给用户造成负担，无法给其留下统一而深刻的印象。因此，内容宜少不宜多。例如，飞鹤围绕"飞鹤更适合中国宝宝体质"这一关键点创意营销内容，提升了目标用户的信任度和依赖感。

（3）考虑变现方式

变现是运营人员在进行账号定位时就需要考虑的一个重要因素。有些运营人员在账号初期只注重积累粉丝，而忽视变现问题，运营一段时间后，却发现账号的变现能力很弱，甚至无法变现，这时再调整定位，有可能需要付出很大的成本和精力。因此，账号内容定位与变现之间不可断层，运营人员要灵活调整定位，将用户转化为粉丝，提升自身账号的变现能力。

2．成长期

在账号运营成长期，运营人员需要全面了解平台规则、优化定位，反复打磨作品、积累经验，引入更多的资源进行推广并尝试变现。

在成长期，运营人员要全方位提升内容质量、提高产出效率、梳理运营策略，达到账号运营的标准化、规范化、流程化，规避可能存在的风险，具体来说主要包括以下几个方面。

（1）制定标准

内容标准包括短视频的内容来源、价值观要求、过程执行规范、发布规范要求等。内容标准要能覆盖从过程到结果的方方面面，要符合清晰、明确、可操作的原则。制定内容标准有利于运营人员把控短视频风格的统一性，保障短视频质量与生产效率。

（2）形成模板

运营人员可以整理不同部分的内容模板。例如，将短视频分为开头、正文和结尾部分。开头可以是开门见山地对正文内容进行引入，比如提问或者对场景的引入，或者是突出账号特性的内容，如自我介绍等。正文要完整地展示想表达的主题内容。结尾部分可以引导用户进行互动，如关注、点赞、评论等，或者进行形象展示。这种三段式的内容模板能够让用户拥有一种循序渐进的、完整的观看体验。

（3）整理方案

运营人员要确定发布内容的频率、发布后的运营策略、变现方式等，并撰写出相应的方案。

3．成熟期

成熟期，即短视频账号的关注量增速放缓、步入平稳运营的时期。成熟期的主要目标是对用户进行留存与转化，实现最终的推广和变现目标。短视频变现的方式有很多种，主要有电商变现、广告变现、直播变现及 IP 变现等，运营人员应根据实际情况及短视频内容类型选择合适的变现方式。

总之，短视频账号的运营在不同阶段有不同的重点：在导入期，账号的定位是重点；在成长期，内容运营是重点，需要对内容进行模板化，使内容可以高效、流程化地生产；在成熟期，变现是重点，需要挖掘各种变现方式来提高收入。

 素养课堂

在全媒体时代，无论采用何种营销方式，运营人员都要培养系统化思维，懂得通盘思考，用发展的眼光看问题，并且做好充分的准备，多积累专业知识，才能顺利地开展营销活动，不会顾此失彼。

6.2.4 账号主页设置

账号主页设置主要包括对短视频账号的名称、头像、简介和背景图的设置等。运营人员需要通过合理地设置账号主页，突出短视频账号的用户定位和内容定位。

1．名称设置

名称是一种具有独占性、特指性的符号，账号名称应具有简短、易记、好搜、易传播等特点。优质的账号名称不仅容易被用户记住，还可以使用户快速了解账号的风格和主题内容，提高短视频的传播效率。

设置短视频账号名称时，需要注意以下几点。

（1）可以选用品牌或产品名称，或者内容创作者的名字。

（2）字数不宜太多。

（3）具有一定的亲和力。

（4）能够体现账号内容所属垂直领域。

（5）避免使用生僻字。

2．头像设置

头像是短视频账号的视觉标志，一个有吸引力的头像可以加深短视频账号在用户心中的印象。短视频账号主页中的头像尺寸通常比较小，且头像画框以圆形为主。短视频账号的头像要清晰，且能突出重点内容。

设置短视频账号头像时，需要注意以下几点。

（1）使用品牌 Logo 作为头像，或者使用内容创作者的照片作为头像。

（2）头像与账号的内容定位相符。

（3）头像与视频内容的风格相符。

3．简介设置

简介可以让用户了解短视频账号的定位与内容方向，是对账号名称的补充说明，使用户对账号形成更清晰的认知。

设置短视频账号简介通常有以下几种方法。

（1）自我介绍。通过简单的语句做自我介绍，还可以添加内容领域、主体身份、引导关注和个性风格等内容，如"飞鹤，专研大脑营养，聪明宝宝喝飞鹤"。

（2）表明态度与理念。通过简单的语句表明账号的态度、理念、观点或感悟等，展示个性，如"有家就有苏泊尔"等。

（3）商务联系。展示自己的联系方式和商务合作的联系方式。

（4）直播预告。展示该账号的直播时间，提醒用户届时观看。

4．背景图设置

设置短视频账号的背景图，有利于积累账号粉丝，提高转化率。账号背景图设置主要有 3 种方式。

（1）强化内容。这种方式适用于以特色主体为主角的短视频账号，如比亚迪汽车账号背景图，如图 6-1 所示。

（2）补充内容。有些账号会在背景图中补充介绍企业产品，深化用户对短视频账号的认知，并加深用户对账号定位、内容重点的了解，如认养一头牛官方旗舰店账号背景图，如图 6-2 所示。

（3）心理引导。这种方式多利用"点这里""关注我"等类似文字，向用户进行心理暗示，吸引感兴趣的用户关注短视频账号，如海尔美好生活账号背景图，如图 6-3 所示。

图 6-1　比亚迪汽车账号背　　图 6-2　认养一头牛官方旗舰店　　图 6-3　海尔美好生活账号
　　　　　景图　　　　　　　　　　　　账号背景图　　　　　　　　　　背景图

6.3　内容拍摄与剪辑

要想创作出优质短视频，拍摄与剪辑是两个非常重要的环节。只有掌握了视频拍摄与剪辑的基础知识，再结合运用一些技法技巧，用心学习，勤加练习，才能拍摄出画质优美、节奏流畅、主题鲜明，具有艺术感染力的短视频作品。

6.3.1 短视频内容创作方法

运营人员要想持续稳定地输出优质内容，不仅要靠创作灵感，还要掌握一定的方法。在创作短视频前，运营人员首先要了解短视频内容创作要求，一般平台对短视频原创内容的要求为：有创意，表现形式新颖；有价值，利于知识传播；专业性强，观点有说服力；富含情感，能够引发情感共鸣；内容健康，充满正能量。

无论选择在哪种渠道进行短视频营销，运营人员都要找到正确的创作方向和方式方法。常用的短视频内容创作方法如下。

1．价值提供法

价值提供法是指运营人员创作短视频时要以给予的心态帮助用户解决问题、降低成本等。

（1）解决问题。解决问题是指在短视频中对人们在某个具体场景下出现的具体问题给予精确回答，解决用户的疑问，为用户提供可执行、可操作的具体方案。解决问题的前提是发现问题，因此运营人员要善于发现问题，挖掘用户痛点。

（2）降低成本。短视频的内容应能降低用户的选择成本，如直接给出答案的知识类内容、满足用户在各个方面实际需求的内容、直接帮助用户总结技巧的内容等。

2．故事讲述法

生动的故事具有巨大的魅力和吸引力，可以激发用户产生情感共鸣，为用户营造逼真的场景，带给用户切身的体验，从而赢得用户的信任和赞赏。运营人员通过故事创作短视频时，需要注意以下几点。

（1）人物形象鲜明。故事中人物的形象要鲜明，这样才能让短视频在有限的时间内引起用户的关注，加深用户的印象。

（2）预设矛盾冲突。故事只有存在矛盾冲突，才能高潮迭起，扣人心弦，推动情节不断向前发展。

（3）设置意外拐点。拐点即故事情节发展的转折点，巧设拐点可以使故事情节变得跌宕起伏，引人入胜。

（4）巧妙制造悬念。悬念是指人们对文艺作品中人物的遭遇、未知的情节所保持的一种期待的心情。运营人员可以在故事中巧设悬念，以此来吸引用户的关注，让用户持续观看。

3．场景细分法

场景细分法是指通过对用户场景进行细分来创作短视频。例如，按照场景出现频率，用户场景可以细分为高频场景、低频场景。

（1）高频场景。高频场景是指人们几乎每天都离不开、每天都会面对的生活场景，如吃饭、娱乐等。高频场景面对的用户群体比较大。

（2）低频场景。低频场景是指人们平时涉及较少的场景，如买车、买房等，但这些场景对应的是一些不可或缺的生活需要、兴趣爱好等，通常是人们奋斗的目标和执着的追求。

4．用户定位法

用户定位法是指以短视频内容的目标用户作为切入点，围绕目标用户的需求进行短视频创作。在采用用户定位法创作短视频时，运营人员要把握以下两点。

（1）目标用户真实存在。此方法的创作路径是：先找到真实目标用户，挖掘他们多样化的需求，让目标用户的需求与创作内容保持一致，最后将需求细分到更加具体的问题上，从而找到具体的切入点。

（2）细分已得到验证的垂直用户。每个平台的定位不同，拥有的用户也不同。平台拥有的用户已经得到了验证，并具有一定的垂直性，且这些用户有着自己的实际需求，因此运营人员可以对平台拥有的用户进行细分，并对平台用户的实际需求进行细分，这样更利于运营人员创作与平台定位相符的垂直内容。

6.3.2　短视频画面选取

画面是短视频创作中的核心要素，对内容的表现，如故事的讲述、角色的塑造、主题的表达，以及用户的沉浸体验等都起着至关重要的作用。运营人员在进行短视频拍摄时，需要灵活选取画面。

1．景别

景别是指拍摄设备与被摄主体的距离不同，造成被摄主体在取景画面中所呈现出的范围大小的区别。在短视频中，景别影响着用户的情感与视觉体验，进而影响着营销效果。一般来说，按照取景范围从大到小的顺序可以将景别分为大远景、远景、全景、中景、近景和特写。

（1）大远景

大远景主要用于展示广阔的空间和自然景观，其目的是交代场景的整体范围和空间关系，常用于短视频的片头或片尾，以营造特定的氛围。大远景下空间非常广阔，几乎占据了整个画面，被摄主体只占很小的比例，或者仅是空间的点缀。大远景如图 6-4 所示。

（2）远景

在远景的取景范围中，被摄主体占据的比例较大远景有所增加。远景更加强调空间感和人物在其中的位置感，而且叙事性更强，信息交代得更明确。远景如图 6-5 所示。

图 6-4　大远景

图 6-5　远景

（3）全景

全景用于呈现被摄主体的全貌或被摄人物的全身，同时也能准确地交代周围的环境情况。全景如图 6-6 所示。全景拍摄可以使用户对被摄主体有更全面的了解，并更好地感受到其与周围环境的互动关系。

（4）中景

中景的取景范围主要集中在人物膝盖以上的部分。中景如图 6-7 所示。在短视频中采用中景拍摄可以交代人物的形态、动作和表情，突出表现人物的情感和内心世界。中景是剧情类短视频常用的一种景别。

图 6-6　全景

图 6-7　中景

（5）近景

近景用于表现被摄人物胸部以上或景物局部的画面。近景如图 6-8 所示。近景能够很好地表现人物精神面貌或物品的品质特征，使用户产生近距离的交流感，更好地投入短视频的情感和情节中。

（6）特写

特写用于表现被摄人物肩部（或颈部）以上，或被摄对象的某个局部的画面。这种景别强调展示人物的动作和细微表情，或者被摄对象的某个独特、有趣的细节。特写如图 6-9 所示。

图 6-8　近景

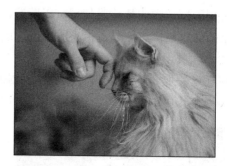

图 6-9　特写

2．画面构图

构图是在短视频拍摄中出于内容表达的需要，把人、景、物等按照一定的规律安排在画面中，以取得最佳效果的布局方法。合理的画面构图能够突出被摄主体，聚集用户视线，给用户以和谐、统一的美感。

在短视频拍摄中，常用的构图方式如下。

（1）对称构图

对称构图是指将画面中心的一条线作为对称轴，把画面分为对称的两部分，可以是左右对称，也可以是上下对称。对称构图如图 6-10 所示。对称构图常用于拍摄风景、建筑和静物等题材，通过画面中的对称元素来营造出平衡、稳定的感觉。

（2）中心构图

中心构图是指把被摄主体放置在画面中心进行构图。中心构图如图 6-11 所示。这种构图方式能够突出主体，容易获得左右平衡的画面效果，对于表达严谨、庄严和富于装饰性的主题内容尤为有效。

图 6-10　对称构图

图 6-11　中心构图

（3）对角线构图

对角线构图是将被摄主体安排在画面对角线的位置进行构图。这种构图具有延伸感，能使画面富有动感、具有活力，达到吸引视线、突出主题的效果。对角线构图如图 6-12 所示。

（4）九宫格构图

九宫格构图又称井字构图，指在视频拍摄时将画面中的主体放在九宫格（或井字）的 4 个交点中的任意一个位置上。九宫格构图如图 6-13 所示。这种构图方法符合人的视觉习惯，能使被摄主体在画面中显得更加鲜明、生动。

图 6-12　对角线构图

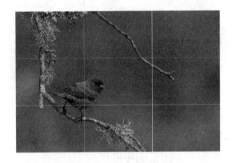

图 6-13　九宫格构图

（5）曲线构图

曲线构图是指通过将画面中的景物以 S 形曲线进行布局，创造出一种流动和变化的视觉效果。曲线构图如图 6-14 所示。曲线构图不仅能够展现大自然的壮丽景色，还能表现物体的形态和人体的优美线条。这种构图方式为画面注入了动态的元素，使画面充满了活力，同时又保持了稳定感。

（6）框架式构图

框架式构图是指通过利用周围的景物形成一个环绕的框架，将用户的视线自然地引导至被摄主体上。框架式构图如图 6-15 所示。在框架式构图中，可以利用各种元素作为框架，如门、树枝、窗户、拱桥或镜子等。这种构图方式有助于将主体与前景很好地结合在一起，同时营造出一种神秘、引人入胜的视觉效果。

图6-14 曲线构图

图6-15 框架式构图

（7）前景构图

前景构图是指把一个或多个物体放置在被摄主体的前面，以增加画面的层次感，突出主题，并引导用户的视线。前景构图如图6-16所示。这种构图方式能让画面更加立体、富有深度和动感，从而提升画面的视觉效果。

（8）对比构图

对比构图是指通过各种对比手法，使画面中的元素形成鲜明的对比，让被摄主体更加突出，使画面的主题更加鲜明。对比构图如图6-17所示。常用的对比方式包括大小对比、明暗对比、虚实对比、动静对比、色彩对比、远近对比等。

图6-16 前景构图

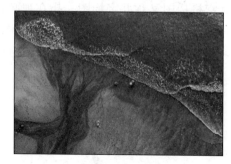

图6-17 对比构图

3. 拍摄角度

选择合适的拍摄角度是拍摄者表达意图、塑造视觉效果和引导用户理解影像的关键。拍摄角度反映镜头与被摄主体的相对位置和高度。一般来说，拍摄角度可以分为平拍、仰拍、俯拍和顶拍。

（1）平拍

平拍是指镜头与被摄主体保持在同一水平线上，以平视的角度进行拍摄。平拍画面如图6-18所示。采用平拍的方式进行拍摄，能够使画面呈现出一种平实、客观的效果，有利于展现被摄主体的真实面貌。这种拍摄角度适用于多种场景，无论是风景、人物，还是建筑，都能以平拍的方式呈现出自然、真实的效果。

（2）仰拍

仰拍是指将镜头偏向水平线之上进行拍摄，使拍摄的视角处于被摄主体的下方。仰拍画面如图 6-19 所示。仰拍的效果主要取决于拍摄的角度和高度。当镜头向上仰起时，被摄主体在画面中呈现出一种高大、雄伟的形象，给人以强烈的视觉冲击力。

图 6-18　平拍画面　　　　　　　　　　图 6-19　仰拍画面

（3）俯拍

俯拍是指从高处向下拍摄，使拍摄的视角处于被摄主体的上方。俯拍画面如图 6-20 所示。这种拍摄方式可以展现出广阔的视野，使画面中的景物呈现出不同的层次。俯拍通常用于拍摄大型场景，如风景、建筑群等，能够展现出宏大的气势和壮观的景象。

（4）顶拍

顶拍是指通过摄像机或无人机从高空向下进行拍摄。顶拍画面如图 6-21 所示。这时拍摄的画面空间被压缩，画面内所有的物体都变成平面的，呈现出极具冲击力的视觉效果，能让用户一览无余地俯瞰整个场景。

图 6-20　俯拍画面　　　　　　　　　　图 6-21　顶拍画面

4．光线运用

在短视频拍摄中，合理地运用光线不仅能够起到照亮被摄主体的作用，还能影响画面的氛围、色彩和对比度等。不同的光线方向和强度会导致被摄主体表面不同的明暗变化。在拍摄过程中，常用的是顺光、侧光、逆光和顶光。

（1）顺光

顺光是指光线直接从正面照射到被摄主体，使被摄主体表面均匀受光。顺光拍摄画面如图 6-22 所示。在顺光拍摄时，由于光线直接照射到被摄主体表面，能够更好地呈现出被摄主体，突出其细节和色彩，使画面看起来更加明亮和平滑，但不利于表现被摄主体的立体感和质感。

（2）侧光

侧光是指从被摄主体的左侧或右侧照射过来的光线，被摄主体受光的一面很明亮，而另一面则比较阴暗，能够突出被摄主体的立体感、质感和轮廓，在拍摄人像、静物和风景等题材时都有广泛的应用。侧光拍摄画面如图 6-23 所示。

图 6-22　顺光拍摄画面

图 6-23　侧光拍摄画面

（3）逆光

逆光又称背面光或轮廓光，拍摄方向与光线照射方向刚好相反。光线是从被摄主体的后方照射的，使被摄主体与背景之间形成明显的明暗对比，可以产生明显的剪影效果，能够赋予画面独特的视觉冲击力和艺术表现力。逆光拍摄画面如图 6-24 所示。

（4）顶光

顶光是从被摄主体顶部垂直向下照射的光线。顶光拍摄画面如图 6-25 所示。顶光下拍摄的画面立体感和质感表现不佳，明暗反差强烈，不宜用于拍摄风光和人物。

图 6-24　逆光拍摄画面

图 6-25　顶光拍摄画面

6.3.3　短视频运镜方式

如果使用固定镜头拍摄短视频，虽然简单易操作，但拍出的视频画面单一、枯燥、缺乏生机与活力，会让人觉得索然无味，提不起观看的兴趣。在短视频拍摄中，常用到的运镜方式主要有前推运镜、后拉运镜、横移运镜、升降运镜、跟随运镜、摇移运镜、环绕运镜与组合运镜。

1．前推运镜

前推运镜是指拍摄者不断向前行走进行拍摄的方式，由远及近地展现景物。采用前推运镜时，被摄主体的取景范围由大到小，次要部分随着推进不断移出画面，所要表现的被摄主体逐渐放大，能够起到突出被摄主体的作用。

2．后拉运镜

后拉运镜是指拍摄者不断往后倒退进行拍摄，与前推运镜的方向相反的运镜方式。由于镜头被拉远，整个画面会显得层次丰富，有更多的结构变化。采用后拉运镜时，随着镜头被拉远，画面中的元素会越来越多，能够展现出被摄主体与周围环境之间的关系。

3．横移运镜

横移运镜是指拍摄者沿着横线移动拍摄，前两个运镜方式是前后运动，横移运镜是左右运动。视频中大部分场景都适合横移运镜，这种运镜方式可以为画面增加动感。

4．升降运镜

升降运镜是指拍摄者在拍摄时镜头向上或向下移动拍摄。升降运镜包括垂直升降、弧形升降、斜向升降、不规则升降等情况。升降运镜会带来画面范围的扩展和收缩，形成多角度、多方位的构图效果，同时可以渲染氛围，体现画面情感的变化。

5．跟随运镜

跟随运镜是指拍摄者使镜头跟随运动着的被摄主体进行拍摄。运用跟随运镜拍出的视频画面可以形成连贯、流畅的视觉效果。常见的跟随运镜方式主要有前推跟随、后拉跟随和侧面跟随。

6．摇移运镜

摇移运镜是指在拍摄时保持镜头不发生较大的移动，而是转动镜头进行拍摄。摇移运镜包括水平横摇、垂直纵摇、间歇摇、环形摇、倾斜摇和甩摇等多种方式。摇移运镜可以用于介绍环境，或者从一个被摄主体转向另一个被摄主体，或者跟随被摄主体的移动进行拍摄。摇移运镜拍摄的画面还可以代表人物的主观视线或表现人物的内心感受。

7．环绕运镜

环绕运镜是指拍摄者以被摄主体为中心，控制镜头环绕被摄主体进行拍摄的一种方式。环绕运镜展现被摄主体与环境或周围他人之间的关系，可以营造一种独特的艺术氛围。

8．组合运镜

组合运镜是指拍摄者在实际拍摄中采用多种运镜相结合的方式进行拍摄，目的是展现丰富多变的画面造型效果。例如，在拍摄高大建筑时，经常采用"前推＋上摇"运镜，然后降低机位使人物入场至中近景，展示行走中的人物，接着环绕运镜到人物身后，最后后拉运镜至全景。

6.3.4　短视频剪辑

短视频剪辑并不是简单地合并视频素材，而是会涉及诸多方面的操作。剪辑人员在进行剪辑时，需要遵循短视频的剪辑原则，按照基本流程进行剪辑。

1．短视频剪辑原则

短视频中镜头的前后顺序并不是杂乱无章的，在剪辑过程中会根据情节需要选择不同的组接方式，遵循一定的原则，按照一定的规律进行组接。

要想做到视频画面流畅、内容合理，就要遵循剪辑的基本原则。

（1）逻辑因果原则

各个镜头之间的组接要符合逻辑因果规律。大多数叙事镜头都需按时间顺序组接，对于不能按时间顺序组接的镜头，则应遵循事物发展的因果关系进行组接。这样剪辑出的内容符合人们的生活规律，便于人们理解短视频表达的主题与中心思想。

（2）时空一致原则

短视频画面向人们传递的视觉信息包括多种元素，如环境、主体动作、画面结构、景深、拍摄角度、不同焦距的成像效果等。因此，前后两个镜头相接时需遵循时空一致的原则，使画面中的各种元素有一种和谐的关系，剪出的画面能让人们感到自然、流畅，不会产生视觉上的间断感和跳跃感。

（3）轴线主导原则

当被摄主体的活动有多种方向时，镜头中要有一个轴线做主导，以保证被摄主体方向和位置的统一。这里所说的轴线指的是被摄主体的视线方向、运动方向，以及根据不同被摄主体之间的位置关系所形成的一条假想的直线或曲线。剪辑人员在进行视频剪辑时，需要遵循轴线主导原则，这样剪出的视频画面才能带给用户舒适的视觉体验。

（4）光色统一原则

组接镜头时要保持影调和色调的连贯性，尽量避免出现没有必要的光色跳动。影调和色调是画面构图、形象造型和烘托气氛的常用手段，若前后两个镜头在影调和色调上存在较大的差异，就会使人产生视觉上的跳动感。在组接镜头时，要遵循光色统一、平稳过渡的原则，如果必须将影调和色调对比过于强烈的镜头组接在一起，通常需要安排一些中间影调和色调的衔接镜头进行过渡。

（5）声画匹配原则

组接镜头时要注意声音和画面的配合。声音和画面各有其表现特性，两者有机结合方能使视频作品成为名副其实的视听综合艺术。因此，在组接镜头时，必须对声音进行专门的处理，使其更好地服务于视频画面。

总之，在实际剪辑工作中，剪辑人员不仅需要考虑景别、运镜方式、光线、色调等问题，还要根据镜头的主体内容以及所要表达的视频主题综合考虑、有机组合，才能创作出优质的视频作品。

 知识链接

短视频剪辑的基本流程如下。

（1）熟悉素材

摄影师完成前期拍摄工作后，应将视频素材传送给剪辑人员，剪辑人员与编导一起沟通讨论，了解素材的有关事项。剪辑人员首先建立素材文件夹，仔细浏览其中的素材，形成对素材的基本认知和了解。

（2）素材分类

素材分类是剪辑中比较重要的一部分，对拍摄的素材进行细致地分类，可以提高剪辑的效率。对于有脚本的素材，剪辑人员可以按照脚本的结构、剧情发展等进行分类，将素材和脚本结合起来，厘清剪辑思路。如果没有脚本，在对素材进行分类时，可以按照一定的逻辑进行分类。例如，可以按照人物、场景、空间进行分类，或者按照时间顺序来分类。

（3）粗剪

粗剪就是按照脚本结构顺序或剪辑思路将分好类的素材导入剪辑工具中，放到时间线上进行剪辑，搭建短视频的内容结构。粗剪工作通常包括去掉重复镜头和废镜头，搭建整个短视频的故事线。如果已经选好了音乐，还可以在粗剪过程中添加音乐。粗剪可以帮助剪辑人员强化对短视频整体架构及素材的认识，也能为后期精剪提供灵感。

（4）精剪

精剪就是在粗剪的基础上打磨短视频的细节部分，对短视频的节奏、声音、情绪、氛围等进行剪辑和调整，一般包括镜头的增减、精细化的镜头组接、音乐的组接、音效的使用、转场效果的添加等。在精剪的过程中可能需要反复调整素材，这样才能剪出令人满意的作品。在精剪短视频时，不要直接在粗剪的时间线上操作，而要新建一条时间线进行剪辑。

（5）包装输出

包装输出就是对短视频进行包装，然后输出成片。短视频包装是指把片头、片尾、形象标志、特效等部分组合到一起。在输出时，需要设置视频编码格式和分辨率等，输出前后应多看几遍成片，如果有问题还需再次修改。

2．短视频剪辑操作

剪映是一款功能强大且操作简便的剪辑软件，它提供了丰富的音乐、音效、转场、滤镜、特效、贴纸和文字模板等，为短视频创作者带来了极大的便利。下面将详细介绍如何使用剪映 App 剪辑一个"鲜椰汁商品推荐"短视频。

（1）添加视频素材并粗剪

① 打开剪映 App，点击"开始创作"按钮，进入"添加素材"界面；选中要添加的视频素材，然后点击"添加"按钮，如图 6-26 所示。

添加视频素材并粗剪

② 将时间指针定位到修剪位置，选中"视频 1"片段，然后点击"分割"按钮进行分割，选中不需要的片段，点击"删除"按钮将其删除，如图 6-27 所示。

③ 根据需要对各视频素材进行修剪，分割并删除多余的片段，如图 6-28 所示。

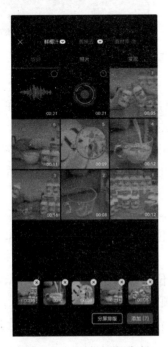

图 6-26　添加视频素材

图 6-27　分割与删除素材

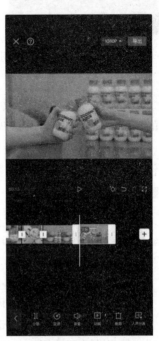

图 6-28　修剪视频素材

（2）添加背景音乐并精剪

① 在主轨道左端点击"关闭原声"按钮■，点击后会变为"开启原声"按钮■，点击"音频"按钮■；然后点击"提取音乐"按钮■，如图6-29所示。

添加背景音乐并精剪

② 在相册中选择包含背景音乐的视频文件，点击"仅导入视频的声音"按钮，如图6-30所示。

③ 选中背景音乐，点击"节拍"按钮■；在弹出的界面中打开"自动踩点"开关■，拖动滑块选择踩点快慢，然后点击■按钮，如图6-31所示。

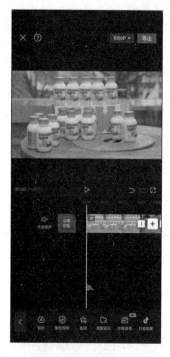 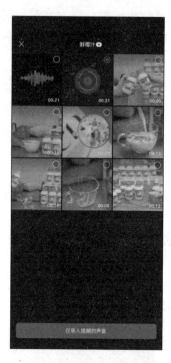 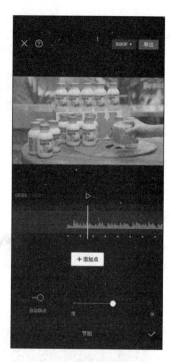

图6-29 点击"提取音乐"按钮　　图6-30 点击"仅导入视频的声音"按钮　　图6-31 背景音乐自动踩点

④ 选中"视频4"片段，点击"变速"按钮■，然后点击"常规变速"按钮■；在弹出的界面中向左拖动滑块，调整播放速度为"0.4x"，然后点击■按钮，如图6-32所示。

⑤ 选中"视频5"片段，点击"基础属性"按钮■；在弹出的界面中点击"缩放"按钮，拖动标尺调整缩放参数为"140%"，在预览区中拖动画面至合适的位置，然后点击■按钮，如图6-33所示。

⑥ 选中"视频7"片段，点击"倒放"按钮■，如图6-34所示。

⑦ 选中"视频1"片段，拖动其右端到第5个节拍点的位置对其进行修剪，如图6-35所示。

⑧ 选中"视频2"片段，拖动其右端到第8个节拍点的位置对其进行修剪，如图6-36所示。采用同样的方法，根据背景音乐的节拍点对其他视频片段进行修剪。

⑨ 选中背景音乐，点击"音量"按钮■；在弹出的界面中拖动滑块调整音量为"25"，然后点击■按钮，如图6-37所示。

图 6-32 调整播放速度

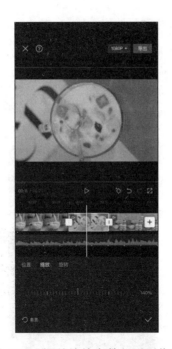

图 6-33 调整缩放参数与画面位置

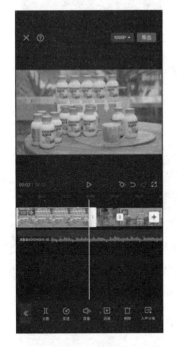

图 6-34 点击"倒放"按钮

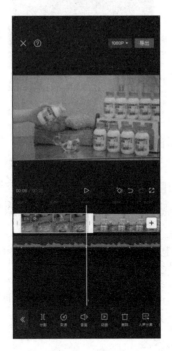

图 6-35 修剪"视频 1"片段

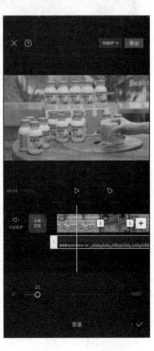

图 6-36 修剪"视频 2"片段

图 6-37 调整音量

（3）添加滤镜并调色

① 将时间指针定位到视频开始位置，点击"滤镜"按钮⊠；在弹出的界面中选择"美食"分类下的"轻食"滤镜，拖动滑块调整滤镜强度为"40"，然后点击☑按钮，如图 6-38 所示。

② 点击"新增滤镜"按钮⊠；在弹出的界面中选择"美食"分类

添加滤镜并调色

下的"料理"滤镜，拖动滑块调整滤镜强度为"100"，然后点击✅按钮，如图 6-39 所示。调整滤镜片段的长度，使其覆盖整个短视频。

③ 选中"视频 5"片段，点击"调节"按钮🞂；在弹出的界面调整对比度为"15"、锐化为"10"、色温为"-8"，然后点击✅按钮，如图 6-40 所示。采用同样的方法，对其他视频片段进行调色。

图 6-38　添加"轻食"滤镜

图 6-39　添加"料理"滤镜

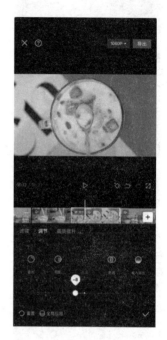
图 6-40　调整调节参数

（4）添加关键帧、放大画面和添加转场

① 选中"视频 1"片段，将时间指针定位到"视频 1"片段的左端，点击"添加关键帧"按钮◈，如图 6-41 所示。

② 将时间指针定位到"视频 1"片段的右端，在预览区用两指拉伸放大画面，如图 6-42 所示。

添加关键帧、放大画面和添加转场

③ 点击"视频 1"片段和"视频 2"片段之间的转场按钮┃，在弹出的界面中选择"叠化"分类下的"闪白"转场，然后点击✅按钮，如图 6-43 所示。采用同样的方法，在其他需要添加转场的片段之间添加"叠化"分类下的"叠化"转场和"光效"分类下的"泛光"转场。

（5）添加旁白、字幕和片头文字

① 点击"音频"按钮🎵，然后点击"提取音乐"按钮📥，提取旁白文件中的音频。将时间指针定位到"视频 2"片段左端，修剪旁白音频使人声开始的位置与时间指针对齐，如图 6-44 所示。

添加旁白、字幕和片头文字

② 点击"文本"按钮🅣，然后点击"识别字幕"按钮🅐；在弹出的界面中点击"开始匹配"按钮，如图 6-45 所示，开始自动识别旁白中的字幕。

③ 选中字幕，点击"样式"按钮🅐，然后点击"样式"分类，点击"取消文本样式"按钮🚫，再点击"阴影"标签，选择黑色阴影，拖动滑块调整模糊度为"33%"、距

离为"5"、角度为"-45°"，然后点击✅按钮，如图 6-46 所示。

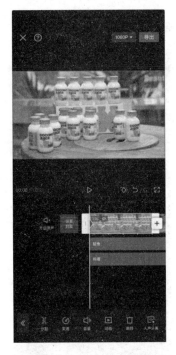

图 6-41　添加关键帧

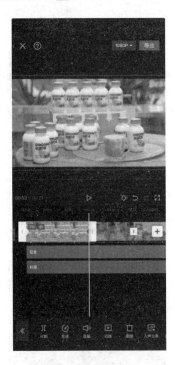

图 6-42　放大画面

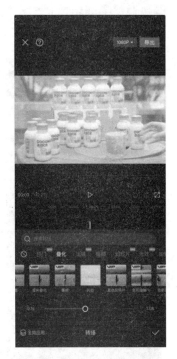

图 6-43　添加"闪白"转场

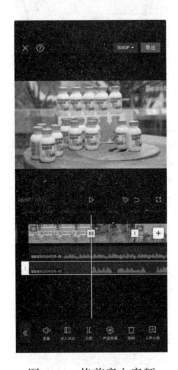

图 6-44　修剪旁白音频

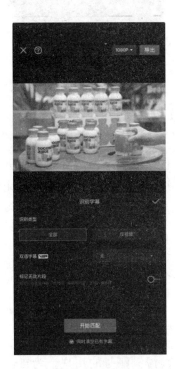

图 6-45　点击"开始匹配"按钮

图 6-46　调整阴影效果

④ 将时间指针定位到视频开始位置，点击"文本"按钮🅃，然后点击"文字模板"按钮🄰；在弹出的界面中点击"好物种草"标签，选择所需的文字模板，如图 6-47 所示。

⑤ 点击按钮，编辑文字内容；点击"样式"分类，选择合适的预设样式，拖动滑块调整字间距为"6"，然后点击按钮，如图6-48所示。

⑥ 调整文字模板的长度，如图6-49所示，然后点击"导出"按钮导出短视频。

图 6-47　选择文字模板

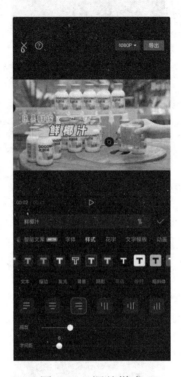

图 6-48　调整样式

图 6-49　调整文字模板长度

6.4　渠道引流与推广

做短视频营销除了要打造优质内容，还要对短视频进行引流推广。选择合适的引流渠道与方法，引爆短视频的热度，同时做好用户运营，让热度持续发酵并不断扩散，在此基础上选择合适的商业变现方式，最后才能实现短视频商业变现的目的。

6.4.1　短视频引流渠道

做短视频营销需要选择多个渠道进行引流，引流渠道主要有公域渠道、私域渠道和付费渠道。

1. 公域渠道

公域渠道引流是指从公共平台引流，这些平台拥有巨大的开放式流量，用户量大，运营人员可以在此吸引未关注短视频账号的用户，为自己的私域流量池引流。常见的公域渠道引流方式有微博引流、今日头条引流等。

微博是基于用户关系的社交媒体平台，用户可以通过文字、图片、视频等多媒体形式实现信息的即时分享、传播互动。运营人员可以在微博上发布短视频吸引微博用户关注，然后通过微博评论区或微博私信说明其短视频账号名称，将微博上的流量引导至自己的短视频账号上，从而增加短视频的播放量。

今日头条是一款基于数据挖掘的推荐引擎产品，为用户推荐信息，提供连接人与信息的服务。运营人员可以在今日头条平台发布微头条形式的短内容，与用户进行互动，从而建立联系，获得粉丝。

2．私域渠道

私域是指自己直接拥有的，可重复、低成本甚至免费触达用户的场域。私域渠道引流是指从私域流量池中"吸粉"引流。常见的私域渠道引流方式有账号引流、微信引流等。账号引流主要是通过账号简介、@好友、站内分享、私信、粉丝群等方式进行引流。微信引流主要是通过微信朋友圈、微信群、微信公众号等方式进行引流。

3．付费渠道

运营人员借助付费渠道可以快捷、有效地对短视频进行引流。付费渠道引流的方式主要有以下几种。

（1）使用工具

运营人员可以使用平台推出的"上热门"的工具进行引流。使用该类工具可以将短视频推荐给更多对该类内容感兴趣的用户，从而提升短视频的播放量和互动量。

（2）邀请知名博主

知名博主在此可以理解为拥有大量准确的产品信息，且被相关群体所接受或信任，并对该群体的购买行为有较大影响力的人。在做短视频引流时，可以邀请相关领域的知名博主，发挥其在社交媒体影响力方面的独特优势，增强用户黏性，提升短视频营销效果。

（3）发起有奖活动

运营人员可以发起有奖活动，吸引更多的用户参与，从而达到营销的目的。例如，话题挑战赛不仅能使短视频获得大量的曝光，还能让用户参与短视频互动，提升用户的活跃度，增强用户黏性。运营人员可以依托于话题挑战赛的形式，利用话题内容裂变模式，配合短视频平台提供的商业流量和创作资源，以用户喜欢的方式来实现营销目的。

 案例在线

通过开展"美食大师挑战赛"，餐饮连锁品牌收获巨大流量

某餐饮连锁品牌开展了一项名为"美食大师挑战赛"的活动。活动中，该品牌邀请了几位知名美食博主来挑战他们的特色菜品，并录制成一系列的短视频。在每个视频中，博主会前往该品牌的厨房，与厨师团队一起制作特色菜品，并在制作过程中分享一些烹饪心得和技巧。最后，博主和厨师团队会对制作的菜品给出评价。

该餐饮连锁品牌选择将这些短视频发布在多个短视频平台上，如抖音、快手等。为吸引用户的关注和参与，该品牌通过设置抽奖活动来鼓励用户观看和评论视频。每个视频下方都附有一个抽奖活动的链接，用户只需在该链接下评论自己对视频的看法，就有机会参与抽奖，获得该品牌提供的丰厚奖品。

这次短视频营销的效果非常好，主要原因体现在以下几个方面。

首先，该品牌以知名博主作为合作伙伴，借助他们的影响力来吸引用户。知名博主的参与不仅可以提高品牌的曝光度，还能给用户带来更加真实的美食体验。

其次，该品牌充分利用了短视频平台的特点，通过发布一系列有趣的短视频来吸引用户的关注。这些短视频既能满足用户对美食的好奇心，又能提供一些有用的烹饪技巧，让用户对品牌保持兴趣。

最后，该品牌通过设置抽奖活动来激励用户参与，增强用户黏性并提高活跃度。同时，通过用户的评论，该品牌还能了解用户的需求和反馈，为后续的产品开发和推广提供参考。

（4）SEO引流

搜索引擎优化（Search Engine Optimization，SEO）是一种利用搜索引擎规则，提高网站在有关搜索引擎内自然排名的技术。短视频平台的SEO是针对短视频搜索的优化技术，是指提升目标短视频的视频质量和与目标用户的相关性，使目标短视频符合短视频平台搜索的排名规则，从而提升目标短视频在短视频平台的搜索结果排名的技术优化行为。运营人员可以利用SEO优化来进行引流。

短视频SEO引流的关键在于短视频关键词的选择，运营人员需要根据短视频账号及内容信息选出关键词。因此，运营人员要时刻关注社会新闻和网络热点，预测关键词，并将其运用到短视频中。

6.4.2　短视频用户运营

短视频用户运营是短视频推广中的重要环节，可以理解为依据用户的行为数据对用户进行回馈与激励，不断提升用户体验和活跃度，促进用户转化。用户运营的核心目标主要包括拉新、留存、促活和转化4个部分。

1．拉新

拉新即获取新用户，扩大用户规模。拉新是用户运营的基础，只有不断获取新用户，注入新的血液，短视频账号的发展才能获得源源不断的动力，形成良性的循环。拉新的方法主要有以下几种。

（1）以老带新

以老带新是内容产品在萌芽期最有效的拉新方式之一，即通过已有的账号协助推广，把老账号的粉丝引流到新的账号，这有利于积累新一批种子用户。

（2）多渠道传播

运营人员应以个人的社交关系和影响力，在朋友圈、微信群、知乎、微博等渠道进行分发传播，增加曝光，获取更多用户的关注。

（3）输出优质内容

运营人员要提升短视频的内容质量，把作品打磨到最优，用内容吸引更多用户的关注。创作优质短视频，持续稳定更新作品，也是拉新的一种有力方法。

（4）借热点

借热点不仅可以有效节约运营成本，还能大大提高短视频成为爆款的概率。尤其是借助平台由官方推出的热点话题，可大大提高新账号的曝光率，再加上一些短视频平台算法推荐机制的加持，能轻松积累大批流量。

（5）合作推广

在资金充足的情况下，运营人员可寻求"大号"合作推广，通过账号互推，带动新账号的成长。

2．留存

留存即防止用户流失，增强用户黏性，提升用户留存率。留存是拉新之后用户运营的工作重点。积累新用户后，如果这些用户没有找到感兴趣的内容，或者账号后续发布的视频不符合这部分用户的需求，可能就会造成用户流失。

运营人员可以通过构建社群的方式为用户营造归属感，以提升用户的黏性，社群有很多种，如微信群、粉丝团等。运营人员可以通过社群收集用户的意见，了解用户的需求，获取用户的反馈，增加用户的参与度，提升用户留存率。

3．促活

促活即促进用户活跃，提升用户活跃度。留存率保持稳定后，做好用户促活，提升用户互动性则是运营人员工作的重点。优质内容是提高用户关注度的基础条件，当短视频账号依靠优质内容聚集用户后，运营人员要想办法与用户进行互动，提升用户的信任感和忠诚度。运营人员可采用多种方式激发用户发言的积极性，引导用户积极参与讨论、评论等。

4．转化

转化即把用户转化为最终的消费者，以流量转化为营收作为最终目的。这一过程不仅要求运营人员深入了解用户需求和偏好，还要不断创新营销策略，提供个性化产品服务，以满足用户需求。同时，数据分析与优化也可以帮助运营人员更好地理解用户行为，提升转化率，进而提升营收。

6.4.3　短视频商业变现方式

商业变现是短视频营销的最终目标。近年来，由于短视频的持续火爆，越来越多的企业或个人投入短视频营销。短视频的商业变现方式主要有以下几种。

1．广告变现

运营人员可以凭借优质的短视频吸引大量精准用户，提高账号的人气，然后采用多样化的表现方式为用户传递品牌信息。目前，短视频发展迅速，其传播力、表现力能够满足企业在碎片化、移动化时代不断更迭的全媒体营销需求。企业在进行广告投放时，账号的粉丝量和短视频的播放量是其考虑是否投入推广的主要依据。广告变现的类型有很多种，主要包括植入广告、贴片广告、冠名广告、品牌广告和信息流广告等。

2．电商变现

电商变现就是通过短视频内容实现商品的推荐介绍及销售转化的商业模式。运营人员直接在短视频内容中加上商品链接或购物车按钮等，用户点击后便会出现商品推荐信息，可以直接下单购买。与传统电商的图文形式相比，短视频传递信息更直接且富有画面感，更容易激发用户的购买欲望。

电商变现是很多短视频平台积极推荐的变现方式，主要有第三方自营店铺变现、短视频平台自营变现、佣金变现等方式。

3．内容变现

内容变现是指企业借助短视频的内容传播实现传递品牌价值，直接或者间接地带动商品销售。对企业而言，内容变现有两种方式：自创内容传播变现和合作内容传播变现。自创内容传播变现，即企业直接入驻短视频平台，创建基于品牌的短视频账号，定期输出能够扩大品牌影响力的短视频内容；合作内容传播变现，即企业发布付费合作任务，运营人员制作并发布含有品牌广告的短视频，双方合作实现品牌的传播和利益共赢。

4．渠道变现

在短视频行业，短视频平台与运营人员之间一直保持着共生共荣、互相依赖的关系。为了提升竞争力，很多主流短视频平台推出了自己的分成和补贴计划，以此激励运营人员生产出更多的优质内容，同时鼓励更多新晋的优秀创作者入驻，从而为短视频平台带来更多的流量。渠道变现是比较容易实现的变现模式之一，主要包括渠道分成、渠道补贴和签约等方式。

6.4.4 矩阵化运营推广

运营人员可以通过构建短视频矩阵进行运营推广。矩阵化运营包括单平台账号矩阵和多平台账号矩阵两种推广方式。

1．单平台账号矩阵

单平台账号矩阵常见的模式主要有以下几种。

（1）"AB"型矩阵

"AB"型矩阵是以"形象短视频账号＋品牌短视频账号"的形式组建账号矩阵，以达到塑造品牌形象的目的。通常"A""B"两个账号一主一辅同时发力，但运营人员要确保两个账号定位清晰，避免信息混乱。

（2）蒲公英型矩阵

蒲公英型矩阵是以一个账号为核心，此账号发布信息后，让其他多个账号进行转发，再以其他账号为中心进行新一轮的扩散。

（3）"1+N"型矩阵

"1+N"型矩阵是指在一个主账号下再开设 N 个产品专项账号，以此构成完整的产品宣传体系。

运营人员采用单平台账号矩阵推广时，需要注意以下几点。

● 差异化定位。每个账号要有不同的内容定位，即不同的账号发布的短视频内容要有所区别，否则账号所发布的内容无法得到短视频平台的推荐，账号之间也无法实现互相引流。

● 关联性强。矩阵中的每个账号在保证内容定位不同的前提下，还要有一定的关联，这样才能让矩阵中的各个账号相互引流。

● 风格一致。运营人员要注意矩阵内账号所发布的内容不能太杂、过于混乱，内容风格必须保持一致。

2．多平台账号矩阵

实施短视频营销既要求运营人员能够找准垂直领域，又要求运营人员能够充分利用多个平台同步推送信息，尽可能扩大短视频的覆盖范围。除了短视频平台，微博、微信、今日头条、媒体客户端等平台也可以作为推广短视频的渠道。

一般来说，多平台账号矩阵是多平台同账号矩阵，这样有助于加深用户对账号的记忆。构建多平台账号矩阵时，运营人员要注意以下几点。

（1）寻找适配平台

不同类型的短视频账号适合的平台类型也不尽相同，首先是形式上的匹配，其次是内容上的兼容。单从形式上来看，可以发布短视频的平台有很多，如抖音、快手、哔哩哔哩、微博、优酷、西瓜视频、小红书等。除了形式，运营人员还要看内容的兼容性，同时要注意把握平台用户群体的特征。

（2）引导流量交流

选择适配的平台之后，不同平台账号之间就已经具备了建立联系的基础。运营人员要想让不同平台账号之间真正实现互相引流，就要让不同平台账号的流量之间产生交流。

（3）维系账号联系

不同平台账号之间形成联系后，并不代表推广就完成了，运营人员要持续性地维系这种联系，保持不同平台账号间的联系不中断。

6.5　数据分析

在大数据时代，要想做好短视频营销，离不开数据分析。在短视频营销中，运营人员要通过数据分析不断发现问题，调整运营策略，才能使短视频营销更高效。

6.5.1　数据分析维度与指标

在做短视频数据分析前，运营人员要清楚数据分析的维度与指标。

1．数据分析维度

短视频数据分析的维度主要有以下几个方面。

（1）账号领域流量。账号领域流量是指某领域当前聚集了多少竞争者，以及该领域的流量大小。例如，美食属于受众面广、流量较大的领域，竞争者较多。

（2）受众人群特征。受众人群特征主要是账号受众的性别比例、分布地区、年龄层等，分析受众人群特征有利于精准策划短视频的内容。

（3）粉丝活跃度。不同类型的账号，粉丝活跃时间也有所不同，了解粉丝活跃度，能够清楚粉丝的生活习惯与规律，有效调整短视频的更新频率、更新时间等，以提升短视频的营销效果。

（4）账号作品表现。账号作品表现即账号单个作品或全部作品的数据反馈，这是作品选题策划与调整的重要依据。

（5）推广数据表现。通过对推广数据的分析，运营人员能够了解账号的"吸粉"能力、选择的推广渠道是否恰当，进而做出更合理的规划。

2．数据分析指标

数据分析指标包括固有数据指标、基础数据指标、关联数据指标和营销数据指标。

（1）固有数据指标。固有数据指标是指短视频时长、短视频发布时间、短视频发布渠道等与短视频原始创作与发布相关的数据指标，这些指标与内容策划和用户群体特征密切相关。

（2）基础数据指标。基础数据指标是指短视频的播放量、点赞量、评论量、转发量和收藏量等与短视频播放效果相关的数据指标。

（3）关联数据指标。关联数据是指由两个基础数据相互作用而产生的数据。基础数据一般是变化的，但关联数据都是有规律可循的，是短视频选题调整和内容优化的重要依据。关联数据指标包括完播率、点赞率、评论率、转发率与收藏率等指标。

（4）营销数据指标。营销数据指标是指在短视频营销中衡量营销效果的数据指标，主要包括营销数据、交易数据、服务数据等指标。营销数据指标包括商品销售数量、商品销售额等。交易数据指标主要包括成交用户数、成交客单价等。服务数据指标包括售后数据、客服数据、评价数据、物流数据、退款数据等指标。

📚 **素养课堂**

在大数据时代，数据正在从资源转换为蓬勃的生产力，驱动我国从"数据大国"向"数据强国"加速迈进。踏着数字化的浪潮，数据生产力的活力将进一步迸发，数据正在成为推动经济社会变革和产业转型发展的新质生产力，为推动经济社会创新发展持续增添动能。在这样的时代背景下，每个人都要具备大数据意识，培养良好的数据思维，并运用到实际生活和工作中。

6.5.2 数据分析主流平台

收集足够多的有效数据是开展数据分析的基础，随着短视频的发展，数据分析平台也越来越多，如新榜、蝉妈妈、飞瓜数据等一些专门提供数据的主流平台，它们能够为运营人员提供短视频达人榜、短视频播放排行榜、热门素材、爆款商品等数据。

1．新榜

新榜作为数据驱动的内容科技公司，覆盖全平台各层级新媒体资源，提供解决流量获取与管理所需的内容营销和企业服务。基于抖音、快手、小红书、哔哩哔哩、微信视频号等主流短视频平台，新榜提供包括新抖、新快、新红、新站、新视等在内的数据工具，为用户带来实时热门素材、品牌声量、直播电商等全面的数据监测分析能力，同时提供基于跨平台用户画像的企业定制软件。新榜数据，如图6-50所示。

2．蝉妈妈

蝉妈妈是国内知名的抖音、小红书直播和短视频电商数据与服务的提供商，基于强大的数据分析、品牌营销及服务能力，致力于帮助众多的达人、机构和企业提升效率，实现精准营销。

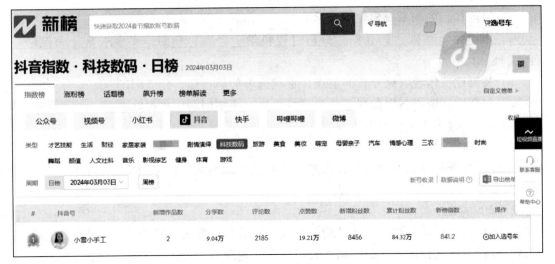

图 6-50　新榜数据

　　蝉妈妈可以为达人、机构和企业提供定制数据分析服务，并提供深度数据报告，以满足高价值用户的个性化需求。蝉妈妈通过数据向达人推荐优质商品，并向机构、企业等推荐热门主播和潜力达人，以实现需求的精准匹配。蝉妈妈数据，如图 6-51 所示。

图 6-51　蝉妈妈数据

3. 飞瓜数据

　　飞瓜数据是一款提供短视频及直播数据查询、运营及广告投放效果监控功能的专业工具。飞瓜数据覆盖抖音、快手、小红书、哔哩哔哩、微信视频号、微博等平台数据，搭建全链路数据营销服务支撑体系，包括趋势追踪、爆品打造、达人数据运营分析，以及复盘等数据分析环节，涉及视频数据监控、商品数据监控等功能。

　　飞瓜数据利用大数据挖掘、机器学习、自然语言处理等技术，分析海量账号的粉丝、视频、直播等数据，并结合强大的数字营销服务能力，为用户提供行业产品、技术服务及行业解决方案，助力企业或品牌商实现"品效合一"。

6.5.3　数据分析报告

　　数据分析报告分为不同的类型，根据内容的不同可以分为描述类、因果类、预测类等数据分析报告。运营人员在撰写数据分析报告时，要遵循规范性、谨慎性、关键性、创新性的原则。

- 规范性。名词术语要规范、标准统一，前后一致。
- 谨慎性。基础数据真实，分析过程科学、合理、全面，实事求是，确保结果有效。
- 关键性。体现数据分析的重点，重点选取关键指标，分级阐述。
- 创新性。选择新型数据工具与分析方法，开拓创新，与时俱进。

数据分析报告主要包括以下内容。

1. 基础报表

基础报表一般是定期生成的，用来回答某段时间内某个特定领域发生了什么，如周报、月报等。

2. 即席查询

即席查询可以说是对突发事件的数据分析。例如，昨天发布的某条短视频评论量特别高，分析是什么原因造成的。运营人员要善于发现问题，提出问题并寻找答案。

3. 预警报告

需要预警的一般是数据与平时不同，忽高或忽低等。例如，某条短视频点赞量较账号平时表现突然降低了很多，通过预警报告，说明在什么时间出了什么问题，以便及时通知相关人员。

4. 统计分析

统计分析是数据分析报告的关键内容。例如，说明采用哪种分析模型或分析方法对哪些数据进行了分析，经过统计后得出了哪些规律。

5. 预测建模

预测建模是指通过数据分析预测未来发展趋势，即接下来会发生什么，它对短视频账号的发展有哪些影响等。例如，预测账号选题的更新会吸引哪些新的目标用户群体，又会流失哪些用户等。

6. 优化运营

优化运营是指通过数据分析不断复盘，总结经验，找到问题最优的解决方案。对短视频营销来说，在内容策划、视频制作、营销策略等多环节需要运营人员平衡资源与需求，找到实现营销目标的最佳方案。

课堂实训：伊利茶与茶寻品牌短视频营销分析

1. 实训背景

伊利茶与茶寻品牌在初期营销阶段，选择了制作动画的营销方式。茶与茶寻在推出两个原创 IP 形象茶叶宗门传人茶雨和"茶宠"阿寻的同时，还发布了与"两点十分"共同打造的品牌系列动画，将安溪铁观音、白桃香气等产品特点融入动画，既为品牌赋能，又展示产品特色。茶与茶寻推出动画短片，是为了与年轻消费者无限接近，进一步吸引 Z 世代消费者。

2. 实训要求

请同学们分析案例中伊利茶与茶寻品牌的短视频营销策略。

3．实训思路

（1）讨论案例

请同学们搜索伊利茶与茶寻品牌的相关短视频片段，分析这些短视频内容的策划方法、引流渠道，以及账号 IP 的打造和账号主页设置等。

（2）延伸思考

搜索伊利集团其他品牌产品的相关短视频片段，并对其短视频营销策略进行分析。

课后思考

1．简述短视频账号 IP 的打造步骤。

2．简述短视频的运镜方式。

3．简述短视频的引流渠道。

第7章　直播营销与运营

 知识目标

➤ 了解直播营销的特点、类型与常见平台。

➤ 掌握主播 IP 打造与形象塑造的方法。

➤ 掌握直播营销话术运用、直播选品与定价。

➤ 掌握直播营销互动活动设计与用户管理的方法。

➤ 掌握直播营销推广引流的方式与流量变现的模式。

➤ 掌握直播复盘的基本流程与数据分析指标。

➤ 掌握短视频与直播融合运营。

 技能目标

➤ 能够进行直播选品与定价。

➤ 能够根据品牌或商品特征开展直播活动。

➤ 能够借助第三方数据分析平台进行直播数据分析。

 素养目标

➤ 培养形象管理能力、语言表达能力、信息挖掘能力及灵活应变能力。

➤ 培养系统思维，提升统筹规划能力，能够高效开展直播营销活动。

　　当前，直播行业风生水起，直播营销从电商平台发展到内容平台、社交平台，逐渐与短视频进行融合运营，展现出其强大的营销力。直播营销作为一种新兴的营销手段，挖掘出新一批市场流量，如今已经成为企业或品牌营销的标配。本章将重点阐述直播策划与实施、直播复盘与数据分析，以及短视频与直播融合运营等知识。

7.1 直播营销概述

直播营销是指企业或品牌商以直播平台为载体、以互联网技术为依托开展营销活动，以达到增强品牌影响力和提高商品销量的目的。直播营销作为一种新兴的营销手段，实现了企业与用户的实时互动，场景更真实，营销效果更直观。

7.1.1 直播营销的特点

直播为企业或品牌商带来了新的营销机会，直播营销的特点如下。

1．即时互动

直播营销能够实现信息即时共享，为用户带来直观的场景化体验，使用户产生沉浸感，让用户真切地了解商品的外观、功能、使用效果等。直播具有良好的互动性，在直播过程中，企业或品牌商在向用户呈现营销信息的同时，用户可以实时参与互动。

2．内容真实

企业或品牌商可以通过直播的方式展示商品的生产环境、生产过程或商品细节等。直播营销中不会对直播内容进行剪辑和加工，能够让用户了解商品的真实特征，提升用户的购物体验，从而激发用户的购买欲望。

3．操作便捷

直播营销所需的设备器材简单，操作方便。企业或品牌商只需通过相应网络直播平台的审核，便能开通属于自己的直播间进行直播营销。这不仅降低了企业或品牌商的营销成本，同时还节省了用户的时间成本，提升了用户购物的积极性。

4．效果直观

在直播营销过程中，运营人员可以看到直播间的实时数据，了解直播间商品的售卖情况，掌握主播的表现及直播活动的营销效果。运营人员可以根据与直播相关的数据，及时调整直播营销策略，以取得更好的营销效果。

7.1.2 直播营销的类型

运营人员可以根据企业实际情况或商品特征选择合适的直播营销类型。直播营销主要有以下几种类型。

1．直接推销

直接推销是指主播在直播间内直接向用户分享和推荐商品，用户通过在评论区留言参与互动，主播按照用户的需求讲解相应的商品，吸引用户下单购买。

2．现场制作

现场制作是指主播在直播间现场加工制作商品，向用户展示商品的真实状态，适用于食品类商品营销。

3．产地直播

产地直播是指主播在商品的原产地、生产车间等进行直播，向用户展示商品真实的生产环境、生产过程等，用户通过主播的讲解与镜头展示近距离观察商品，从而认可商品质量，完成交易转化。

4．测评直播

测评直播一般是指主播拆箱并测评箱内商品的直播方式。在这类直播中，主播要在开箱后诚实、客观地描述商品的特点和商品使用体验，让用户真实、全面地了解商品的外观、性能等，从而达到推广商品的目的。

5．教学直播

教学直播是指主播以授课的方式在直播中分享一些有价值的知识、技能或技巧。例如，在商务礼仪、服饰搭配、化妆、运动健身等领域，主播可在分享知识、教授技能或技巧的过程中推广一些商品。

7.1.3　直播营销的优势

直播营销在经济社会发展中发挥着重要作用，表现在能够激发用户潜在的购买欲望，扩大社会总需求，促进产业链上下游协同发展，拓宽人们的就业渠道等方面。随着直播营销的发展，越来越多的企业转战直播营销领域，直播营销领域呈现出一派生机益然的景象。

直播营销之所以受到企业的青睐，是因为直播营销具备以下优势。

1．高效的销售服务

一个直播间可同时接待的用户数量远远超过线下导购场景，主播能在短时间内吸引大量潜在用户驻足观看，为企业提供高效的销售服务。

2．个性化展示商品

在直播间，主播可以根据用户的个性化需求，采用灵活的直播方式有选择性地展示用户感兴趣的商品，并充分地展现商品的特点。个性化展示商品更容易满足用户的需求，激发用户的购买欲望。

3．快捷的场景导入

用户在网店浏览商品图文详情页或查看商品参数时，需要在大脑中自行构建场景；而直播营销完全可以将主播试吃、试玩、试用等过程直观地展示在用户眼前，更快捷地将用户带入营销所需的场景。

4．良好的购物体验

直播具有即时性的特点，不但能够增强用户对商品的真实感知，而且用户可以与主播互动，提出问题后可以获得即时反馈，这能够提升用户的购物体验，缩短用户的消费决策时间，促使用户产生消费行为。

5．活跃的营销氛围

在直播间中，用户更容易受到环境的影响而产生消费行为。环境的影响是多方面的。例如，用户可能会产生基于"看到很多人都下单了"的从众心理，或者由主播话术触发的稀缺心理，又或者产生对主播本人的崇拜心理。在主播营造的营销氛围下，用户的消费欲望更容易被激发。

6．直观的营销反馈

直播间的互动是双向的、即时的，主播将直播内容呈现给用户的同时，用户也可以通过弹幕的形式分享体验。借助弹幕内容及直播数据，运营人员可以收集老用户反馈的信息和新用户的观看体验，从而有针对性地在后续的直播中进行改进和优化。

7.1.4　直播营销的常见平台

直播营销通过不同的营销渠道可以实现更广泛的推广和销售，提高商品的曝光度和销量。直播营销平台是核心的渠道，运营人员可以根据目标群体、商品特点和销售策略对其进行合理的选择和搭配，可以选择一个平台运营，也可以选择多个平台同时运营，以达到最佳的销售效果。

常见的直播营销平台主要分 3 类，即电商平台、内容平台与社交平台。

1．电商平台

电商平台是指通过互联网技术实现商品或服务交易的平台，主要提供在线购物、在线支付、物流等服务。以电商为基础的直播营销平台主要有淘宝、京东、拼多多等。

（1）淘宝

淘宝是较早将直播与电商形式结合在一起的平台，具有完善的供应链和运营体系。淘宝作为国内最大的综合电商平台之一，拥有千万级商品数量，涵盖了衣、食、住、行等各个领域。它不仅是一个购物平台，更是一个创业平台，为无数中小企业提供了发展的机会。

（2）京东

京东是国内较大的自营电商平台，其物流体系强大，供应链优势突出，以"自营+优质第三方商家"的模式为用户提供商品购买与配送服务。在电商平台中，京东是数码类商品重要的新品发布渠道。

（3）拼多多

拼多多可以说是具有社交性质的电商平台，主要以"团购+社交"的模式为用户提供实惠的价格和多样化的商品品类。

2．内容平台

内容平台以内容创作为主，通过优质内容吸引用户的注意力。注重内容的直播营销平台以抖音和快手为代表。

（1）抖音

抖音是一款以短视频创作为主的社交类软件，其娱乐功能和社交属性明显。抖音的直播平台也在逐步完善，抖音主播以营销品牌商品为主，多选择应季商品，注重商品性价比。

（2）快手

快手平台的主播相对分散，主播营销的商品与主播的粉丝群体密切相关，其粉丝群体大多来自三、四线城市。快手主播营销的商品以非品牌商品居多，包括土特产、中低价位的护肤品、服饰等。

3．社交平台

社交平台是人们分享生活、交友聊天的重要渠道，以社交为主要特色的直播营销平台有微信、微博等。

（1）微信

微信是国内最大的社交平台之一，平台提供了聊天、朋友圈、公众号等多种功能，为用户提供了便捷的交流方式。2020 年，微信视频号开通直播营销功能。微信视频号是基于私域流量建立的，主播进行直播营销时可以自主运营，同时可以通过朋友点赞等方式进行广泛传播，从而更好地利用微信的流量资源。

（2）微博

微博是国内知名的社交平台之一，微博用户涵盖各个领域，如演员、作家、企业家、普通用户等，用户可以在微博平台发布文字、图片、视频等多种类型的内容，也可以通过直播与他人互动。

作为直播营销领域的后来者，微博借助名人的影响力打造与其他平台不同的直播营销模式。主播借助微博不仅可以营销商品，还可以把娱乐内容的优势与直播结合起来，进一步发挥直播的作用。目前，主播可以将微博直播的流量导入微博小店，或者导入淘宝、有赞、京东等第三方电商平台。

7.1.5 直播营销的必备要素

营销的本质是建立商品与用户的连接，而连接方式就是消费场景。用户即"人"，商品即"货"，场景即"场"。"人、货、场"构成了营销的三要素。直播营销是一种基于直播媒体的新型营销方式，它重构了"人、货、场"三要素，迎合了新时代消费群体的消费需求，能够带来较好的购物体验，是一种十分高效的商业模式。

直播营销的必备要素即"人、货、场"。

1. 人

直播营销中的"人"包含两个元素，分别是主播与用户。在直播营销中，主播有着关键且重要的地位，其综合能力直接关系着营销的效果。如果主播有较大的影响力，自带流量，同时又了解用户的需求，能够根据用户需求选出好商品，就能轻松实现营销目标。

用户是直播营销的基础，决定着营销的成果，如果一个直播间没有人观看，无论主播的能力多强，也实现不了营销目标。随着直播的发展，如今的直播营销并非主播一个人的工作，而是直播团队共同支撑运营的。

2. 货

"货"指直播间销售的商品。与传统营销的"先有货，货找人"的方式不同，直播营销需要主播先站在用户角度去选择商品（即"选品"），再整合供应链及制定优惠的价格，最后再通过主播在直播间对商品的充分展示与解说，引导用户产生购买行为。

在这一系列的营销环节中，选品也决定着直播营销的效果。在直播营销中，选品的原则是质优价廉、性价比高、高频刚需、展示性强。在此基础上，如果商品符合主播的人设，并且经过主播测评，有良好的售后保障，这样的商品更容易获得高销量。

3. 场

"场"指消费场景，是为连接"人"和"货"而存在的。在直播营销中，"场"的意义在于主播通过实时互动搭建消费场景，引发用户的消费欲望，促使用户产生消费行为。由于商品类型繁多，用户购买心理多样，消费场景也多种多样。

例如，在社交式场景，用户在微信群看到朋友推荐主播的直播链接，可能会观看直播，如果正好需要就可能会购买商品；在需求式场景，用户有购物需求时去逛淘宝、京东，发现一些店铺正在直播，通过直播更加直观地感受商品，还可以实时互动咨询，从而产生购买行为。

知识链接

　　直播营销中营造的购物场景与实体店的购物场景和传统电商平台的购物场景相比，有着很大的优势，表现在以下 3 个方面。

　　（1）用户体验感良好。在直播间中，主播通过对商品进行详细介绍，并现场展示商品的使用效果，使用户可以更加直观地了解商品。此外，用户还可以与主播进行实时的信息交流与互动，根据自己的需求有针对性地了解商品的信息。

　　（2）降低用户出行成本。用户可以随时随地观看直播，足不出户即可购买到自己心仪的商品，从而降低了出行购物的交通成本。通过观看直播购买商品，用户不仅能获得主播陪伴购物的体验，还能获得娱乐享受。

　　（3）价格优势。在很多直播间，商品销售模式主要是主播直接对接品牌商/工厂，减少了商品的流通环节，省去了商品在流通环节产生的溢价，从而让商品获得了较强的价格优势。

7.2　直播策划与准备

　　为了使直播营销活动顺利实施并取得良好的效果，直播策划与准备工作必不可少。直播营销是一项涉及团队组建与场地搭建、主播 IP 打造与形象塑造、直播营销话术运用、直播选品与定价等方面的复杂工作，需要直播团队人员协作完成。

7.2.1　团队组建与场地搭建

　　做好直播团队组建和场地搭建，是直播营销顺利开展的前提和保障。有影响力的直播营销往往都是一个团队在支撑，因为分工明确、团队协作能提升工作效率。

1. 团队组建

　　组建专业、高效的直播团队是做好直播营销的基础。企业一般会根据自身情况搭建不同配置的直播团队。

　　按照直播间资源投入状况及营销目标，可以把直播团队分为低配版、基础版、进阶版、高阶版 4 个级别，如表 7-1 所示。中小型企业为了节省运营成本，会选择人数较少且成员身兼数职的低配版团队；实力雄厚的企业则可以选择专人专职的高阶版团队。

表 7-1　直播团队人员配置

级别	主播	副播	运营	选品	场控	客服	其他
低配版	1 人		1 人				
基础版	1 人	1 人	1 人				
进阶版	1 人	1 人	1 人		1 人		
高阶版	1 人	1 人	1 人	1 人	1 人	1 人	

　　在直播团队中，不同的人员其岗位职责也不同。

　　● 主播，是整场直播中主要的出镜人物和内容输出人员。

- 副播，主要配合、协助主播完成直播。
- 运营，负责掌控整场直播节奏，规划整场直播内容，并做好推广引流、数据分析、直播复盘。
- 选品，主要负责直播商品选择与商品组合优化。
- 场控，负责协助主播执行直播策划方案、维护硬件设施、监测直播数据等。
- 客服，负责处理用户咨询与投诉、收集信息和反馈，以及售前、售中、售后服务。

2．场地搭建

选择合适的直播场地，有利于直播活动的顺利开展，给用户带来良好的观看体验。直播场地分为室内场地和室外场地。

（1）室内场地

主播可以在办公室、店铺、住所、会议厅等室内场地直播。在室内搭建直播间时，应注意直播场地的空间大小要适宜，且隔音效果要好，以免杂音干扰；还要有较好的收音效果，以免在直播中产生回音。室内场地的光照要充足，以保证直播画面的真实感和美观度。如果直播场地比较封闭，就要借助灯光设备补充光线，以提升直播画面的效果。

（2）室外场地

主播可以在广场、景区、农田等室外场地直播。在选择室外场地时，可以优先选择与商品相关的场景，以拉近与用户之间的距离，加深用户对商品的印象。例如，直播销售农产品时，在其原产地进行直播，营销效果会更好；销售大型健身器材时，可以选择在室外运动场进行直播等。

7.2.2　主播IP打造与形象塑造

主播作为公众人物，不仅是自身的代表，还是直播间的代表、企业及品牌的代表。因此，主播需要打造好自身IP，塑造良好的形象，以提升直播内容的视觉效果，增强用户的信任感，进而实现营销目标。

1．主播IP打造

一个成功的IP可以提升主播的辨识度，增进用户对主播的认知及信任。当主播被用户贴上标签，并与标签融为一体时，主播便拥有了自己的IP。

打造主播IP，可以从以下3个维度出发。

（1）深化内容价值

直播输出内容的价值是打造成功IP的核心。优质的直播内容是吸引用户，将普通用户变为忠实粉丝的关键因素。直播输出的内容越有价值，吸引的用户越多。深化直播内容价值，有利于主播IP的打造。

（2）注重话术风格化

颇具个人特色的直播营销话术有利于为主播赢得更多的营销机会。学习直播营销话术的方法就是多听、多练、多总结，通过解构其他主播直播营销话术的逻辑，分析其切入话题的方式，以及说话的动作、语气、节奏甚至眼神等，从中汲取经验，并形成自己的个人特色。

（3）提升人设辨识度

主播要想树立良好的个人IP，就要有清晰的人设。主播可以从多个角度出发来塑造自己的人设，如自身优势、差异化特征等，提升自身人设的辨识度。

2．主播形象塑造

主播的形象直接影响着用户的视觉感受。对不同的直播内容、不同的营销商品，主播也要塑造不同的形象。

（1）着装

得体的着装能够在无形中增加主播的个人魅力。在直播营销中，主播的着装要以整洁、得体、自然、大方为原则，不能过于随意。具体来说，整洁即着装与场景、内容完美融合，体现画面和谐、整体之美；得体即符合自身特征，如年龄、职业等；自然、大方即着装文明、举止端庄，切忌衣着过于暴露。

（2）妆容

化妆不仅体现了主播对个人形象的重视，还体现了主播对用户的尊重。主播在化妆时需要坚持大方、得体的原则。对于销售美妆类商品的直播来说，主播的妆容可以适当夸张一些，这样做是为了更好地体现商品的使用效果；而对于其他类型的直播来说，主播化妆时要考虑用户能否接受，不要为了追求视觉上的刺激而采用一些怪异的妆容，这样很可能会弄巧成拙，甚至会引起用户的反感。

 知识链接

随着人工智能等技术的发展，极具特色的虚拟主播频频亮相直播间。从各大媒体的新闻播报到各大直播平台的娱乐直播，再到品牌商自营的电商直播，人们对虚拟主播已经不再陌生。虚拟主播具有以下特点。

（1）可塑性强

虚拟主播可以根据需要设计成不同风格，可以模仿真人形象，也可以采用卡通形象，可以设计为温婉睿智的知性主播，也可以设计为热情开朗的活跃型主播。虚拟主播可塑性强，有无限可能性，能够满足用户的多样化需求。

（2）高效、稳定

虚拟主播依靠 AI 技术设计而成，可以提供长时间、高效的直播服务。同时，虚拟主播的表现始终稳定，不会受情绪或身体状况的影响。在直播营销中，使用虚拟主播能够降本增效。

（3）知识渊博

虚拟主播拥有多种技艺和海量知识。通过知识库和实时爬虫等，虚拟主播可以掌握海量知识，接受用户各类咨询并为用户答疑解惑，与用户实现智能对话。在不同的细分领域，虚拟主播可以发挥不同的技能优势。例如，在新闻播报领域，虚拟主播可以采用多语种直播，轻松突破语言障碍；在娱乐表演领域，虚拟主播可以呈现各种精彩表演等。

7.2.3 直播营销话术运用

在直播营销中，语言是主播的思维与表达能力的体现，与外在形象相比，主播的语言表达更能体现其内在修养与气质。直播营销话术是指主播根据用户的期望、需求、动机等，通过分析直播商品所针对的用户群体的心理特征，运用有效的心理策略组织设计的高效且富有深度的语言。直播营销话术是对商品特点、功效、材质的口语化表达，是主播促成商品交易的关键，也是吸引用户在直播间停留的关键。

主播在运用直播营销话术时，需要遵循以下基本要求。

1．通俗易懂

为了提高直播间商品的成交率，主播宜采用口语化的表达方式，同时配合丰富的肢体语言、面部表情等进行商品介绍与讲解，表达内容要通俗易懂、感染力强，能够把用户带入主播所描绘的场景。主播的语言应简洁明了，避免使用过多专业术语或长篇大论。

2．内容规范

直播营销话术要符合相应的法律法规。主播在介绍商品时不能使用违规词，不能夸大其词、虚假宣传；要避开争议性词语或敏感性话题，以文明、礼貌为前提，传递的信息既要直击用户的内心，又要营造和谐的直播间氛围。

主播在介绍商品时，要明确具体，真实准确。例如，要讲清楚商品的名称、产地、材质、规格型号、质量、价格、服务承诺、物流等信息，不能刻意掩盖商品缺点或故意遗漏重要信息。介绍商品时使用的数据、统计资料、调查结果等内容应真实、准确，要有明确的出处。若有必要，主播可以在讲解时展示相关证书等。

3．灵活运用

直播营销话术并不是一成不变的，主播需要根据直播间用户的需求和偏好、直播间的人数和氛围、直播间用户的反馈、直播的流程阶段等综合因素来选择合适的表达方式和语言风格。主播对直播营销话术要活学活用，学会随机应变，特别是与用户进行互动时，要保持良好的心态、真诚的态度。同时，还要注意语言的趣味性，能够形象、生动地传递商品信息，使用户有参与感，愿意留在直播间。

4．信守承诺

直播营销话术力求真实、客观。主播要实事求是，信守承诺，不能误导用户，给用户造成负面影响。如果主播在直播中许下承诺，如赠送礼品或服务，就要明示赠送的礼品或服务的类型、规格、数量等，并在事后兑现承诺。

5．逻辑性强

直播营销话术要富有逻辑性，主播在直播过程中应合理、有序地介绍商品。

介绍商品的基本流程：为用户展现商品全貌；逐步深入地介绍商品的各个细节，如从商品的外观、质地开始介绍商品的功能和用途；谈及商品的特点、优势和价格优惠等。

有的主播会先引出用户可能对商品产生的疑问，再提供解决方案，这种方式能够直击用户需求，引起用户共鸣。有的主播会先介绍商品的卖点，再一一介绍其他内容，这样能够在一开始就抓住用户的注意力。主播还可利用讲故事的方式引出商品，水到渠成地介绍商品卖点等。

 案例在线

主播锚定用户需求，"一问一答"促直播转化

新春前夕，家家户户开展"扫尘"行动。一款家居用品——某品牌多功能拖把在达人直播间登场，并展开了火热销售。

直播间中，将产品的使用画面作为背景，主播在话术上采用"一问一答"的形式，用通俗易懂的语言与用户互动。例如，"大家在处理家务时是不是经常需要爬上爬下""这款拖把有伸缩杆，全长 2 米，既能拖地又能拖天花板"。主播通过弹幕信息灵活回答用户的问题，并通过疑问句抛出用户在处理家务时的痛点问题，再结合产品功能进行卖点输出。主播的直播营销话术逻辑性强，能够戳中用户痛点，再提供解决方案，直击用户需求，能够抓住用户的注意力，激发用户的购买欲望，促使用户产生购买行为。

主播锚定用户需求，针对目标用户的心理特征，灵活运用直播营销话术，助推某品牌多功能拖把的销量快速提升，单场直播销售额突破 250 万元。

7.2.4 直播选品与定价

在直播营销中，直播选品与定价非常重要。可以这样说，选品与定价决定着直播间的口碑与营销的成败。

1. 选品的方法与步骤

在进行直播选品时，运营人员不能盲目跟风，要根据自己的实际情况仔细分析，认真筛选。

（1）选品的方法

通常情况下，运营人员在选品时需要从营销目标、市场需求、应季性三个维度来考虑。

① 营销目标。直播团队在不同的阶段一般会有不同的营销目标。运营人员可以根据营销目标确定选品策略。例如，想要打造主播影响力，在选品时要多考虑商品的代表性特征，尽可能寻找在行业中具有品质代表性的高端商品，也可以选择能够引发用户热烈讨论的商品；如果追求销量和利润，可以选择利润空间大、用户经常购买的商品。

② 市场需求。市场需求是指一款商品在市场上的需求量和需求程度：需求的人数多属于大众需求，反之就是小众需求；需求的程度高，就属于刚需，反之就是"软需求"。运营人员在选品时应优先选择大众刚需类商品，并采用直播营销策略展现商品的独特之处，以吸引更多的用户购买。

③ 应季性。大众刚需类商品的销售通常会受到季节的影响，呈现出旺季和淡季之分。对于这类商品，运营人员在选品时还要考虑商品的应季性，以及用户购买商品的频率，然后策划直播营销时间及直播营销策略。

（2）选品的步骤

对直播新手或中小型直播团队来说，一般需要通过招商来进行选品，步骤如下。

① 了解用户需求。根据用户需求确定选品的细节。运营人员需要了解目标用户有哪些需求。例如，对服装类商品来说，年轻用户偏爱什么品类、什么风格、什么颜色等。

② 评估法律风险。评估商品是否有法律风险，如有则剔除。例如，手机卡、流量卡、医疗器械用品等不允许在直播间销售。

③ 搜集市场数据。运营人员可以借助专业数据平台搜集目标商品的市场数据，如

新榜、飞瓜数据等平台。

④ 积累专业知识。运营人员只有不断积累商品所属领域的专业知识，才能更好地把握商品的生命周期，在有限的时间内挖掘出更多的商品信息。

⑤ 用心反复甄选。根据二八法则，20%的畅销商品一般能带来 80%的销量。选品的甄选目标是要尽可能地发掘出畅销的 20%的商品。这个筛选过程离不开运营人员的用心和细心。

⑥ 优化商品品类。任何一款商品都是有生命周期的，运营人员要定期优化商品品类。为了避免激烈的市场竞争，运营人员要及时进行商品品类升级。品类升级有两种方法：一种是获得独家销售权；另一种是商品升级，如包装升级等。

2. 定价策略

在直播营销中，只有直播间商品的价格比实体店、网店等零售渠道的商品价格更低，让用户获得更多的利益，才能吸引用户留在直播间，才有可能促使用户在直播间完成消费。因此，直播间商品的定价也是一项非常重要的工作。定价策略可以从单品和组合商品两种形式出发来制定。

（1）单品定价策略

单品定价策略主要包括价格锚点策略、要素对比策略、非整数定价策略和阶梯定价策略。

① 价格锚点策略。根据其他商品的价格来设定所推荐商品的价格。如果其他直播间也在销售同一款商品，运营人员设定的价格应稍低于其价格；如果商品是直播间独有的，还没有太大的知名度，可以根据知名品牌的同类商品价格来设定该商品的价格，由于缺乏品牌影响力，设定的商品价格一般低于知名品牌的同类商品价格。

② 要素对比策略。用户如果购买同类商品中价格更高的商品，往往会考虑各种因素。因此，运营人员如果设定更高的价格，就要为用户提供一个直观的关键要素对比表。例如，对于手机、电器等商品，可以提供硬件配置对比表；对于服饰类商品，可以提供工艺对比表等。当用户看到明显差异时，他们就会倾向于购买价格更高、质量更好的商品。

③ 非整数定价策略。非整数定价策略就是设定的商品价格是以 9 或 8 结尾，而不是以 0 结尾的。这种价格策略主要是迎合用户的一些心理需求，如求廉心理，非整数价格与整数价格实际相差不大，却会给人一种便宜很多的感觉。

④ 阶梯定价策略。用户每增加一定的购买量，商品的价格就降低一个档次，采用这种定价策略，可以吸引用户增加购买数量。

其实商品价格并不是一成不变的，运营人员需要时刻分析市场动态，根据市场变化及时调整商品价格。

（2）组合商品定价策略

组合商品定价策略，就是将两种或两种以上的相关商品捆绑打包后进行销售，并设定一个合理的价格。组合商品定价策略有两种常用模式，即买赠模式和套餐模式。

① 买赠模式。买赠模式是指为所销售的商品设定一个价格，同时赠送一个或多个其他商品。比较适宜的赠品就是用户使用购买的商品时会用到的附属商品。

② 套餐模式。套餐模式是指将不同的商品放在一起组成一种套餐，为套餐设定一个价格。

知识链接

直播商品定价策略有很多，除了以上几种，还可以根据主播人设制定商品价格区间。

（1）专业型主播。专业型主播在为商品定价时，价格可以以高客单价为主，以中客单价为辅。

（2）娱乐型主播。娱乐型主播在为商品定价时，价格要以中客单价为主，以低客单价为辅。

（3）广泛型主播。对于带货范围较广泛，主要推荐一些日用品或零食类商品的主播，商品定价应以低客单价为主，以中客单价为辅。

但是，无论何种类型的主播，在定价时都要考虑商品的品类及用户的需求情况，综合多种因素才能制定出合理的价格。

 案例在线

韩束选品、定价差异化，营销对象更精准

韩束品牌在抖音平台上拥有 20 多个自播账号，每个账号营销目标不同，直播间主推商品也各有侧重。其中，韩束官方旗舰店直播间专注营销爆款产品红蛮腰礼盒，而其他自营直播间则以白蛮腰礼盒及其他单品销售为主，如图 7-1 所示。这样选品不同，价格差异化，目标消费人群更精准。

账号	2023年销售热度	主推商品	统一零售价/元	主推商品GMV占比	粉丝画像
韩束官方旗舰店		红蛮腰礼盒	399	96%	80%为女性，34%31-40岁
韩束护肤旗舰店		白蛮腰礼盒	399	95%	82%为女性，35%在31-40岁
韩束官方旗舰店控油号		控油细肤礼盒	299	88%	81%为女性，40%在31-40岁
韩束官方旗舰店敏感肌号		蓝蛮腰礼盒	399	93%	80%为女性，29%31-40岁
韩束官方旗舰店补水直播间		酵母补水礼盒	299	98%	86%为女性，54%31-40岁
韩束官方旗舰店男士直播间		男士三件套	179	96%	74%为男性，35%31-40岁
韩束官方旗舰店直播间		红蛮腰水乳	219	84%	79%为女性，37%31-40岁
韩束官方旗舰店红蛮腰精华		红蛮腰精华	149	59%	79%为女性，46%31-40岁

表头：2023年抖音电商韩束主要品牌自营带货账号主推商品

图 7-1 韩束品牌自播账号及主推商品

直播团队对直播间商品的定价多采用非整数定价策略，价格为 29.9～399元，包含面膜、洁面、素颜霜、啫喱水等单品；同时还采用了组合商品定价策

略，如红蛮腰礼盒（见图 7-2）、白蛮腰礼盒等，礼盒中含有多款商品，对目标用户更有吸引力。

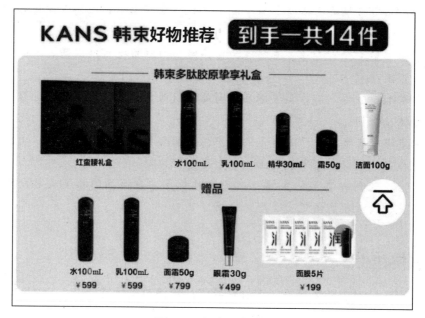

图 7-2　红蛮腰礼盒

通过直播团队的分工合作，每个直播间形成独特的直播风格。直播团队采用差异化选品、非整数定价策略及组合商品定价策略，有效地提升了品牌的知名度及直播间商品的销量。

7.3　直播实施与运营

实施直播前，运营人员要策划好直播内容，制作出宣传物料等，在直播过程中要设计好直播互动活动，做好用户管理。在直播营销过程中，运营人员还要不断扩大直播的影响，做好直播营销的推广引流，并选择合适的变现模式。

7.3.1　直播宣传物料的制作

直播宣传物料是指为了推广直播活动而制作的各种材料，通常包括直播预告海报、直播预告短视频、直播间贴片、直播间背景图等。借助宣传物料的预热，让用户对直播活动产生期待感，增强其在直播当天的观看意愿。

1．制作美妆教学直播预告海报

下面将介绍如何使用 Photoshop CC 2020 制作美妆类教学直播预告海报。在制作过程中主要以主播形象作为设计的核心，巧妙地融入口红、粉底液等美妆元素，以突出直播的主题，并添加直播的标题、时间及主题等关键信息，方法如下。

制作美妆教学直播
预告海报

（1）打开 Photoshop CC 2020，选择"文件"|"新建"命令，在弹出的"新建文档"对话框中设置各项参数，然后单击"创建"按钮，即可新建一个空白图像文件，如图 7-3 所示。

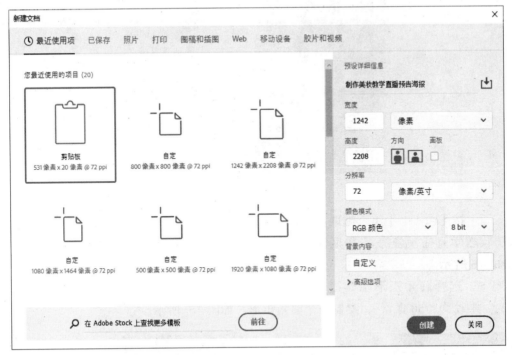

图 7-3　新建图像文件

（2）选择"文件"|"打开"命令，打开"素材文件\第 7 章\制作美妆教学直播预告海报\背景.jpg 和主播.png"，分别将它们导入图像窗口中，并按【Ctrl+T】组合键调出变换框，调整其大小与位置，按【Enter】键确认操作，如图 7-4 所示。

图 7-4　导入素材

（3）选择矩形选框工具，在图像窗口下方绘制一个矩形选区，按【Delete】键删除选区内的图像，如图 7-5 所示。

图 7-5　删除选区内图像

（4）按【Ctrl+D】组合键取消选择。采用同样的方法，打开"素材文件\第 7 章\制作美妆教学直播预告海报\粉底液.png～装饰 3.png"，分别将它们导入图像窗口中，如图 7-6 所示。

（5）选择圆角矩形工具 ⬜，在其属性栏中设置填充颜色为 RGB（255，216，233）、半径为"50 像素"，绘制一个圆角矩形，如图 7-7 所示。

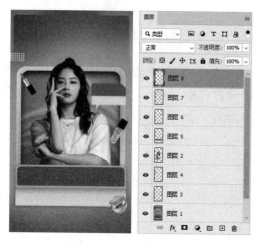

图 7-6　导入其他素材

图 7-7　绘制圆角矩形

（6）在"图层"面板中选中"图层 2"，选择减淡工具 🔍，在主播的面部和胳膊上进行涂抹，提亮主播的肤色，如图 7-8 所示。

（7）选择横排文字工具 T，在图像窗口中单击并输入所需的文字，在"字符"面板中分别对文字属性进行设置，其中文字颜色为白色和 RGB（124，39，76），效果如图 7-9 所示。

（8）在"图层"面板中选中"直播预告"，选择"图层"|"图层样式"|"投影"命令，在弹出的"图层样式"对话框中设置各项参数，其中投影颜色为 RGB（244，69，115），然后单击"确定"按钮，如图 7-10 所示。

图 7-8　提亮主播肤色

图 7-9　输入并设置文字的效果

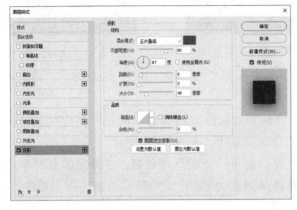

图 7-10　设置图层样式

2．制作美食类直播预告短视频

直播预告短视频以其时长短、内容精练，以及具有强烈的视觉效果等特点，成为企业或品牌商在直播前进行预热的重要推广方式。这类短视频可以吸引更多用户关注和参与直播，从而提升直播的影响力。下面将介绍如何使用剪映 App 制作美食类直播预告短视频，包括剪辑视频素材和添加滤镜、添加字幕和特效、添加背景音乐和音效等。

（1）剪辑视频素材和添加滤镜

直播预告短视频的目标是在短时间内快速吸引用户的注意力。在剪辑过程中，注意把控视频的节奏，既要展示直播的时间、利益点等关键信息，又要避免内容冗长乏味，方法如下。

剪辑视频素材和
添加滤镜

① 打开剪映 App，将视频素材导入编辑界面，在主轨道上选中视频素材，点击"变速"按钮，在弹出的界面中点击"常规变速"按钮，如图 7-11 所示。

② 在弹出的界面中向右拖动滑块调整速度为"1.5x"，然后点击按钮，如图 7-12 所示。

③ 将时间指针定位到视频开始位置，点击"比例"按钮，在弹出的界面中选择"9∶16"，然后点击按钮，如图 7-13 所示。

图 7-11　点击"常规变速"按钮　　　图 7-12　调整速度　　　　图 7-13　选择比例

④ 根据需要对视频素材进行修剪，裁掉不需要的片段，如图 7-14 所示；然后点击"播放"按钮▷，预览修剪效果。

⑤ 对视频片段进行精细修剪时，先放大时间线，然后将时间指针定位到要修剪的位置，拖动视频片段左右两端至时间指针位置即可，如图 7-15 所示。

⑥ 将时间指针定位到视频开始位置，点击"滤镜"按钮❸；在弹出的界面中选择"美食"分类下的"轻食"滤镜，调整滤镜强度为"80"，然后点击✔按钮，如图 7-16 所示。调整滤镜片段的长度，使其覆盖整个短视频。

图 7-14　修剪视频片段　　　　图 7-15　精剪视频片段　　　　图 7-16　添加滤镜

（2）添加字幕和特效

直播预告短视频的时长有限，可通过添加醒目的字幕，让用户一目了然地获取直播的主题、时间等核心信息，方法如下。

添加字幕和特效

① 将时间指针定位到视频开始位置，点击"文本"按钮▮；然后点击"新建文本"按钮▲，如图 7-17 所示。

② 在弹出的界面中输入对应的口播字幕，点击"字体"分类，然后点击"热门"标签，选择"新青年体"字体，如图 7-18 所示。

③ 点击"样式"分类，选择所需的预设样式，然后点击▮按钮，如图 7-19 所示。

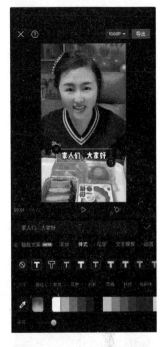

图 7-17 点击"新建文本"按钮　　　图 7-18 选择字体　　　图 7-19 选择预设样式

④ 选中文本片段，点击"复制"按钮▮，将复制后的文本片段拖动到合适的位置，如图 7-20 所示。

⑤ 点击"编辑"按钮▮，在弹出的界面中修改文本内容，点击▮按钮，然后根据需要调整文本片段的长度，如图 7-21 所示。

⑥ 点击"文字模板"按钮▮，在弹出的界面中点击"综艺情绪"标签，选择所需的文字模板，修改文本内容后点击▮按钮，如图 7-22 所示。

⑦ 点击"新建文本"按钮▲，在弹出的界面中输入"今晚 7:00"，点击"动画"分类，再点击"入场"标签，然后选择"弹性伸缩"动画，如图 7-23 所示，在预览区将文本调整到合适的大小和位置。

⑧ 采用同样的方法，新建文本并输入"预约主页直播"，在弹出的界面中点击"花字"分类，然后点击"热门"标签，选择所需的花字模板，如图 7-24 所示。

⑨ 点击"动画"按钮▮，在弹出的界面中点击"入场"标签，选择"放大"动画；点击"循环"标签，选择"扫光"动画，然后点击▮按钮，如图 7-25 所示。

图 7-20　复制文本片段

图 7-21　修改文本内容

图 7-22　选择文字模板

图 7-23　选择"弹性伸缩"
　　　　　动画

图 7-24　选择花字模板

图 7-25　选择"扫光"动画

⑩ 采用同样的方法，继续为短视频添加其他字幕，如图 7-26 所示。

⑪ 将时间指针定位到需要添加特效的位置，点击"特效"按钮，在弹出的界面中点击"画面特效"按钮，如图 7-27 所示。

⑫ 在弹出的界面中选择"氛围"分类下的"星光绽放"特效，然后点击按钮，如图 7-28 所示。根据需要调整特效片段的长度。

图 7-26 添加其他字幕 　图 7-27 点击"画面特效"按钮 　图 7-28 选择"星光绽放"特效

（3）添加背景音乐和音效

为直播预告短视频添加合适的背景音乐和音效，可以吸引用户的注意力并激发其兴趣，方法如下。

添加背景音乐和音效

① 将时间指针定位到视频开始位置，点击"音频"按钮，然后点击"音乐"按钮，如图 7-29 所示。

② 在弹出界面的搜索框中输入"轻松快乐 做美食"搜索音乐，点击音乐名称进行试听，然后点击"使用"按钮，如图 7-30 所示。

③ 点击"音量"按钮，在弹出的界面中向左拖动滑块调整音量为"20"，然后点击 ✓ 按钮，如图 7-31 所示。

图 7-29 点击"音乐"按钮 　图 7-30 选择音乐 　图 7-31 调整音量

④ 对背景音乐进行修剪，拖动其右端到视频的结束位置，如图 7-32 所示。

⑤ 将时间指针定位到"最后一场直播"文本片段的开始位置，点击"音频"按钮𝅘𝅥，接着点击"音效"按钮🎵；在弹出的界面中输入"综艺疑惑或弹出"搜索音效，然后点击"使用"按钮，如图 7-33 所示。

⑥ 采用同样的方法，继续添加"打卡成功"和"综艺叮铃～"音效，如图 7-34 所示。播放整个短视频进行预览，然后点击"导出"按钮导出短视频。

图 7-32　修剪背景音乐

图 7-33　添加音效

图 7-34　添加其他音效

7.3.2　直播互动活动的设计

主播在直播间可以通过多种有效的互动方式来提升用户的参与热情，如发送红包、抽奖等。不同环节设计不同的互动活动，有利于活跃直播间的氛围，促进直播间商品销售。互动活动主要有派发红包、设置抽奖、邀请名人、连麦互动、游戏互动、企业高层做助播等。

1．派发红包

主播可以在直播间派发红包，让用户领红包，激发用户的互动积极性，提高直播间的人气，活跃直播间气氛。发放红包的方式有很多，如红包雨、砸金蛋、口令红包、点赞有礼等。主播可以根据实际情况选择合适的方式派发红包，可以按照时间段派发红包，也可以按照直播间人数派发红包，还可以根据直播活动的节奏派发红包。

2．设置抽奖

抽奖是主播与用户进行互动的一种手段。观看直播的用户作为消费者，存在追求实惠的心理，所以主播在直播过程中开展抽奖活动会吸引更多用户的关注，并延长用户停留在直播间的时间，促进其消费行为的产生。抽奖的形式有很多，主要有签到抽奖、点赞抽奖、问答抽奖、评论抽奖等。需要注意的是，在开展活动前，主播需要把参与抽奖活动的规则给用户说清楚。

3．邀请名人

如今直播营销行业蓬勃发展，许多名人纷纷参与直播营销，掀起了直播带货的热潮；也有很多名人为商家直播或达人直播造势，带来了许多粉丝和流量，提升了直播间的营销效果。企业或品牌商可以邀请名人做主播，或者邀请名人做客专业主播的直播间，还可以邀请名人与头部主播合作。

4．连麦互动

连麦互动也是直播间的一种玩法，不仅可以活跃直播间的氛围，还能增加主播的收益。连麦互动又分为连麦 PK 和连麦讨论两种形式。

在直播营销中，主播选择的商品要与连麦 PK 对象的商品互补，这样能够最大化地引流，增加双方的销售额。连麦讨论主要是指主播与粉丝连麦互动，主动为粉丝解答疑惑，可以在提高直播间互动率的同时提升粉丝的忠诚度。

5．游戏互动

主播在直播间发起游戏互动，可以大幅度提高直播的互动率，延长用户的观看时间。游戏互动主要分为两种形式，一是让用户参与其中的小游戏，二是挑战赛形式。

小游戏可以为直播间提供更多的话题，让用户参与其中，使他们产生被主播重视的满足感，有利于炒热直播间的气氛。挑战赛形式是指主播与用户互动，用户的点赞量可以影响主播的分值，直到主播挑战成功后才能为用户送出福利。主播要不断通过口播与用户形成良好的互动，营造出挑战感、紧张感和综艺感，而用户会为了获得福利积极参与，从而达到活跃直播间氛围的目的。

6．企业高层做助播

诸多企业的高层看到了直播营销的影响力和营销力，纷纷走进直播间推荐自己企业的商品，而且多数企业高层参与的直播获得了巨大的成功。企业高层亲临直播间助播增流，在一定程度上增强了主播的影响力，也提升了商品的销量。

7.3.3　直播间用户的管理

运营人员对直播间用户进行管理时，只有了解进入直播间用户的类型及其心理，才能进行有针对性的互动与营销。

根据用户在直播间的购物意愿，进入直播间的用户大致分为以下 4 类。

1．高频消费型用户

高频消费型用户，即经常在直播间购买商品的用户。这类用户已经通过长期在线与主播互动以及大量的购买行为，形成了与主播的良好关系，他们有稳定且习惯的购物环境和购物预期。

运营人员对高频消费型用户的管理要侧重以下几个方面。

（1）确保直播间商品品类丰富。这类用户与主播已经构建了黏性较强的关系，持续提供品类丰富的商品能够给他们带来可靠、贴心的购物体验，有助于维护与这类用户的良好关系。

（2）确保商品优质、价格合理。这类用户经常进入主播的直播间，主要目的是购物，而质优价廉是吸引这类用户在直播间购买商品的主要原因。

（3）积极与用户互动。这类用户对主播的直播间兴趣较大，因为他们能够在主播的直播间得到一种情感上的满足。在直播过程中，运营人员要注意与这类用户积极互动，主动回复他们的问题，以提升这类用户对主播及直播间的忠诚度，增强用户黏性。

2．低频消费型用户

低频消费型用户可能关注主播很久，但只是偶尔进入直播间，且在直播间购物的次数也很少。之所以会出现这样的情况，原因可能有 3 点：一是用户不信任主播，担心商品的质量和售后；二是用户没有在直播间看到自己想要的商品；三是经济条件限制，用户觉得直播间商品的价格过高。

基于此，运营人员可以通过以下方法提升他们购买商品的主动性。

（1）提升用户对主播的信任度。主播要专业、客观地介绍商品的优点及不足之处，以让这类用户快速了解某款商品是否适合自己。

（2）提供用户喜欢的商品。运营人员不仅要设置丰富的商品品类，同一品类还要选择多种规格。这样，用户在直播间才能有更多的选择，才可能从中挑选自己喜欢的商品。

（3）促进注重价格的用户产生购买行为。运营人员需要针对这类用户策划福利活动，如提供新客专属福利、新粉专属福利，或者定期抽奖、定期赠送优惠券等，降低他们的购物门槛。

3．无消费型老用户

无消费型老用户是指对电商直播有所了解，在此直播间没有消费行为，但在其他直播间有过购物行为，并且关注了一些其他主播的用户。这类用户可能是来直播间随便看看，并没有具体的目的，对主播也没有建立起认知和信任，对主播推荐的商品处于观望状态。对于这类用户，运营人员可以通过以下两种方法来提高其购物的积极性，使其逐渐成为自己的高频消费型用户。

（1）提供新客专属福利。运营人员可以对新用户提供专属福利，如额外赠送商品、降低商品价格等，以降低其试错成本。

（2）建议其购买性价比高的印象款商品。由于印象款商品的口碑较好，能够增强用户对直播间的好感，使用户建立对直播间的初步信任，因此运营人员可以用低价、有品质保证、口碑较好的印象款商品吸引用户进行首次消费，增加其再次光顾直播间的可能性。

4．新进直播间用户

新进直播间用户可能只是经朋友介绍或受媒体影响才尝试观看直播的。这类用户习惯的购物渠道是电商平台，而不是直播平台。他们对直播营销商品的认知并不强，也不太清楚直播间购物的操作流程，如不知道如何领取优惠券、参与抽奖等。

对于这类用户，运营人员要做到以下几点，以引导他们尝试购物。

（1）展现热情和专业性。对于新用户来说，主播的热情互动以及对商品的专业介绍可以增强其对主播的好感，从而使其对主播产生良好的第一印象。

（2）加强消费引导。这类用户进入直播间可能是想尝试在直播间购物，因此运营人员要推动主播对这类用户加强引导，强调在直播间购买商品的优惠，并利用发放优惠券、派发红包、抽奖等方式降低用户的尝试门槛，增强用户的购买意愿。

（3）主动引导关注。这类用户是直播间的潜在用户，运营人员要让主播尽可能引导其成为直播间的粉丝，因此要积极引导他们关注直播间，以便在第一时间为其推送直播信息。

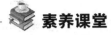

素养课堂

　　直播营销从业人员要树立服务民众的信念，严格遵守国家法律法规，以社会主义核心价值观为导向，提高思想觉悟，传递正能量。在直播营销过程中，要不断提升管理能力和沟通能力，提高团队协作效率，学习运用新技术推进直播间的用户管理，围绕用户需求提高自身服务意识，让直播惠及更多的消费者。

7.3.4　直播营销推广引流

　　直播营销推广引流就是运营人员通过一些方式渠道进行直播预热与推广，以达到引流的目的。直播营销的推广引流按照直播流程分为直播前的预热引流、直播过程中的推广和直播结束后的推广。

1．直播前的预热引流

　　直播前的预热引流可以借助媒体平台来展开，如短视频平台、社交平台、店铺主页等。

（1）短视频平台

　　运营人员一般要在直播开播前发布短视频进行预热引流。短视频预热的方式主要有内容植入、曝光福利、真人口播、直播切片、账号主页预热等。短视频平台直播预热引流如图 7-35 所示。

图 7-35　短视频平台直播预热引流

（2）社交平台

　　借助微信、微博等社交平台，运营人员也可以进行直播预热引流。

　　① 微信。运营人员可以通过微信跳转功能为直播间引流。运营人员可以将直播间的链接或口令分享到微信群或朋友圈，引导用户复制链接或口令，当其打开特定的直播平台，即可直接进入直播间；运营人员也可以在朋友圈发布直播预告，宣传直播间、直播时间和直播主题，让用户在特定时间到相应的平台观看直播；运营人员还可以在微信公众号上以长文案的形式发布直播预告，清楚地说明直播时间、直播主题。例如，小米汽车就在其微信公众号上发布直播预告，告知具体的直播时间、直播名称和直播平台，

如图 7-36 所示。

② 微博。微博作为主要的社交平台之一，其用户体量大，信息的覆盖范围广、传播力度大。运营人员可以在微博上发布直播预告，将直播时间、直播主题、直播的亮点告知粉丝，凭借微博的裂变式传播，快速提高直播间的声量。例如，珀莱雅就在官方微博上预告直播的主题、时间和平台，如图 7-37 所示。

图 7-36　微信公众号直播预热引流

图 7-37　微博直播预热引流

（3）店铺主页

一般企业都有自己的店铺，可以在店铺主页添加直播预告，告知用户下一次直播的准确时间。这种直播预热方法一般用于淘宝直播。

2．直播过程中的推广

直播过程中的推广有两种方式，即免费方式和付费方式。

（1）免费方式

免费方式是指主播在直播时，运营人员将直播间推送到各大平台，多渠道进行展现，或者增加与用户的互动，号召用户参与转发、分享直播间，增强扩散力度，以提升直播间的人气。

（2）付费方式

如果直播间的人气不高，运营人员也可以采用付费推广。抖音或快手直播可以使用"上热门"工具，根据实时数据定向投放，以增加直播商品的曝光率。直播加热方式有两种，分别是直接加热直播间和选择视频加热直播间。淘宝直播可以使用直通车推广、钻展推广和超级推荐推广 3 种付费推广方式。

3．直播结束后的推广

直播结束后的推广属于直播内容的二次传播，一般使用短视频、软文等方式进行推广。

（1）短视频

运营人员可以对录制的直播内容进行剪辑，删除没有价值的画面，选取关键的直播画面做成推广短视频，为短视频添加旁白、字幕等，这些关键的直播画面可以是有趣、温暖人心、有意义的内容，在发布时可以选择主流短视频平台或社交平台。

（2）软文

运营人员可以在软文中详细描述直播活动的细节，并发布在社交平台上，用图文描述的形式向用户分享直播内容。软文内容可以从分享行业资讯、提炼观点、分享主播经历、分享体验和分享直播心得等角度来切入。

 案例在线

小米 14 发布即热卖——平台深度"种草"，短视频预热造势

2023 年"双 11"期间，小米 14 掀起了新一轮购机潮。小米 14 在抖音商品排行榜中，凭借近 3 亿元的销售额拿下"双 11"商品 TOP 2 的好成绩，并且商品浏览量高达 2700 万，其原因之一便是新品上市直播之前，品牌做足了推广引流的工作。

一般 3C 产品的高客单价与长决策路径意味着消费者在购买前愿意花费大量时间详细了解商品信息，而拥有众多优质创作者的抖音平台能够让品牌商们通过各类测评、兴趣内容高效锁定目标用户，在产品上市前广泛造势。小米官方旗舰店联合达人创作者为小米 14 新机发布直播预热引流，主要引流方式如下。

（1）手机测评类短视频引流

手机测评类短视频创作者从专业的角度对手机的参数配置进行深度解读，协助品牌新机上市完成预热。例如，"一辉同学"以"总结小米 14 上手后遇到的问题"为主题，并结合"澎湃 OS"系统对小米 14 进行全面解读与测评，让还在观望的目标用户消除疑虑。又如，"鱼头测评"基于"小米手机广告太多了"的特点，发布切中用户使用痛点的教程，引发大量用户在评论区互动，持续推动短视频加热，收获大量点赞与收藏。

（2）购机推荐类短视频引流

新品发布前，一些达人创作者创作购机推荐类视频对小米 14 进行引流。例如，"上课了何老师"，抓住 iPhone 15 和华为 Mate60 与小米 14"同天发布""性能对标"等备受瞩目与讨论度高的内容进行创作，在跟进热点的同时收获一大波流量。此外，横向对比同价位、相似性能层级的品牌爆款也是达人创作者的创作方向。

（3）情景短剧类短视频引流

在抖音平台上，通过搜索"小米"，发现高赞视频几乎被情景短剧包揽。这类短剧多由品牌合作头部、肩部达人创作者在剧情中软性植入产品，并带上引流关键词，形成转化链路。例如，"翻斗花园小美"聚焦恋爱后的精神状态，从恋人互动的点滴带出小米 14 的拍照功能。

通过平台上各类短视频的预热与引流，小米 14 新机发布直播获得了巨大的成功，发布后品牌自播账号持续发布小米 14 的宣传视频，不断扩大推广范围。

7.3.5　直播流量变现模式

直播营销的最终目的是实现流量变现。目前，直播流量常见的变现模式有直播带货、内容付费、赞赏变现、广告变现、签约多频道网络（Multi-Channel Network，

MCN）机构等。

1．直播带货

直播带货的模式是依靠直播聚集人气和流量，当主播的人气和流量积累到一定的程度，如同名人为商品做广告代言一样，主播在直播中就可以通过销售或推广商品实现变现。

2．内容付费

内容付费是指用户支付一定的费用后，才能进入直播间观看直播。采取这种变现模式，主播或直播平台需要具备以下条件：直播内容质量较高，有一定数量的粉丝，而且粉丝的忠诚度高。内容付费较其他变现模式具有收入稳定、有利于形成正向循环、有利于增强用户黏性的优势。比较常见的内容付费方式包括先免费再付费和折扣付费等。

3．赞赏变现

赞赏变现是指用户在直播平台上付费充值，购买虚拟礼物和道具送给自己喜欢的主播，直播平台再将这些虚拟礼物和道具折算成现金，由直播平台和主播按照一定的比例进行分成的变现模式。如果主播隶属于某个公会，则由公会和直播平台统一结算主播获得的虚拟礼物和道具，最终主播获得工资和部分提成。

4．广告变现

当主播有了一定的知名度后，有些企业就会看中其直播间的流量，委托主播为其品牌或商品做宣传，而企业向主播支付一定的推广费用，这就是广告变现。对主播来说，通过广告实现变现有两种方式，一种是在直播内容中植入广告，另一种是为品牌或商品做代言。

5．签约 MCN 机构

在直播行业中，MCN 机构可以说是提供一站式服务的中介公司，主播与 MCN 机构签订合约后，就能享受 MCN 机构为其提供的专业培训、直播资源、直播场地等。但主播直播带货所得收益要分给 MCN 机构一部分，作为 MCN 机构的服务费，并且主播一旦签约 MCN 机构，就需要接受其安排和管理。

📚 **素养课堂**

随着直播行业的迅速发展，主播成为一种新兴职业，受到众多年轻人的追捧。要想做好一场直播，做一个受人欢迎的主播并不是一件简单的事情，更没有什么捷径，其需要积累过硬的专业知识和职业技能，并付出不懈的努力。

直播从业人员要严格遵守直播行业法律法规，坚持正确的政治方向、舆论导向和价值取向，恪守职业道德，修养个人品德，坚持健康的格调品位，自觉摒弃低俗、庸俗、媚俗等低级趣味，自觉反对流量至上、畸形审美、拜金主义等不良现象，自觉抵制违反法律法规、有损网络文明、有悖网络道德、有害网络和谐的行为，引导用户文明互动、理性表达、合理消费，共建文明健康的网络环境。

7.4　直播复盘与数据分析

直播复盘是直播运营中的关键环节，直播团队可以通过复盘来回顾并优化直播的整个过程，总结直播经验与不足，并在下一次直播中针对出现的问题做出改进，以获得更好的直播效果。直播数据能直观地反映直播的实际效果，分析直播数据有助于找出直播中存在的问题，进而进行有针对性的优化。

7.4.1　直播复盘基本流程

每场直播都要有头有尾，一场完整的直播除了做好直播营销，还要做好直播复盘。复盘，就是人们在完成任务后，对任务进行回顾、分析和总结，从而达到查漏补缺、积累经验的目的。直播复盘分为 4 步，即回顾目标、描述过程、分析原因、总结经验。

1．回顾目标

目标是否达成是评判一场直播成功与否的首要标准。将直播的实际结果与目标进行对比，直播团队就可以知晓一场直播的营销效果如何。回顾目标，首先要把直播前制定的目标清晰地展示出来，再将直播的实际结果与希望达成的目标进行对比，从而发现两者的差距。

通过实际结果与目标之间的对比，直播团队就能找出直播过程中的亮点与不足，为后续的分析提供方向。在后续的环节中分析造成这种差距的原因，探究实现目标更有效的方法。

2．描述过程

描述过程是为了找出哪些操作是有益于目标实现的，哪些操作是不利于目标实现的。描述过程是分析实际结果与目标差距的依据，因此在描述过程时需要注意以下几点。

（1）真实、客观

直播团队需要对直播的整个过程真实、客观地进行描述，不能主观美化，也不能带有倾向性地筛选。

（2）全面、完整

直播团队需要描述直播过程中各个方面的信息，确保信息描述完整。

（3）详略得当，注意细节

并不需要描述整个直播过程的细节，只有对各种有因果联系的细节，才需要详细描述。

在描述过程时，可以从直播策划说起，按照工作推进的过程，分阶段地进行描述，尽可能达到"情景再现"的程度。需要说明的是，文字记录虽然比口述的操作麻烦，却更适合用来描述过程。因为通过文字记录，直播团队中的每个工作人员都可以轻易地检查出遗漏的信息、不完善的信息或虚假的信息，并对记录内容进行修改和完善，从而为后续的工作提供更为可靠的分析依据。

3．分析原因

经过回顾目标、描述过程后，直播团队即可开始分析原因。分析原因是直播复盘的核心步骤。只有把原因分析到位，整个复盘才是有成效的。

分析原因可以从以下 3 个角度出发。

（1）整体过程

主播叙述直播整体过程，目的是向所有参与复盘的直播团队中其他的工作人员讲述事情的经过，从而让大家可以在了解事实的基础上进行讨论。

（2）自我剖析

自我剖析是指直播团队中的每个工作人员分辨直播过程中的可控因素，明确问题的来源，查看到底是自己负责的部分出了问题，还是其他人负责的部分出了问题。直播团队中的每个工作人员在做自我剖析时要客观，涉及自己的问题时不要遮掩，更不能推卸责任。

（3）团队视角

直播团队中的每个工作人员通过团队视角进行分析可以突破个人认知的边界，能够探索多种可能性。

4．总结经验

直播团队做直播复盘最重要的是从行动中总结经验教训，并有针对性地做出优化和改进。经过分析原因环节，直播团队往往已经认识到一些问题，接下来就要总结经验和方法，并评估总结出的经验和方法是否符合因果关系、是否具有指导价值。在这个阶段，直播团队需要注意以下几点。

（1）弄清楚分析得到的结论是否具有普遍性，即复盘的某项结论是否排除了偶发性因素。

（2）复盘时对事不对人，弄清楚复盘得出的某项结论是指向人，还是指向事。

（3）在复盘时若发现以前存在的问题，或者以前的经验也用得上，直播团队要进行交叉验证。

要想让复盘的结果发挥作用，直播团队就要将经验转化为结果，把复盘结果落实到具体的行动计划中。直播团队可以组织进行测试版实战，清楚地看到复盘结论运用到实际中的效果。

7.4.2 直播数据分析指标

直播团队在进行直播数据分析时，首先需要了解直播数据分析的指标。直播数据分析的指标有流量数据指标、互动数据指标、粉丝数据指标和交易数据指标等。

1．流量数据指标

流量数据指标的核心是在线人数。直播团队在分析直播间在线人数时，可以观察在线人数的变化曲线，单场直播在线人数变化情况可以很直观地反映直播间的内容质量。随着多次直播的开展，在线人数的稳定程度就代表了直播间用户的黏性。

流量数据指标及其说明如表 7-2 所示。

表 7-2　流量数据指标及其说明

流量数据指标	说明
页面浏览量 （Page View，PV）	又称累计观看人次，指累计进入该直播间的次数，该数据能反映这场直播在哪个流量层级
独立访客 （Unique Visitor，UV）	又称累计观看人数，指累计进入该直播间的人数，该数值越大，在一定程度上说明直播间用户的黏性就越强，即使用户离开也会再次回到直播间
最高在线人数	指本场直播最高同时在线人数，可以对应分析此刻运用了哪些运营手段
平均在线人数	指本场直播平均每分钟的在线人数，与最高在线人数对比，如果差距较大，说明直播间的流量承载力不稳定，流量不精准
平均观看时长	指本场直播平均每个用户的观看时长，时长越长，代表直播间整体内容越吸引人，用户的黏性越强

2．互动数据指标

互动是指用户在直播间评论区留言或参与直播间设置话题的情况，包括点赞、评论、转发等行为。互动数据指标及其说明如表 7-3 所示。

表 7-3　互动数据指标及其说明

互动数据指标	说明
互动率	任意一个互动行为指标除以累计观看人数都可以得出互动率，能反映用户的参与度，直观的表现是直播间是否热闹，一般以直播间评论数除以累计观看人数作为参考值
转化率	单场直播新增粉丝数除以累计观看人数可以得出转化率，该数据能反映直播间的整体内容是否有价值，也能反映粉丝增长的潜力

3．粉丝数据指标

粉丝是直播间的重要人物，粉丝数据跟主播、直播间气氛、直播内容等密切相关。粉丝数据指标及其说明如表 7-4 所示。

表 7-4　粉丝数据指标及其说明

粉丝数据指标	说明
粉丝 UV 占比	粉丝 UV 占比是指进入直播间的总人数中粉丝的占比。粉丝 UV 占比较高，说明直播主题与内容迎合了粉丝的需求与喜好，前期预热和私域运营产生了较好的效果；反之，则说明直播没有吸引太多粉丝关注
粉丝互动率	粉丝互动率是指参与互动的粉丝数量在粉丝中的占比，该数据能反映有多少粉丝在直播过程中与主播发生互动

4．交易数据指标

交易数据能够体现直播间商品的转化情况。交易数据指标及其说明如表 7-5 所示。

表 7-5　交易数据指标及其说明

交易数据指标	说明
成交人数	当天支付成功的汇总去重人数，成交人数越多，说明直播间整体转化能力越强
商品交易总额（Gross Merchandise Volume，GMV）	指直播期间全渠道关联店铺商品的交易总额，能反映最终整体的成交转化结果
千次观看成交金额	该数据可以通过公式"GMV×1000/累计观看人次"得出，能反映每千次观看带来的成交金额，在一定程度上代表了流量效率
UV 价值	UV 价值是平均每个用户给直播间贡献的成交金额，数值越大，说明用户贡献的价值越大，在一定程度上反映了人群质量和目标用户的精准程度
客单价	用 GMV 除以成交人数可以得出客单价，该数据能反映平均每个用户的成交金额，数值越大，说明用户的质量越高，越有购买力
投入产出比	投入产出比由公式"商品交易总额/投放消耗"可得，用于衡量付费投放的效率，数值越大，说明投放效率越高
成交率	成交率是指成交人数和 UV 之比。尽管直播间商品的价格各不相同，但成交率可以在一定程度上反映一场直播的最终效益，能体现一场直播的带货能力

7.4.3　直播数据分析平台

随着直播的发展，直播数据分析平台也越来越多。除许多直播平台后台提供数据分析功能，还有一些第三方数据分析平台。很多第三方数据分析平台数据分析功能强大，数据统计与分析维度多元化。第三方数据分析平台一方面可用于分析直播行业的相关数据，另一方面也可用于分析某直播间账号的直播数据。

1. 蝉妈妈

蝉妈妈主要用于抖音和小红书平台的直播数据分析。以抖音直播数据为例，蝉妈妈提供今日带货榜、官方人气榜、直播流量趋势、带货小时榜和官方小时榜等项目，如图 7-38 所示。蝉妈妈既能用于查看自己直播间的相关数据，也能用于查看头部直播间的数据情况，还可用于根据榜单反映的直播数据，了解抖音直播的行业走势。

- 今日带货榜是实时统计平台直播间的销量、销售额、热度等数据后得出的榜单。
- 官方人气榜统计的是正在直播的主播的人气排行情况。
- 带货小时榜统计的是某一小时内（如 8:00—9:00）各平台直播间的带货数据，包括销量、销售额、热度等。
- 直播流量趋势是实时统计各平台直播间的流量变化动态和走向趋势。
- 官方小时榜统计的是某一小时内（如 8:00—9:00）在线人数最高的直播间。

图 7-38　蝉妈妈直播库相关数据项目

在蝉妈妈账号的直播数据可以用数据大屏的方式展示出来。例如，认养一头牛官方旗舰店企业账号的直播数据如图 7-39 所示。

图 7-39　认养一头牛官方旗舰店企业账号的直播数据

2.新榜

新榜是国内非常有影响力的短视频与直播产业服务平台，主要为用户提供多层次的数据咨询、广告营销和品牌传播等服务方案。作为第三方数据分析平台，新榜为用户提供了公众号、视频号、抖音、小红书、快手、哔哩哔哩等多个平台及板块的管理与数据分析服务。整体来说，新榜的榜单和数据信息实用性强，便于直播团队从宏观角度横向对比同平台、同领域直播间的运营情况。

下面以新抖为例，阐述其提供的数据服务。新抖是新榜旗下的抖音数据分析工具，能有效助力短视频账号直播变现，品牌策略投放。登录新抖，在左侧列表中单击"直播 VIP"选项，可以查看与直播相关的数据，如热门直播间、主播带货排行、实时直播榜、直播流量大盘、直播带货风向等。单击"直播带货风向"选项，可以查看数据概览、带货趋势等数据信息，如图 7-40 所示。

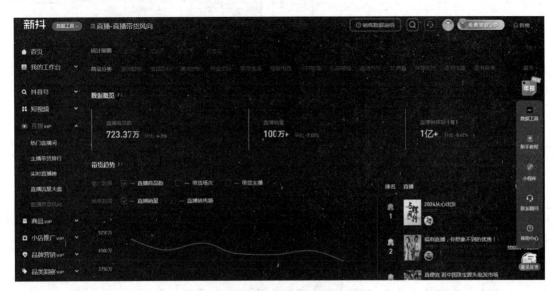

图 7-40　新抖提供的直播数据信息

7.4.4　撰写直播数据分析报告

直播数据分析的最终结果通常需要汇总成数据分析报告。直播团队中的工作人员在撰写直播数据分析报告时，一般会使用大量的图表，所以直播数据分析报告通常以 PPT 的形式来展现。

直播数据分析报告一般分为 3 部分，即开篇、正文和结尾。

1.开篇

开篇包括目录和前言两部分。其中，目录是直播数据分析报告的大纲，要求结构、逻辑清晰，以便让他人快速了解报告的大致内容。在撰写目录时，通常按照"总—分—总"的结构来策划内容。前言是对直播数据分析报告的分析目的、分析背景、分析思路、分析方法、数据结论等内容的基本概括。

2.正文

正文中的观点阐述和论证过程是直播数据分析报告的核心部分，直播团队中的工作人员要先给出清晰、明确的观点，再通过详细的数据图表和文字来论证观点。

在进行数据分析时，直播团队中的工作人员的数据分析逻辑如图 7-41 所示。数据分析结果在数据分析报告的正文中就是"观点"，而数据分析过程中的数据图表就是观点的有力论据。

撰写正文的思路与数据分析的过程恰好相反，撰写正文一般需要先提出总论点，再阐述分论点，然后通过不同的论据进行分层论证，让他人清楚地看到得出的结论是有理有据的。这也意味着直播团队中的工作人员在撰写正文时要先罗列观点，以厘清正文的撰写思路，如图 7-42 所示。

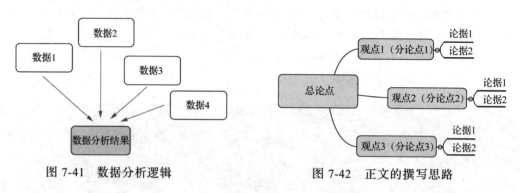

图 7-41　数据分析逻辑　　　　　　图 7-42　正文的撰写思路

3．结尾

结尾部分由结论和建议组成。这部分内容是依据正文的观点而总结出的最终结论。结论的表述要求准确、简练、有价值。在确保结论准确的基础上，直播团队中的工作人员可以提出自己的见解和建议，为之后的直播决策提供参考依据，优化直播营销策略。

此外，为了提升直播数据分析报告的可读性，在确保数据分析报告内容质量的基础上，也可在 PPT 中加入一些动态展示效果。

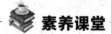

素养课堂

随着大数据的发展与应用，直播团队中的工作人员要养成数据思维，善于挖掘数据、分析数据、运用数据，以数据为依据，坚持问题导向，在工作中发现问题、分析问题、解决问题，通过直播复盘，推进直播营销不断发展，以取得更好的营销效果。

7.5　短视频与直播融合运营

随着短视频的发展，"短视频+直播"的营销模式备受企业青睐。如今，企业在探索多元化出口时，陆续入局短视频，而短视频平台也纷纷开启直播功能。要想深度挖掘"短视频+直播"的营销模式蕴藏的流量红利，运营人员需要掌握短视频与直播融合运营的策略。

7.5.1　短视频与直播融合运营的优势

短视频和直播是两种不同的营销形式，但它们可以相互补充，短视频能够为直播引流，直播能够促进短视频变现，两者融合运营能够增强品牌的营销策略。通过短视频和直播融合运营，发挥其各自的优势，品牌可以更好地吸引受众，扩大知名度，提高转化率。

短视频与直播融合运营的优势主要体现在以下几个方面。

1．形式互补

短视频和直播在形式上各有特点，短视频通常预先录制，可以更好地控制内容质量和传达的信息，而直播是实时的视频传输，能够更好地吸引用户并提供实时互动的机会。短视频和直播融合使得品牌可以利用短视频来展示商品或服务，并在短时间内吸引用户的注意力，同时通过直播与用户实时互动，提升用户的参与度和忠诚度。

2．内容互补

短视频时长短，内容简单，用户可以轻松观看，不受时间、地点限制。直播内容表现形式丰富，可以根据主播意愿和用户需求持续直播，内容更加直观，没有经过后期剪辑处理，画面更加真实。

短视频短小精悍，传播力度大；而直播内容具有实时性、场景化、公开化的特点。直播内容虽然丰富有趣，但在短时间内很难娱乐用户，这就影响了直播平台的用户体验，而加入短视频模块后，用户可以在来不及观看直播内容时浏览短视频，从而提升用户留存率；在短视频平台中加入直播功能，可以弥补用户观看短视频时的意犹未尽感，用户在时间充足时可以进入直播间尽情欣赏其中的优质内容。

短视频和直播的融合提供了更多元化、更丰富的内容形式，可以满足不同用户的需求。同时，这种融合也增强了内容传播力和影响力，使内容更易于传播和分享。

3．功能互补

短视频能够为直播引流，实现直播的预热和推广；而直播则可以弥补短视频在内容留存方面的不足。通过直播产生的优质内容，短视频可以进行二次加工，精准分发，从而提高品牌的知名度和认知度。

企业可以利用短视频提前宣传即将到来的直播活动，以吸引更多的用户进入直播间。在直播期间，企业可以播放预先录制的短视频，以提供更多的信息和营销内容。直播结束后，企业可以将直播内容保存，并制作短视频来进一步传播品牌信息。

4．价值互补

随着短视频使用门槛不断降低，每个人都可以参与其中，这推动了用户积极利用短视频平台来展现自己，而用户消费习惯的移动化和时间碎片化要求制作的短视频具有内容价值高、短时间传达大量信息的特点。

与短视频不同，直播的核心价值是强大的变现能力，并且由于直播的即时性，其具有商品细节展示、消费场景和使用体验高度还原的优势，可以增强用户对商品的信任感，因此可以最大限度地刺激用户在直播中消费，从而实现流量变现的目的。

直播和短视频在实现商业价值方面可以取长补短，融合短视频强大的流量聚集能力和直播的超强变现能力，可以多方位、多角度地为平台及其运营人员赚取更多的利益。

7.5.2 短视频与直播融合运营的阶段

在新媒体平台上，短视频"种草"与直播带货的结合能够构建"引流+带货"的营销闭环，即留存老用户，挖掘新用户，并通过改善服务及进一步加强商家和用户的关系来达到新用户不断向老用户转化的目的。与直接直播带货相比，短视频"种草"与直播带货的结合具有更大的优势。

短视频"种草"是用户形成商品认知的关键环节，是对用户的一种引导，通过多样化的内容引导用户对商品产生情感认同，促进用户从"种草"向购买转化。要想顺利地完成短视频与直播运营的融合，在短视频"种草"+直播带货的不同阶段要做的工作也不尽相同。

1．短视频"种草"阶段

在短视频"种草"阶段，运营人员的工作重点涉及以下几个方面。

（1）选品

在品类选择方面，食品类、装饰类、美妆类等品类的商品更受用户青睐。同时，在选择商品时，也要保证商品的质量，并明确其卖点。

（2）内容创作

运营人员要从商品出发，分析商品的目标用户群体，并明确其痛点，这样才能更有针对性地创作短视频内容。

（3）选择平台

运营人员要选择合适的"种草"平台。例如，抖音就是一个拥有巨大流量的平台，一般在抖音平台上发布短视频的"种草"效果比较显著。

（4）制定策略

为了获得更好的"种草"效果，运营人员要掌握有效的营销方法，制定合理的营销策略，突出商品的卖点，吸引用户的关注。

2．直播带货阶段

在直播带货阶段，运营人员要重点思考如何提高直播转化率，为此需做好以下两个方面的工作。

（1）突出商品优势

通过短视频"种草"，用户往往对商品已经有了初步的了解且存在需求，因此在直播带货这一环节，运营人员可以进一步强调商品的优势，实现进一步激发他们的购买欲望的目标。

（2）开展优惠活动

运营人员可以在直播间发放一些商品优惠券，或者降低商品价格，或者开展分享有礼、满赠等活动，以福利活动来激发用户的购买欲望。

7.5.3　短视频与直播融合运营案例

鸭鸭是国产服饰老品牌，成立于 1972 年，线下店铺遍布全国。鸭鸭长期专注制作羽绒服，因高性价比而受到消费者的喜爱。有一段时间，鸭鸭处于极为困难的阶段，年销售额仅有 8000 万元，且连续数年陷入亏损的境况。由于市场竞争激烈，众多竞品出现，鸭鸭逐渐被同行超越，有数据显示，此时鸭鸭市场占有率不足 5%，这个羽绒服品牌几乎被广大消费者遗忘。

近几年，由于新媒体的出现，鸭鸭依靠短视频、直播营销等新媒体营销渠道实现逆袭。从 2021 年开始，鸭鸭陆续在抖音、快手、微信视频号等短视频平台上开通账号（见图 7-43），并通过发布短视频、开通直播的形式进行营销。2022 年鸭鸭全渠道 GMV 达到 110 亿元，这不仅是一个数字上的飞跃，更代表着鸭鸭在战略调整、品牌塑造以及市场定位上取得的卓越成果。

鸭鸭的成功转型离不开短视频与直播融合运营策略。

1．短视频营销策略

抖音是鸭鸭品牌复兴的重要载体。在这个短视频平台上，鸭鸭不仅与数百万粉丝建立了紧密联系，更通过短视频的形式，将品牌故事、产品特点及与消费者的互动展示得淋漓尽致。鸭鸭在短视频方面的营销特点如下。

（1）产品适合短视频营销

鸭鸭羽绒服高性价比的特点比较符合短视频用户的消费特征。自 2020 年以来鸭鸭开启全面品牌焕新战略，在羽绒服的保暖性与实用性的基础需求上进行重点设计，开启品牌年轻化战略，不断创新产品设计。针对 Z 世代年轻人的潮流化审美趋势，鸭鸭推出七大年轻化服饰系列，商品特点更适合短视频营销。

图 7-43　鸭鸭在短视频平台上开通的账号

在抖音平台上，鸭鸭成功地将其品牌故事、产品特点以及与消费者之间的实时互动传递给了抖音用户，让鸭鸭品牌迅速在年轻人中建立了较高的认知度和好感度。与此同时，短视频的直观展示也使消费者更加信任鸭鸭的产品质量和品牌形象。

（2）搭建品牌账号矩阵

鸭鸭在抖音和快手等平台布局了大量账号，这些账号不仅发布的内容不同，直播也不同步，做到了不同账号独立运营。

（3）抓准营销时机

鸭鸭抓准营销时机，借助多平台多账号共同发力。每年 9 月，我国部分地区开始降温，鸭鸭在 2021 年 9 月入驻快手并开始在全平台全天候直播，发布大量短视频为直播间导流，抓住羽绒服销售的先机，抢先一步占领市场。

不论是在抖音平台，还是在快手平台，鸭鸭的不同账号都发布了大量短视频，以向直播间导流，有些账号甚至每天发布 6 条以上短视频。

2．直播营销策略

鸭鸭经过市场低迷期之后也采取品牌焕新战略，积极布局抖音、快手、小红书、视频号等平台，使商品销售额持续上涨，其中鸭鸭的抖音直播营销多次荣登销售热榜。

鸭鸭的直播营销策略主要有以下几点。

（1）创新内容与形式

鸭鸭成功地放大了服装直播的优势，将直播重点放在穿搭演示、互动体验和问题解答上，以满足用户的购物需求。在直播内容上，主播以一边试穿羽绒服，一边讲解为主；也会通过搭配、道具等展示商品的卖点；还会根据直播节奏设置发放福袋的环节，并根据用户需求设置爆品返场。这种策略不仅提高了用户参与度，还增强了用户的购买欲望，为品牌创造了良好的营销效果。鸭鸭直播间以品牌自播为主，采取主播轮播的方式直播。

（2）策划热点话题与事件

鸭鸭善于在直播间打造热点话题为直播造势。例如，鸭鸭曾联合某位运动健身主播发起"疯狂鸭鸭舞"挑战赛，全网曝光量超过 6 亿，并促使品牌连续数日登上同类赛道成交榜首位。此外，鸭鸭曾抓住行业淡季策划热点营销事件，实现"破圈"效果。2022年 9 月，鸭鸭策划的反季羽绒服走秀直播在线人数峰值超过 3 万人，活动期间的销售额突破了 5 亿元。

（3）注重场景打造

鸭鸭注重在直播间进行场景打造，通过营造场景氛围带动直播效果的放大，使品牌传播更具话题性与趣味性。例如，鸭鸭在夏天时选择真实的雪山作为直播场景，雪山的寒冷让鸭鸭的羽绒服有了天然场景的加持，既展现了羽绒服的功能，也吸引了更多用户，让"在雪山直播卖羽绒服"的话题冲上了抖音热搜榜。

另外，鸭鸭还会选择不同的商品来匹配直播间的不同场景。鸭鸭重塑了"人、货、场"三要素，通过创新直播营销来挖掘新的市场增量。

（4）把握直播节奏

服装品类的销售很依赖用户的反馈，羽绒服也是如此。因此，鸭鸭总结出淡季测品、旺季出击的直播营销策略，把握直播节奏，拉长营销周期。在天气较暖的季节，鸭鸭直播间主要进行测品和品牌曝光活动。当天气逐渐转凉，鸭鸭开始密集发起品牌自播与达人直播。这一阶段，直播间继续推广选定的羽绒服，并邀请头部达人同步进行带货曝光，甚至邀请知名演员参与直播，为用户展示商品的上身效果，从而拉升主推品的销量和口碑。

（5）实施差异化营销

羽绒服面向的群体覆盖不同性别、不同年龄段，且商品本身的价格不等，差距较大。为了覆盖精准目标群体，推销更多品类，鸭鸭根据商品性质在不同的品牌账号（如"鸭鸭官方旗舰店""YAYA 鸭鸭羽绒服旗舰店""鸭鸭箱包旗舰店"）直播间推出不同直播商品。鸭鸭针对不同性别、年龄、消费价格偏好的用户群体有差异地设计品牌矩阵账号，推出符合用户群体需求的直播营销商品，使鸭鸭的商品有效覆盖更多的用户群体。

3．短视频与直播融合运营策略

鸭鸭作为一个 50 多年的传统服饰品牌，自 2020 年重组以来，积极拥抱一切新渠道、新平台，相继在抖音、快手和视频号运用短视频与直播融合运营策略取得了傲人的成绩。

（1）品牌自营

企业采取品牌自营的方式构建账号矩阵，多账号齐发力，采取直播和短视频融合运营策略。在直播间的布置上，鸭鸭做到场景符合品类格调。对不同商品的直播间，会根据商品的类别进行差异化打造。例如，鸭鸭品牌旗舰店的直播间装扮得更年轻化；而鸭鸭男装旗舰店的直播间颜色偏灰，显得更沉稳等。

短视频运营采用多账号齐发力的策略，并且发布的短视频以量大取胜，从而增加品牌和商品的曝光度。例如，在视频号上，账号内容主要为展示商品上身效果或者直播时讲解商品的片段，形式为直播切片和户外合集，尤其注重打造"人、货、场"，通过大量户外场景体现商品在真实场景下的穿着效果。

鸭鸭在一个平台做好运营后，便将经验快速复制到其他平台，然后根据平台特性再做差异化运营。例如，在抖音平台上运营后，积攒了足够的品牌声量，再入驻视频号。鸭鸭入驻抖音时，采用先同达人和名人合作，再做品牌自播的形式；而入驻视频号却采用先品牌自播再做达人分销的形式。鸭鸭在抖音和视频号平台上虽然都有直播营销，但营销策略存在差异，直播风格、直播选品、爆款推广逻辑等都不同。

（2）定位调整

鸭鸭早期的用户定位为下沉市场中具有一定消费基础的中老年人群，自开启全面品牌焕新战略后，鸭鸭开始实施品牌年轻化战略。在产品设计上优化创新，能够紧密贴合年轻人的审美潮流，不仅实现了鸭鸭在产品端的革新，也通过直观的产品体验传达出了年轻化的品牌理念。

在抖音平台，鸭鸭选择了年轻知名演员直播带货，与短视频营销"种草"相结合的策略。短视频营销中，鸭鸭侧重选择年轻化的"00 后"达人，进行内容"种草"投放与介入直播选品，利用其原有的年轻粉丝群体基础，进一步贴近年轻化的用户群体，形成了鸭鸭品牌年轻化的良好构造链路。

这样的定位调整让鸭鸭不仅实现了品牌的年轻化转型，同时借助了抖音平台深入洞察不同用户群体的市场需求，在产品的不断创新上启发了无限新思维，让鸭鸭品牌焕发了新的生命力。

（3）思路创新

鸭鸭采取多节点、多元化的营销新思路。

① 多节点"种草"策略，即鸭鸭会根据不同节点的"种草"需求来选择不同类型的达人合作。在大促期间，鸭鸭会选择与头部达人合作主推爆款，将头部达人带来的规模化流量直接导入直播间并进行销量转化。而在日常"种草"中，鸭鸭看重合作达人账号标签的属性垂直度和粉丝群体与品牌的重合度，而非达人粉丝基础的体量规模，能够有效进行品牌的长周期心智"种草"与较好的消费引导。

② 多元化的"种草"策略，即鸭鸭不仅看重短视频内容中产品的呈现方式，也注重产品的全方位渗透，不再将产品的合作达人限制在服饰品类，而是将多元化的视频内容植入不同体验场景，探索更多的可能性。例如，在户外运动达人的短视频中进行软植入，在深秋时节，达人身着鸭鸭羽绒服踏入山中，落叶纷纷的户外场景突显了鸭鸭羽绒服的功能，为喜爱户外运动的潜在用户群体带来沉浸式体验。

课堂实训：国货"蜂花"从沉寂到走红

1．实训背景

蜂花创立于 20 世纪 80 年代，和大多数老国货品牌一样，在许多人眼中属于被互联网遗忘的品牌。然而，自 2023 年 9 月以来它却频频进入年轻人的视野，话题度也不断提升。

抖音平台蜂花官方旗舰店于 2023 年 9 月 11 日开启的直播累计销售额区间为 2500 万～5000 万元，人气最高时有超过 6.8 万人同时在直播间观看，总观看人次与平时数据形成鲜明的对比。

蜂花以较低的客单价、较高的性价比，以及与直播间用户不同的玩法，迅速走进年轻人的视野。蜂花在抖音平台上架多款洗护套餐，售价均为 79 元，当时"79 元套餐"很快被购买一空，直播间还挂出"理性消费"的字样。在 2023 年开学季，蜂花业绩猛涨。

蜂花增强了品牌与年轻消费者的互动，加深了年轻消费者对蜂花品牌的印象，同时激发了一大部分人的"国货情怀"。蜂花直播间主播不拘泥于循环轮播的带货话术，加入了更多的娱乐元素。例如，在直播间摆放其他国货品牌，打造产品热卖的同时也不忘"拉别人一把"的形象。

蜂花负责人表示，蜂花频频登上热搜说明其的确具有传播价值，老国货品牌自有其品质优良和价值观正面的口碑，但也需要根据环境和消费者的偏好变化，与时俱进地重新定位和重塑形象。蜂花的国货品牌身份满足了消费者对国货复兴和支持本土企业的情感诉求，但人们的消费终将回归理性。相关负责人表示，真正能让消费者买单的还是品质，"国货当自强，必须传承与创新"，才能持续引领国货复兴的潮流。

2．实训要求

请同学们根据案例描述，搜集蜂花直播的资料及相关数据，对直播营销进行整体分析，如选品、定价、推广引流、用户管理、互动活动设计等环节，掌握其直播营销成功的主要影响因素。

3．实训思路

（1）讨论案例

请同学们分析案例涉及的直播数据，进行直播复盘，说明直播营销的优势与存在的问题。

（2）充分感受直播营销

请同学们观看一场国货品牌直播，充分感受企业自播的特点，分析并总结直播间使用的营销策略，并说一说自己的见解。

课后思考

1. 简述直播营销的必备要素。
2. 简述主播 IP 打造的维度。
3. 简述直播复盘的基本流程。

第8章 全媒体营销与运营案例分析

 ## 知识目标

➢ 了解华为线上线下融合营销的措施。

➢ 了解华为的媒体矩阵布局。

➢ 了解华为在线下媒体转型上采取的举措。

 ## 能力目标

➢ 能够进行线上线下融合营销。

➢ 能够利用媒体矩阵进行营销。

➢ 能够分析线下媒体转型的相关案例。

 ## 素养目标

➢ 在全媒体营销与运营中助力中国品牌成长。

➢ 保持对全媒体行业的敏感度，敢于开拓创新。

　　随着互联网的不断发展，全媒体营销与运营已成为企业营销与运营的重要手段。全媒体营销与运营利用多种媒体渠道，通过整合传统媒体和新媒体资源，实现营销宣传的全方位覆盖，进而达到节省营销成本的目的。本章以华为公司为例，详细分析其在线上线下融合营销、媒体矩阵布局和线下媒体转型方面的策略，深化读者对全媒体营销与运营知识的理解。

8.1　线上线下融合营销案例分析

　　华为作为知名的信息与通信技术解决方案提供商，近年来在线上线下融合营销方面取得了显著成果。

8.1.1　线上营销

　　在线上营销方面，华为与电商平台合作，如天猫、京东等，开设官方旗舰店进行产品销售和品牌展示，还利用这些平台的营销工具，如优惠券、折扣等吸引用户购买。

 案例在线

美团闪购与华为达成战略合作，为消费者提供优质购物体验

　　2023 年 9 月 25 日，美团闪购宣布与华为达成战略合作，自 2023 年 7 月达成初步合作意向以来，双方积极推进门店入驻、产品上架、系统对接等筹备工作。数十个城市超过 1000 家华为授权体验店已经成功入驻美团闪购平台，消费者可以通过美团闪购享受到华为正品商品最快 30 分钟送到家的便利服务。同时，在华为秋季全场景新品发布会上，美团闪购也同步进行了直播，让消费者第一时间了解和购买到华为最新推出的产品。

　　随着移动互联网的快速发展，消费者对购物体验的要求也越来越高。他们希望能够随时随地购买到自己心仪的产品，而不用为了购物特意安排时间去实体店。美团闪购与华为的合作正好满足了这一需求，消费者无须跑遍各个华为授权体验店，只需通过美团闪购平台，就能在家中轻松选购华为的产品，并在短时间内收到产品。

　　随着华为秋季全场景新品发布会的举行，美团闪购也同步推出了华为发布的新品，包括 FreeBuds Pro 3、WATCH GT 4 等。消费者不仅可以通过传统的实体店购买到这些产品，还可以通过美团闪购轻松购买，实现"即买即得"。

　　美团闪购与华为的合作并不止于此，双方将继续在全面门店、全线产品和系统对接等方面进行深度合作，力求更好地满足消费者的需求。美团闪购数码家电品类负责人表示，合作是为了响应消费者需求，顺应时代潮流，呼应购物趋势。双方将持续携手合作，共同为消费者提供优质的购物体验。

　　华为充分利用社交媒体进行推广，如微博、微信、抖音、小红书等，发布新品信息、技术解读、品牌故事等内容，与粉丝进行互动。华为还定期举办线上活动，如直播发布会、话题挑战等，提高品牌曝光度和用户参与度。

　　微博作为国内重要的社交平台，是手机厂商进行营销的重要阵地。华为 Mate 60 上市时就在微博平台做了全方位的宣传推广，首先低调宣布推出"HUAWEI Mate 60 Pro

先锋计划"，未"发"先售，随后"#华为Mate 60#"话题登上微博热搜榜第一。

一个有意思的现象是华为发售新品时，并没有对芯片型号、5G等关键信息进行曝光，但在发售之后没多久，许多拿到手机的数码科技博主自发地在网上发布了开箱、拆解视频，进一步引爆品牌关注度。在没有任何官方信息的情况下，华为Mate 60 Pro就像一个盲盒，在议论声中一点一点地还原出了它的模样，不仅在数码圈内引起了轰动，还让大众共同进行了一场全民参与的"跨次元"活动。

借助第一批用户实施口碑营销，凭借的不单单是国民情怀，更是因为华为新品核心技术的发展远超大众想象。在后续营销中，围绕新品功能"出圈"的话题讨论仍在继续，例如，"#华为 天通卫星#""#男子在无信号牧场打通卫星电话#""#华为新型 5G芯片#"……如此之多的自发式口碑传播，让华为Mate 60的热度持续高涨。

值得关注的是，几乎华为官方每一条博文下方，都能看见一个催货的身影——京东。作为华为线上渠道的重要销售商，京东每天与华为官方互动，希望华为多配货，被网友调侃"京东为了要点儿HUAWEI Mate 60系列的货，可真是用尽浑身解数了"。

华为还在小红书上举办了华为P60的新品营销活动，通过洞察消费趋势，借助生活场景迅速奠定了新品认知。

 案例在线

华为P60在小红书举办"这就是洛可可白"新品营销活动

2023年3月，华为正式发布华为全新影像旗舰产品——华为P60，品牌在小红书平台举办了"这就是洛可可白"新品营销活动。

华为P60选择借用咖啡场景进入用户心智。一款新品在消费行业的认知是空白的，想要构建认知，比较快的方式就是"场景关联"：将新品融入大众熟悉的、有很强感知力的场景，以此在用户心智上快速产生烙印。华为P60推出的洛可可白配色，采用凝光贝母工艺，以手工制作，在背壳中加入天然矿物粉，实现了天然贝母般的纹理，让每一款产品都如优雅、唯美的艺术品一般，闪耀着光芒。

华为P60借用咖啡场景连接精致美丽生活。华为P60不仅外观设计优秀，还具有极高的制作工艺，可以说是集精致、艺术于一体的大成之作，其目标用户人群是优雅复古与追求幸福品质生活的代表，亦是都市咖啡场景的常客。此次活动将新品融入咖啡场景，能够通过其鲜明的场景氛围与用户产生认知关联，为新品构建客群认知基础。

用户对咖啡的关注度和消费度稳步提升，年轻用户群体喜欢去咖啡店打卡，咖啡已经变成当代年轻人生活的重要组成部分。以"咖啡"作为沟通的切入口，能够更好地顺应目标用户群体的偏好，提升他们对活动内容的关注度和接受度。

选择咖啡作为核心关联场景，不仅是基于对用户市场的洞察，也是华为针对合作平台的分析结果。小红书成为时下热门的内容社交平台，内容类型非常丰富，而咖啡是小红书平台的热门内容类型之一，平台相关笔记数已超过千万。同时，小红书平台围绕咖啡已产生多个成熟的内容IP，用户对相关内容有很高的接受度。

做好用户洞察后，华为 P60 还制定了完备的传播策略，以此来增加活动在用户圈层中传播的广度与深度。在华为 P60 的"这就是洛可可白"系列活动中，品牌积极整合站内站外资源，打通线上线下，构建立体化传播矩阵，助力活动影响力提升。

首先，平台官方预热，通过创意 H5 将用户导流到品牌营销活动主阵地。同时，在活动页中还上线"特调咖啡""主题下午茶"两大专题活动，搭配多种品牌惊喜好礼，在刺激用户参加和生产内容的同时，也为活动传播奠定了坚实的流量基础。

其次，在线上发起活动的同时，华为还联动线下数十家咖啡店，打造"洛可可白"主题咖啡店，定制"洛可可白"元素，构建沉浸式场景氛围，强化大众对新机"洛可可白"的独特美学认知。同时，主题咖啡店中还上线了特调咖啡"洛可可白海盐奶盖冰美式"和多种定制周边及打卡物料，吸引用户打卡拍照，借助用户打卡笔记反哺线上，持续炒热活动。

另外，华为在引导用户参加活动的同时，还联动影响力 IP 博主以及众多 KOC 搭建内容矩阵，精准输出内容，为新品认知的构建添砖加瓦。

最后，小红书平台提供了"开屏""信息流""火焰话题""活动专区"等多个资源位为活动引流，在站内产生强势曝光。华为还积极整合站外多平台渠道开启全域传播，完成"目标圈层"与"大众圈层"的全方位渗透，让新品认知传播覆盖更广圈层。

华为拥有功能丰富的官方网站和手机应用，提供产品介绍、购买渠道、技术支持等服务。消费者可以通过这些渠道了解华为的最新动态和产品信息，享受便捷的购物体验。

8.1.2 线下营销

在线下营销方面，华为在全球范围内开设了众多实体店，包括体验店和授权店。消费者可以在店内体验华为的产品，了解其功能特点和使用体验。店员还提供专业的产品咨询和售后服务，帮助消费者解决使用中的问题。

此外，华为还定期举办线下活动，如新品发布会、技术研讨会、体验活动等，邀请消费者和媒体参与。这些活动不仅展示了华为的最新技术和产品，还增强了品牌与消费者的互动和联系。

 案例在线

华为门店开展"趣玩一夏"活动，为用户带来更佳体验

华为 P60 Pro 是一款兼具时尚性与实力的手机，其玲珑四曲屏的设计带来惊艳的视觉效果，给人一种工艺品级别的享受；其形似考拉的摄像头模组也极具创意，主摄镜头的保护圈放大并居中的设计提升了手机的辨识度。

为了配合推广华为 P60 Pro，华为门店开展"趣玩一夏"活动，为 2023 年的夏天增添了很多乐趣。用户可以前往华为的线下门店参与互动，获得游戏机会，一起探索游戏的乐趣。用户通过在朋友圈发定位或在大众点评发布指定内容打卡，就能

获得 1 次游戏机会；如果用户在店内消费满 999 元或体验了华为 P60 系列的任意两个摄影功能，将获得 3 次游戏机会；如果用户的消费金额达到 3999 元，那么用户将有 5 次游戏机会，这增加了用户获得奖品的机会。"趣玩一夏"活动宣传图如图 8-1 所示。

游戏包括套圈大作战、开心刮刮卡和开心摇摇乐，都是有趣又富有挑战性的游戏。参与游戏后，用户将有机会赢取可爱的考拉玩偶，以及运动水杯、咖啡杯、雨伞、周边贴纸等丰厚的礼品。这些定制礼品都以考拉元素为主题，不仅是实用的日常物品，还有着华为 P60 Pro 的时尚气息，让用户在这个夏天拥有与众不同的个性。

图 8-1 "趣玩一夏"活动宣传图

8.1.3　线上线下融合

华为线上线下融合营销的措施主要有以下几种。

一是数据共享与精准营销。华为通过线上线下数据共享，实现对消费者行为的深度洞察。基于这些数据，华为可以制定更加精准的营销策略，推送个性化的产品信息和优惠活动，提升营销效果。

二是线上线下渠道协同。华为注重线上线下渠道的协同配合，消费者可以在线上浏览产品、下单购买，并选择线下自提或快递配送，同时消费者也可以在实体店体验产品后，通过线上渠道购买，这种无缝衔接的购物体验为消费者提供了极大的便利。

三是会员体系互通。华为建立了统一的会员体系，实现线上线下会员信息的互通。消费者无论通过哪个渠道购买产品都可以积累积分，享受会员优惠和服务。这种互通的会员体系提高了消费者的忠诚度，增强其购买意愿。

 案例在线

华为会员中心联动线上线下，感受智慧生活

华为终端面向全球多个国家和地区为数亿用户提供服务。面对庞大的用户数量，需要一个平台帮助用户更好、更全面地使用华为终端，华为会员中心作为这样一个媒介出现在华为终端上，用线上连接线下，帮助用户更好地体验智慧生活。

华为会员中心是一个独立且专业的平台，是华为推出的集社区交流、权益领取、资讯浏览、活动参与、勋章点亮、任务达成等多种功能于一身的 App。用户在官方渠道购买华为终端，激活后在华为会员中心 App 注册即可成为会员，便能一键领取海量会员权益和服务。

华为会员中心为用户提供多元化的福利和权益，如新机购买、品牌盛典、出行优惠、节日大促等，全面覆盖"衣食住行玩"五大生活场景。华为会员中

心可以实现对福利的场景化推送，基于节假日、所在城市等场景进行个性化推荐，为用户提供更贴心的定制化服务。此外，华为会员中心提供寄修服务、备用机服务、游戏礼券、商城优惠、音乐会员、尊享主题及个性卡面等众多华为会员专属权益，充分展现会员特权。

用户在华为会员中心除了享受会员福利和权益，还可以在交流中心发现自己的乐趣。华为会员中心搭建华为会员社区，涵盖旅行、科技、生活等热门圈子，为会员提供分享兴趣、讨论产品与互动学习的平台。社区聚焦时下热点，推荐相关话题，为会员创造良好的讨论交流氛围。此外，用户登录华为会员中心，可以获取一手的品牌资讯，包含产品推荐、软硬件使用技巧、科技人文资讯、华为最热新闻等内容。

华为会员中心还会结合线下举办的活动，在线上发布活动内容，用户可以在线上浏览活动内容，在有了初步了解后与众多会员一起参与活动。此举不仅可以调动用户对活动的积极性，还能帮助用户拓宽交际圈，让用户不只在终端交流。

华为会员中心将用户与华为终端紧密相连，为用户带来海量优质的福利和独特的权益，让用户在会员社区相互学习、相互交流；用户通过华为会员中心将线上活动与线下活动相结合，深度感受智慧生活的美好。

综上所述，华为通过线上线下的融合营销策略，成功地将线上线下渠道进行了有机结合，提升了品牌影响力和市场竞争力。

 **知识链接**

线上线下相结合的营销模式通常被称为线上线下商务（Online to Offline，O2O）模式，通过互联网和移动互联网技术，将线上和线下的商业活动有机地结合起来，提供更加全面和便捷的购物、消费、服务体验。在这种模式下，企业可以通过线上渠道吸引潜在消费者，然后将其引导到实体店进行消费或体验服务。O2O 模式能够帮助企业实现线上线下的无缝衔接，提高销售额和消费者满意度，同时也可以提高线下实体店的流量和销量。

O2O 模式在中国互联网行业中得到了广泛应用和发展，下列是 O2O 模式的应用场景。

（1）电商行业。消费者可以在线上平台购买商品，然后在实体店进行提货或体验服务。

（2）餐饮行业。消费者可以在线上平台预订餐厅位置、点餐、付款，到实体餐厅就餐。

（3）零售行业。消费者可以在线上平台浏览商品、选购商品、付款等，然后到实体店取货或退换货。

（4）旅游行业。消费者可以在线上平台预订酒店、机票、旅游产品等服务，然后到酒店住宿或到景点参观游玩。

8.2 媒体矩阵布局案例拆解

华为的媒体矩阵布局是全面且精细的，旨在通过多元化的媒体渠道，与用户建立紧密的联系，提升品牌知名度和影响力。

首先，华为在微信、微博等社交平台上设立了官方账号，通过发布文章、推送消息等方式，与粉丝进行互动，传递品牌信息。这些平台具有广泛的用户基础和高度的互动性，是华为进行品牌传播和用户关系管理的重要阵地。此外，华为在微博等平台建立了矩阵账号，从各个方面展开对自家产品的宣传，有时还会联动宣传产品，扩大产品在市场上的声势。图 8-2 所示为华为微博矩阵账号及微博宣传内容。

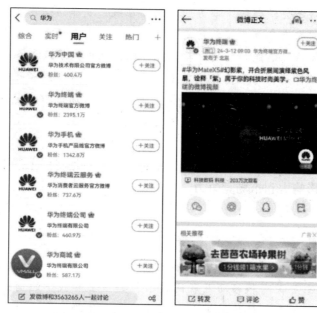

图 8-2 华为微博矩阵账号及微博宣传内容

 案例在线

更名为"花瓣支付"，华为支付在微博开展矩阵式宣传

在更名为"花瓣支付"迅速出圈后，华为微博官方号矩阵开始集中推广华为支付。2023 年 10 月 19 日，华为消费者云服务官方微博"华为终端云服务"发布标签为"华为支付"的微博，介绍华为支付开通步骤。该微博显示，开通华为支付仅需 2 步，华为手机桌面右滑进入负一屏"发现"页，绑定银行卡，即可开通华为支付。这一条视频在微博渠道内被打上了"广告"标签，意味着除华为官方账号主动发布之外，还在渠道内进行了推广。

另外，不仅华为终端云服务的官方视频号同步推送该视频，当日 18 时，华为微博矩阵中的"华为支付"和"华为终端公司"更是同步发布上述视频。经过华为微博矩阵集中宣传，仅 10 月 19 日微博上"华为支付"话题的阅读量已超过 200 万次，讨论量超过 1890 次，而该话题的总阅读量接近 4600 万次。

其次，华为还在短视频平台如抖音、快手上开设了官方账号，通过发布短视频内容，展示产品特点和品牌形象。这些平台以视频为主要内容形式，能够更直观地呈现华为的产品和技术优势，吸引年轻用户的关注。图 8-3 所示为华为抖音矩阵账号及宣传短视频。

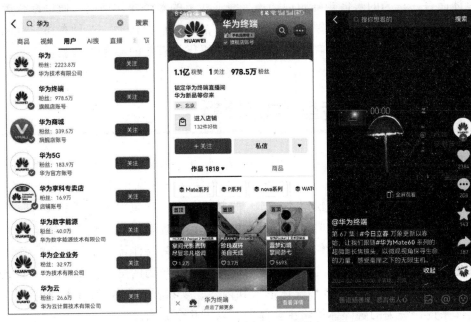

图 8-3　华为抖音矩阵账号及宣传短视频

华为还在小红书等平台上设立了账号，通过发布笔记、测评等内容，与用户分享产品使用心得。华为的小红书推广如图 8-4 所示。这些平台注重用户生成内容和口碑传播，华为通过积极参与其中，能够更深入地了解用户需求，提升品牌形象。

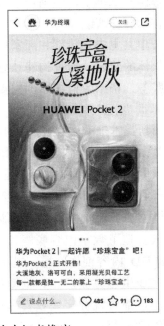

图 8-4　华为的小红书推广

最后，除了线上媒体矩阵布局，华为还注重线下媒体的合作与布局。通过与电视、广播、报纸等传统媒体的合作，华为能够覆盖更广泛的用户群体，提升品牌的知名度。同时，华为还积极参加各类行业展会、论坛等活动，与业界专家和合作伙伴进行面对面交流，展示最新技术和产品。

总体而言，华为的媒体矩阵布局涵盖了线上线下的多个媒体渠道，通过综合运用各种媒体形式和内容，实现了与受众的深入互动和品牌的广泛传播。这种布局既有助于提升华为的品牌影响力和市场份额，也为其他企业提供了有益的参考和借鉴。

8.3 线下媒体转型案例分析

从报刊、广播、电视到微信、微博、抖音、快手，媒体的变革和发展一直与时代潮流同行，与技术创新同步。在数字经济时代，数字化正在深度改变人们当下的生产生活，新业态、新理念、新模式层出不穷。信息技术的每一次重大进步都带来传播方式、媒体形态的重大变革。从工业时代到互联网时代，再到虚实融合的时代，媒体技术不断演进，产业蓬勃发展，产业合作、技术创新、应用创新为媒体传播打开了新的格局。

在这样的时代背景下，华为积极推进融媒体策略。华为的融媒体策略是一个全面而深入的战略，旨在通过整合多种媒体形式和内容，实现品牌传播和市场营销的高效协同。具体来说，华为的融媒体策略主要体现在以下几个方面。

1．提出市级融媒体解决方案

华为提出了市级融媒体解决方案，通过促进应用软件与底层硬件平台的智能协作，满足媒体融合生产的实际需求。这一方案不仅实现了新闻视音频素材的"随采随编"和内容的智能生产及审核，还提供了统一的计算、存储、网络平台，实现了资源统一建设和运营，解决了资源共享难、资源利用率低、资源浪费等问题。

2．深度参与融媒体标准编写

华为深度参与中共中央宣传部和国家广播电视总局主导的市级融媒体标准编写，并积极参与各地融媒体的建设。通过构建独立创新的融媒体平台云底座方案，华为提供了一站式的融媒体服务，帮助各地媒体机构实现业务的高效运转和快速发展。

3．利用新技术推动融媒体发展

华为注重利用新技术推动融媒体的发展。例如，利用 AI 技术提高内容生产的智能化水平，通过大数据和云计算等技术实现精准营销和用户画像分析。这些技术的应用不仅提升了融媒体的生产效率和质量，还增强了用户体验和互动性。

华为为媒体产业提供了海量的自主创新算力系统、存储系统及有线无线协同的高带宽网络，同时提供了基于云原生的智能媒体服务，如智能媒资和基于大模型的人工智能生成内容。华为云打造了数字内容底座，提供了 3D 图形引擎、空间引擎和音视频引擎，降低了超高清/3D 内容创作门槛，提高了生产效率和质量。华为专注于根技术，在媒体产业标准和产业生态方面发力，推动超高清高动态范围（High Dynamic Range，HDR）标准、中国广播影视数字版权管理标准、三维立体声标准、视频编解码标准及高速媒体接口标准等的发展。

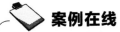 **案例在线**

看看新闻与华为鸿蒙系统合作，迈向全场景时代

2024 年 2 月 22 日，上海广播电视台与华为举办鸿蒙合作签约仪式，宣布其官方客户端看看新闻 App 将启动鸿蒙原生应用开发，为用户提供更加极致的新闻资讯服务体验。此次合作标志着上海广播电视台成为全国首家推行鸿蒙原生应用的省级广电媒体，其作为标杆将带动全国各省（区、市）广电媒体机构加速拥抱鸿蒙生态，助力传媒行业迈向全场景时代。

作为国内知名的全媒体综合文化产业集团，上海广播电视台近年来持续求新求变，坚定不移地推进媒体融合发展，构建立体式的全媒体融合传播体系。看看新闻作为上海广播电视台融媒体中心倾力打造的互联网视频新闻领先品牌，多年来在传播平台建设、业务流程再造、融合业务拓展、体制机制创新等方面均取得显著改革成效，传播力、影响力、竞争力持续增强，已初步建设成为全国省级广电媒体中最具影响力的新闻类新媒体产品之一。

以看看新闻为核心，上海广播电视台融媒体中心在重大主题宣传融合传播机制、大小屏互融共振一体化发展、全媒体战略数字化平台建设等 3 个维度进行大步跨越，构筑起了具有鲜明的自身特色的融合传播优势，探索出了一条全国广电媒体融合转型发展的上海路径。

未来，看看新闻将与华为共同探索更多的技术创新和应用场景，研发更加智能化、个性化的服务，打造全新的智能生态体验。"看看新闻"鸿蒙版将充分利用鸿蒙系统的全场景、原生智能、原生安全等优势，为用户在手机、平板电脑、智慧屏等多终端提供更加流畅、高效、安全的新闻资讯服务与体验。

此次合作既打开了上海广播电视台全媒体传播的新入口，也体现出了在新时期、新传播格局中，上海广播电视台展现链接新技术、催生新应用的进化能力。

上海广播电视台引领媒体融合发展，已形成了拥有强大传播力、引导力、影响力、公信力的传播矩阵。本次看看新闻与鸿蒙生态的合作整合了双方内容创作和技术创新领域的能力优势，不仅引领媒体行业发展趋势，还会激发文化产业背后巨大的潜力价值。

素养课堂

超高清视频是近年来工业和信息化领域实施创新驱动发展战略培育形成的先导性和支柱性产业。发展超高清视频产业，是贯彻落实建设数字中国、发展数字经济战略部署的重要举措。中国的企业要与伙伴更紧密地携手前行，在文化强国战略的指引下，共同致力于发展超高清视频产业，推动产业的数字化转型和智慧化升级，加速文化与科技的融合。

课堂实训：华为渠道策略分析

1．实训背景

随着智能手机市场的不断发展，品牌营销的重要性也越来越突出。在众多品牌中，华为成功打造了自己的品牌形象，成为全球手机市场的佼佼者之一。

渠道策略在华为的发展中有着重要的作用。华为的渠道非常多样，如实体店、第三方平台、官方网站，以及开展线上和线下联营活动，在把握市场需求的同时，注重渠道畅通、服务优质、营销创新，通过与全球运营商、电信厂商的战略合作，授权门店网络建设等，将产品顺畅地推广到消费者手中。

华为有自己独特的线上营销体系，通过社交网络等新媒体渠道吸引自己的消费者，让消费者对华为品牌和产品有更深层次的了解，建立良好的信息传播环境，提高市场影响力。

2．实训要求

请同学们分析华为在渠道运营中的具体策略，强化对华为全媒体运营与营销的认识。

3．实训思路

（1）分析华为营销策略

请同学们分析华为的线上营销和线下营销策略，并通过网络搜索与华为相关的线上线下营销案例，举一反三，总结出品牌和企业在进行线上线下融合营销时的具体策略。

（2）分析其他企业的营销策略

同学们可搜索与华为同类型企业的线上线下融合营销措施，并分析它们的媒体矩阵布局，以及线下媒体转型策略。

课后思考

1．简述华为线上线下融合营销的主要措施。
2．简述华为的媒体矩阵布局。
3．简述华为融媒体策略的主要体现。